当代中国社会变迁研究文库

至情至理

城市基层治理中民意分类逻辑与实践

Sense and Sensibility

The Categorisation Logic
and Practice
of Public Will
in Urban Local Governance

刘怡然 —— 著

社会科学文献出版社
SOCIAL SCIENCES ACADEMIC PRESS (CHINA)

前　言

我们都知道，民意在基层治理中发挥着重要的作用。但同时也很难说清，民意到底如何影响着治理。本书运用多样化的逻辑对城市社区中的民意进行分类，分析民意中的情与理，重新审视民意在基层治理中的作用。基层社会的稳定是中央政权得以维持的基础，而对民意的满足是维系基层稳定的重要途径。在我国，民意自古以来就受到重视，但其意义随着社会的变迁也不断变化。古代的民意更多被等同于民生，统治者关注的重点是满足人民的生活需求，其与民的关系通常被比作水和舟的关系，① 一方面体现了顺应民意的重要性，另一方面也反映出民意并未主动参与治理的过程。

新中国成立以来，代表最广大人民利益的中国共产党执政过程中，着重强调了民意在治理中的作用，提出坚持人民民主的原则，保证人民对政治、经济、文化等各个领域的民主权利，体现出民意在治理中的主体性地位。党的二十大报告更是把发展全过程人民民主确定为中国式现代化本质要求的一项内容，对发展全过程人民民主和保障人民当家作主提出明确要求。

如果说对民意做出理想的回应是治理的最终目的，那么对民意的分析和理解就是提升治理水平的前提和最关键因素。针对基层治理，多年来国内学者从政治学、传播学、社会学等学科出发，展开了大量研究，主要围绕党建引领基层社会治理、政府治理与居民自治的关系，城乡基层协商、公益慈善和志愿行为、基层公共服务体系完善和水平提升、社会治理与服务，治理手段创新与运用等主题，有着丰硕的成果。但这些研究多将民意

---

① 荀子：《劝学篇·荀子》，张觉等译评，吉林出版集团，2011，第6页。

看作一个整体性或者背景性的要素，并没有将其作为研究的核心。

即便是针对民意本身的研究，也未对其内部结构展开分类讨论和细致分析。政治学更多从政治体制、政治制度、政治决策方面出发，通常将票选结果、支持率、对政府信任度等同于民意进行研究。这样的方式虽然可以快速获得民意对于政治问题的态度，但呈现的民意基本上都是数据，过于抽象化，无法看到其中鲜活和丰富的表达。新闻与传播学对民意的讨论关注公众舆论、媒体对事件的报道、社交媒体上的话题热度、网民评论等。其注意力集中于属于全社会的或者有一定规模的舆论，而对人们生活中的、没有形成舆论的民意缺乏认识和了解。社会学在研究社会问题、社会变迁、社会价值观方面会研究民意，重点讨论民众对问题的态度、价值的认同、对公平正义的看法等，但相对零散，缺少从整体上对民意的类别差异和形成机制的讨论。

本书将提供一套多层次、多维度的民意分类框架：从宏观的角度理解抽象化民意在整个城市发展和治理中的意义；从中观的角度探讨地方政府在任务推进过程中如何平衡项目紧迫性与民意的融入；从微观的角度剖析基层政府如何从零散的、个体的民意中提炼出理性的、稳定的民意，并在分类后将其纳入基层治理当中。这一过程中充满了情感与理性的摩擦，最终在多元主体互动的过程中达到平衡。这三种民意分类逻辑可以简单归纳为中央政府的城市发展阶段型逻辑、地方政府的任务推进型逻辑和基层政府运行项目时对居民的需求满足型逻辑。

首先，从宏观层面来看，中央政府在治理中的方针政策往往从全局的角度出发，更多考虑最广大人民的根本利益，即在一个重要时期，符合人民根本利益的工作是什么。在城市化过程中，对民意的分类往往是根据城市发展不同阶段面临的问题进行分类。随着城市化进程的不断推进，我国城市社区面临的主要问题经历了城市更新、基础设施改造、环境整治、社区服务改善、文化活动提升等多个阶段，政府因此也开展了一系列项目，旨在解决各种矛盾纠纷，改善人民的生活质量。在中央政府的视角下，要推进国家的发展，同时提高民众的生活质量和幸福指数。

其次，以中观层面来看，地方政府面临的治理困难是，在完成一系列任务的过程中有着紧迫的时间和考核压力，同时还要面临来自居民更为多样化和复杂的民意。一旦处理不好可能会引起居民之间，或者居民与政府之间的矛盾，对稳定造成影响。因此地方政府在处理民意的时候也有着自己的分类逻辑。通常以项目的紧迫程度为基准，根据轻重缓急对项目有一个判断。但是如果完全不顾及民意，项目很难推进。因此除项目紧迫程度，地方政府也将民意在项目中的参与程度，作为对民意分类的标准。

最后，从微观层面来看，基层政府最直接地接触民意，对其分类也更加接近民意自身的特征。居民的民意通常以民需为基础。马斯洛（Abraham H. Maslow）提出的需求层次理论，将人的需求分为生理需求、安全需求、社交需求、尊重需求和自我实现需求五个层次。[①] 虽然民需并不等同于民意，但本书对马斯洛的需求理论进行借鉴，将微观民意分为城市更新改造类、日常生活类、文化服务类，以及安全和秩序建立类四个方面，也呼应了我国城市社会发展的几个阶段。

基于此，本书建立了一个整体性的框架，以基层政府为立足点，将这三种民意分类的逻辑放进其中一起思考。这样一方面能对基层治理中的民意形成整体性的判断，另一方面又可以观察到不同分类逻辑之间的关系。民需的刚性程度和民意的分化程度是统一这三种逻辑的两个重要的指标。根据这两个指标的不同差异可以梳理出四个象限，并把现有的不同民意项目放进其中进行分析，最终匹配出最主要的治理方式。例如根据民需刚性从强到弱和民意分化从大到小，可以将政府项目分成生存类，安全类，服务类和文化类，尊重类和生活类四种类型，同时匹配出资源动员型、政府引导型、任务分包型和平台协商型四种类型的治理方式。书中将通过不同地区的案例对框架中的内容进行具体的阐释和分析，以期更深刻地理解目前基层治理项目中居民参与积极性不够、基层政府负担重、中央政府政策无法达到预期效果等问题。为了保护案例中的访谈对象，书中对案例中的街道、社区、人名等均进行了匿名化处理。

[①] Abraham H. Maslow, "A Theory of Human Motivation", *Psychological Review* 50 (1943): 374.

目　录

第一章　城市基层治理与民意：基本问题探究 …………………… 1
　　第一节　我国城市基层治理的现状与挑战 ………………………… 1
　　第二节　治理理念的演变及其对民意的影响 ……………………… 2
　　第三节　民意在国家治理中的地位与作用 ………………………… 5
　　第四节　对现有研究的分析和反思 ………………………………… 10
　　第五节　民意的特点及研究方法 …………………………………… 11

第二章　民意的逻辑与三重理论框架 ……………………………… 14
　　第一节　历史视角：民意在中国国家治理中的角色与演变 ……… 15
　　第二节　结构视角：当代中国国家治理中的民意结构 …………… 20
　　第三节　过程视角：民意分类与治理方式的动态匹配 …………… 28

第三章　不同地方政府的治理模式与特色 ………………………… 33
　　第一节　北京市：首都治理的典范与挑战 ………………………… 33
　　第二节　四川成都市：社会活力与治理创新的实践 ……………… 52
　　第三节　浙江台州市：科技驱动下的治理模式探索 ……………… 62

第四章　城市更新改造中的民意体现 ……………………………… 72
　　第一节　城市拆迁项目中的民意动态 ……………………………… 72
　　第二节　城市更新项目中的民意参与 ……………………………… 90
　　第三节　住房改善项目中的民意表达 ……………………………… 99
　　第四节　小区修缮项目中的民意反馈 ……………………………… 106

第五章　城市日常生活中的民意反映······109
第一节　老旧小区加装电梯：民意与技术实施······110
第二节　社区停车管理：民意与公共资源配置······116
第三节　社区菜市场翻新：民意与日常生活改善······132
第四节　社区内环境提升：民意与城市美学······138

第六章　文化与社会服务中的民意互动······145
第一节　疾病照护服务：民意与健康关怀······145
第二节　日常生活服务：民意与项目管理······152
第三节　小区物业服务：民意与模式创新······155
第四节　社区商业服务：民意与经济发展······161
第五节　社区文化团队：民意与精神建设······172
第六节　街道综合服务平台：民意与公共服务······176

第七章　贯穿城市化的安全与秩序问题······181
第一节　城市流动与安全保障：民意与公共安全······182
第二节　社区矛盾与纠纷化解：民意与社会和谐······187
第三节　社区难题与创新探索：民意与政府关怀······193
第四节　居民自组织与公约制定：民意与社区自治······198
第五节　社区协商与秩序建立：民意与社区发展······207

结语　民意分类在城市治理中的作用与未来······212

参考文献······220

案例目录

案例 4.1　城市改造早中期完整拆迁过程与对策：北京市海淀区第六村 ………………………………………………………………… 74

案例 4.2　城市改造中期融入社会力量：北京市东城区璀璨巷项目 …… 79

案例 4.3　城市化中晚期的人口疏解与对策创新：北京市东城区忠诚村人口疏解项目 ………………………………………………… 82

案例 4.4　城市化过程中拆迁遗留问题的解决：北京市西城区湖畔居拆迁项目 ……………………………………………………………… 85

案例 4.5　城市化发展拆迁的暂时停滞：西城区广篱园项目 ………… 87

案例 4.6　胡同拆除违建：东城区东四街道苍苍胡同项目 …………… 92

案例 4.7　治理胡同"开墙打洞"：东城区安定门街道福南社区 …… 93

案例 4.8　社区环境整治提升：东城区交道口街道东方社区 ………… 95

案例 4.9　整治"开墙打洞"：东城区幽山社区 ……………………… 96

案例 4.10　西城区抗震加固项目清新谷弃管小区的邻里冲突处理 …… 100

案例 4.11　西城区抗震加固项目中北岸社区的家庭矛盾调处 ………… 104

案例 4.12　西城区古街老旧房屋院落修缮中线路改造、破损门道修理 ………………………………………………………………… 106

案例 4.13　成都溪畔社区老旧社区修缮改造 …………………………… 107

案例 5.1　西城区零韵老旧小区加装电梯 ……………………………… 110

案例 5.2　政府牵头的停车管理：东城区声香回迁社区停车 ………… 118

案例 5.3　东城区双柳胡同自发成立停车自管会 ……………………… 119

3

案例 5.4　东城区安定门街道五彩胡同商业环境停车管理 …………… 121
案例 5.5　西城区 24 号院停车公司管理的多产权类型小区停车 …… 124
案例 5.6　西城区宝藏胡同居民协商制定停车公约 …………………… 127
案例 5.7　西城区新韵胡同日常生活与环境改变的冲突 ……………… 132
案例 5.8　西城区繁华街繁华社区通达菜市场改造中的利益调和与观念转变
　　　　　………………………………………………………………… 134
案例 5.9　西城区四平园小区下水和垃圾问题的长期处理 …………… 138
案例 5.10　西城区新开胡同甲 31 号院改制过程中居民自发收取卫生费
　　　　　………………………………………………………………… 140
案例 5.11　东城区光明社区文明养犬的秩序建立 …………………… 142
案例 6.1　东城区四季总院慢病沙龙 …………………………………… 145
案例 6.2　西城区针对老人的多样服务 ………………………………… 147
案例 6.3　西城区和谐街道菜场建设 …………………………………… 152
案例 6.4　成都静谧社区老年送餐服务 ………………………………… 154
案例 6.5　成都清新小区、繁华小区和麻雀小区的夫妻档信托物业创新
　　　　　………………………………………………………………… 155
案例 6.6　成都同心社区商业服务智慧化转型 ………………………… 161
案例 6.7　成都静谧社区儿童和青年服务 ……………………………… 168
案例 6.8　成都清新社区商业文化项目 ………………………………… 171
案例 6.9　西城区大海街道政府推动的文化团队和兴趣发展 ………… 173
案例 6.10　东城区小新社区居民自发申请成立书画班 ……………… 175
案例 6.11　西城区绿洲社区对文化项目的帮助 ……………………… 175
案例 6.12　西城区晴天社区居民的志愿微公益服务项目 …………… 176
案例 6.13　西城区新月街道综合服务 ………………………………… 178
案例 7.1　西城区鼓巷街道公共安全维系 ……………………………… 182
案例 7.2　台州市应对人口流动的平安创新建设 ……………………… 184
案例 7.3　西城区明月社区内部矛盾的调停与解决 …………………… 187
案例 7.4　成都市整体性的网格布局和源头化解矛盾 ………………… 191

案例 7.5 台州市流动人口家庭问题处理 ………………………………… 193

案例 7.6 台州仙境县溺水营救 ………………………………………… 196

案例 7.7 东城区书香社区重建《社区公约》 …………………………… 199

案例 7.8 东城区青云街道"小巷管家"方式开展的居民自治 ………… 202

案例 7.9 成都快乐社区居民自治促进社区发展 ………………………… 207

案例 7.10 成都湖光小区居民的主动参与带来的改变 ………………… 209

案例 7.11 成都社会组织对建立社区秩序的意义 ……………………… 210

第一章
城市基层治理与民意：基本问题探究

本书尝试从民意的角度讨论近年来城市社区治理中的问题。在社区中，民意通常表现出纷杂、多变、矛盾等状态，为了更好地进行治理，以政府为主的多元治理主体对不同的民意或多或少地进行了分类，并在这一过程中出现了多种治理逻辑。对这些逻辑进行梳理和整合，有助于我们重新思考我国基层治理中的一些基础问题。例如怎样的基层治理方式最符合我国的国情？政府治理的边界在哪里？如何才能调动起城市居民参与治理的积极性？民意在治理中到底能发挥怎样的作用？等等。

在讨论这些问题之前，本书将先介绍研究背景，之后将在回顾文献的过程中对重要概念进行梳理。其原因在于：第一是"城市化"的背景，近年来我国的发展伴随着快速城市化的进程，形成了很多大型、超大型和特大型的城市。原有的城市规划，人口结构和居民需求都有很大变化，给基层治理带来了很大的挑战；第二是"基层治理"的变迁，城市社会的变化也意味着治理必须有合适的形式与之相匹配，这对治理理念、治理对象以及治理主体都有着很大的影响，需要对这些概念的内涵进行梳理；第三是"民意"的内涵，随着人民对美好生活的需求日益增长，民意的表达也更加多元和丰富，需要对现有研究成果和经验进行归纳和总结，并在此基础上拓展对这一概念的理解和定义。

第一节 我国城市基层治理的现状与挑战

改革开放以来，我国经历了超快速和大规模的城市化进程。可以看到城市化、市场化、工业化、信息化和全球化等宏观趋势压缩重叠发生，人群的大规模聚集和人口的快速流动也带来了一系列的城市问题。城市的功能定位、空间形态、组织体系都发生了深刻的变革。传统以"单位"作为基础单元的城市系统逐渐不再适应新的城市发展方式，原先主要由生产单位所承担的资源配置、福利提供、组织动员等社会管理和整合的功能转移到基层政府肩上，这都给城市治理带来了新的机遇和挑战。

城市社区是我国城市在单位制转型之后自上而下划分的最为基础的治理单元。随着单位制的衰落，城市基层的管理方式逐渐由社区替代。然而这不仅是空间环境的改变，同时也是人们生产生活方式、社会身份认同、归属感来源的改变。社区逐渐代替单位成为城市居民建立地方感和归属感的单元，这意味着居民要在很大程度上改变原来的生活方式，更多地参与到公共生活之中。然而习惯了单位制管理的居民很难快速接受这样的转型，城市社区也需要建立新的治理方式。主要表现在：首先，近年来快速的人口流动以及房屋的商品化，使得原来以熟人为主的单位小区逐渐成为陌生人的小区。因为流动性很强，很多居民缺乏对社区的认同感和归属感，很少关心公共事务，一般只有在遇到问题的时候才会主动反映，所以经常会有一些较为消极和极端的表达。其次，城市居民之间交往较少，相互之间的信任度很低，遇到问题缺乏沟通和理解，居民之间以及居民和物业之间，经常会产生一些矛盾，而且难以调解。最后，居民因为适应了单位制时期的一些福利和制度，旧观念很难马上改变，在面对各种改革和变化时，往往呈现出消极的态度，这些都为治理带来了挑战。

第二节　治理理念的演变及其对民意的影响

治理是本书讨论的核心概念。古今中外，很多学者都对这一概念进行过讨论。广义上讲，学者们将其理解为一种建立秩序的过程。而如何建立秩序，以及建立怎样的秩序则与不同主体所处的时代、面对的问题和想要达到的目标有着密切的关联。在思考我国面对的治理挑战之前，对西方的治理路径、治理概念和治理研究进行了解颇有裨益。

古希腊哲学家柏拉图在其著作《理想国》中，提出了理想的国家治理模式，认为国家应该由哲学家统治，以促进社会公平正义，实现公共利益，并强调智慧和理性统治,以及国家对人民的关怀和所带来的福祉。① 中世纪时期,天主教会制定了道德准则和法律规范,对社会秩序和个人行为进行管理。文艺复兴时期,马基雅维利在《君主论》中提出了现实主义的政治观点,强调了政治权力的实际运用和维护,认为君主或者统治者应该采取各种手段来保持自己的权力和统治地位,甚至包括欺骗或者武力手段,他主张君主应该灵活运用这些手段来维持政治的稳定和国家的安全。② 与马基雅维利强调君主不同,莫尔在《乌托邦》中探讨了另一种社会治理理想方式的可能性。他描述了一个名为乌托邦的岛屿,与欧洲社会非常不同,乌托邦中财产、土地、教育、劳动和福利都是均等的。虽然是一个构想的理想模式,但是对于反思当时社会的问题有着十分重要的作用。③

启蒙时代,让-雅克·卢梭提出人们应该通过达成契约的方式来建立政府,而政府的作用是实现公共利益和社会秩序。他强调公意是国家全体成员的普遍意志或公共意志。与个人意志、团体意志和众人意志不同,公意只着眼于公共的利益,而众意则着眼于私人利益。④ 约翰·洛克主张有限政府的理念,即政府的权力应该由人民授予,主要任务是保护生命、财产和自由等权利。人民有权监督政府的行为,并保留反抗不当统治的权利。⑤ 斯宾诺莎同样强调政府的合法性来自人民的授权,但他更强调政府的决策应该基于对自然法则和对人类行为的理解,且更加重视对个人权利的保护。⑥

18 世纪后期到 19 世纪,随着工业革命和现代国家的兴起,治理的理念也从原来讨论宗教和政治扩展到了经济和市场。亚当·斯密强调市场经济和个人自由,认为政府的角色应该是保护财产权和维护公共秩序。⑦ 约翰·密尔强调个人自由和民主的重要性。他主张个体应该有最大限度的自由,

---

① 〔古希腊〕柏拉图:《理想国》,郭斌和、张竹明译,商务印书馆,1986,第 8 页。
② 〔意〕马基雅维利:《君主论(拿破仑批注版)》,刘训练译,中央编译出版社,2017,第 10 页。
③ 〔英〕托马斯·莫尔:《乌托邦》,戴镏龄译,商务印书馆,2023,第 14-19 页。
④ 〔法〕让-雅克·卢梭:《社会契约论》,李平沤译,商务印书馆,2011,第 17-23 页。
⑤ 〔英〕约翰·洛克:《政府论(下篇)》,叶启芳、菊农译,商务印书馆,1964,第 130 页。
⑥ 〔荷〕斯宾诺莎:《神学政治论》,温锡增译,商务印书馆,1963,第 41 页。
⑦ 〔英〕亚当·斯密:《国民财富的性质和原因的研究》,郭大力、王亚南译,商务印书馆,1974,第 21 页。

至情至理：城市基层治理中民意分类逻辑与实践

只有在损害他人利益的时候，政府才应该干预。①

20世纪，治理概念得到了更为深入的研究和拓展。米歇尔·福柯在多部著作中讨论了现代社会中的权力和治理方式，并提出了治理术的概念。他强调了权力的分散、多元性以及如何通过各种机制和技术实现社会控制和规训。② 20世纪末，西方国家纷纷出现了福利国家困境和市场失灵等危机，在此背景下，治理理论开始兴起并广泛传播。人们普遍认为以往政府作为唯一主体管理国家的方式已经不适应时代的发展，开始强调多元主体在治理中的参与，主张用治理的概念替代统治的概念。

各国政府和学者从不同重点对治理进行了定义，联合国全球治理委员会在1995年题为《我们的全球伙伴关系》的一书中，将治理定义为各种公共的或私人的个人机构管理其共同事务的诸多方式的总和。它是使相互冲突的或不同的利益得以调和并且采取联合行动的持续过程，既包括有权迫使人们服从的正式制度和规则，也包括各种人们同意或以符合其利益的非正式的制度安排。③ 世界银行在《治理与发展》（1992）的报告中将治理定义为"通过建立一套被接受为合法权威的规则面对公共事务公正透明的管理，偏重规范和管理"。而治理理论的主要创始人罗西瑙将治理定义为一系列活动领域里的管理机制，认为它们虽然没有得到正式授权，却能有效地发挥作用。治理指的是一种由共同目标支持的活动，因此这些管理活动的主体未必是政府，也不仅依靠国家强制力量才能实现。④

西方学者们对于治理概念的讨论经历了从统治到管理再到治理的理念变化，治理的主体也经历了君主、宗教、政府、多元参与等不同的变化，治理的对象从人慢慢扩展到了政治、经济、文化、地域等多个方面。

这些尝试建立秩序的方式对我国有一定的启发。虽然我国治理有着自己的文化背景和特色，但是治理概念也经历了类似从统治到管理再到治理的过程。国内的学者们也对治理这一概念有着自己的理解。俞可平将治理

---

① 〔英〕约翰·密尔：《论自由》，许宝骙译，商务印书馆，2005，第32页。
② 〔法〕米歇尔·福柯：《规训与惩罚：监狱的诞生》，刘北成、杨远婴译，生活·读书·新知三联书店，2003，第21页。
③ 全球治理委员会：《我们的全球伙伴关系》，牛津大学出版社，1995，第23页。
④ 〔美〕詹姆斯·N. 罗西瑙主编《没有政府的治理》，张胜军、刘小林等译，江西人民出版社，2001，第14页。

的目的理解为在一个既定的范围内运用公共权威维持秩序，满足公众的需要。他认为治理是一个上下互动的管理过程，本质在于建立一种在市场原则、公共利益和认同之上的合作。① 李友梅从全球化、市场化和科技发展的多重影响的角度，分析了当代中国社会治理应该如何从传统向现代转型，适应变迁，主要讨论了政府和社会之间的关系，以及社会组织、新型社会阶层的作用。②

在概念发展的过程中，管理的概念已经比统治宽泛了很多，但是仍强调自上而下的、政府为主体、对象为社会的控制。相比之下，社会治理的概念更为丰富。从目标上看，治理的目的不是对社会进行简单的控制，而是建立起一套秩序；从主体上看，治理的主体是多元的，而不是单一的，政府、社会组织、商业组织，甚至个体都可以在其中贡献力量，社会既是治理的对象，又是治理的主体；从过程上看，不仅可以有自上而下的方式，也包括自下而上和横向平衡的关系。从统治到管理再到治理的过程，是公共事务的管理权限和责任从政府"垄断"中解放出来的过程，既为政府增能减负，也为社会中的公民赋予了一定的权力。

第三节　民意在国家治理中的地位与作用

在治理的框架下，本书着重讨论的是民意的位置与作用，采用的是国家与社会的视角。不论是在古代还是当代，西方还是中国，民意在治理中一直有着重要的地位。然而应该如何定义民意，如何记录、衡量和理解民意，在西方和中国，古代和现代均存在一定差异。在西方，民意一词最早源于柏拉图与亚里士多德的观点，经18世纪启蒙思想家的挖掘和广泛使用，用以指人们在公共场合对一些政治问题的讨论和主张，呈现出一些集体的色彩。③ 在此之后，民意逐渐开始影响政治，并被统治者所重视。卢梭被公认为第一位对民意作出系统而深入解释的思想家。在《社会契约论》中，他提出了公众意见（public opinion）的概念用来概括民意。他分析了民意和

---

① 俞可平：《论国家治理现代化（修订版）》，社会科学文献出版社，2015，第4-5页。
② 李友梅等著《中国社会治理转型（1978~2018）》，2018，社会科学文献出版社，第7-8页。
③ 叶世明：《台湾民意：分布、结构特质与模式》，《现代台湾研究》2004年第5期。

政府决策的关系，并将其放在民主政治的框架中讨论其作用。[1] 德国社会学家哈贝马斯引入公共空间的概念来讨论公众意见，认为公共意见是人们在公共空间里理性讨论的过程中形成的。后来，公共意见在西方被广泛地运用在投票和选举的过程中，对政治起着重要的作用。[2]

在我国，民意的概念虽然与政府政策相对应，但是并不像西方的民意一样具备强烈的政治属性。古代中国，"民"是一种身份，是接受统治的普通民众，与统治者"君"作为一对概念出现。因此，民，即为民意的主体。民意的概念也一直与治理密切相关。历代统治者都强调民意对统治的意义，以巩固其统治地位。最广为人知的记载之一出自《荀子·哀公》："君者，舟也；庶人者，水也。水则载舟，水则覆舟。"又如《管子·版法解》中有言："与天下同利者，天下持之；擅天下之利者，天下谋之。""得民心者得天下"是中国传统民本思想的核心。"民心"也向来被认为是天下之本、治国之基。究其具体含义，"民心"主要表现为民之所欲（想要的、希望得到的）与民之所恶（不想要的、厌恶痛恨的），亦即"民意"的基本内涵。[3]

然而与西方民意不同的地方在于，中国古代的"民"是由王朝国家界定的编户齐民，虽然是群体，但是并非具有内聚性、主体性和自觉性的人群和阶层。同时也没有可供民众平等表达意愿的"平台"、"空间"和"手段"。所以中国古代的民意，并不构成公众意见，也不是现代意义上的"公众舆论"。所以中国古代的民意主要是民众表现出来的行为，即反应是积极响应，被动服从，消极应付，公然拒命还是奋起反抗。民意表现出来的力量，也是求生存求发展的意志。[4]

基于对民意的不同理解，学者们对于民意进入治理过程的研究也有着不同的偏好。按照民意参与治理的过程，本书重点观察民意表达与收集、听取与回应以及影响具体决策三个方面。在民意表达与收集上，学者们主要讨论的是收集方式的优劣。一些政治学、经济学和社会学的学者倾向于

---

[1] 〔法〕让-雅克·卢梭：《社会契约论》，李平沤译，商务印书馆，2011，第56-72页。
[2] 〔德〕尤尔根·哈贝马斯：《公共领域的结构转型》，曹卫东、王晓珏、刘北城、宋伟杰译，学林出版社，1999，第32-43页。
[3] 鲁西奇：《父老：中国古代乡村的"长老"及其权力》，《北京大学学报》（哲学社会科学版）2022年第3期。
[4] 鲁西奇：《父老：中国古代乡村的"长老"及其权力》，《北京大学学报》（哲学社会科学版）2022年第3期。

把民意理解为简化的数据，将民意抽象为一些具体的指标进行收集。杨勉和杨天宏两位学者以民国时期的民意调查为对象，分析了民意表达、民意测验和社会心理对治理的作用与影响。他们对南京国民政府统治初期进行了四次民调，发现调查结论与真实民意并不吻合。①

杨勉在研究中发现，民国时期社会调查方法传入中国，激发了民意表达的诉求，出现了大量的民意测验机构。然而早期由于缺乏专业的民调机构，调查主要由报刊、学校和社会团体举办，调查对象也以师生为主。因此调研结果更多只是"意见领袖"的意见表达，难以形成普遍民意。② 杨天宏也通过研究近代中国民调和问卷设计发现，近代中国民调在研究设计上借用了很多外国同行的技术，有一定可信性，但是也存在主旨不明、问卷题目杂乱无章等问题。③

在这种形式的调查中民意通常以一种整体的形式呈现，在治理中虽然能提供一个全局性的信息，但是对于细节和多样化的民意却相对忽略。对于中央政府或者学者研究来说，这样的民意收集方式固然很重要。然而在基层治理中，具体的民意同样意义非凡。刘伟和肖舒婷讨论了"民心政治"的实践与表达，认为作为从中国共产党治国理政实践中总结凝练的执政模式与标志性政治话语，"民心政治"缘起于传统中国民本思想，却又与民本政治、民意政治相区别。通过解析中国国家治理场景中的"民心政治"，可以发现，民心是中国民众政治心理各要素的总括性概念，是当代中国政治合法性的话语表述。在政治现实中，党和政府通过实践"民心政治"赢得民心，从而持续生产政治合法性。"民心政治"的研究视角，能够帮助我们更全面地测量与呈现当代中国民众的政治心理，更准确地理解当代中国政治中某些政府行为的内在意涵，进而为政治心理学基础理论和政治学话语体系的创新作出贡献。④

杨尚昆和李兴强的研究关注到了新时代民意的一些新的特点，他们认

---

① 杨勉、杨天宏：《南京国民政府初期的民意调查》，《经济社会史评论》2022年第3期。
② 杨勉：《民国时期民意调查组织者与调查对象论析》，《四川师范大学学报》（社会科学版）2022年第5期。
③ 杨天宏：《近代中国的民调主旨与问卷设计分析》，《史学月刊》2022年第6期。
④ 刘伟、肖舒婷：《"民心政治"的实践与表达——兼论中国政治心理学研究的拓展》，《政治学研究》2023年第2期。

为新时代赋予了民意新的含义。民意获取的渠道要从单一化向专业一体化进步，民主实现的方式要从精英民主向基层协商民主进境，民意关注的对象要从重视主流向特别关注少数族群进益，民意表达的载体要从重视现实世界向特别关注虚拟世界进发，民意调研策略要从问题意识向建章立制进阶，民意引导策略要从重视媒体作用向重视教育和法治相结合进升，民意关注的空间场域要从国内向国际社会进展。①

刘伟认为，随着信息技术的变化，民意表达和政府回应过程中嵌入了大量知识性要素。公共部门知识管理是促进民意表达与政府回应相融合的重要路径。为此，要建立健全公共部门知识管理体系、完善公共领域知识共享和知识创新的激励机制；探索对公众进行"知识赋能"的路径和方式，充分发挥民意表达在政策生产和政府治理中的促进功能，为营造国家治理生态提供强大内生动力。② 周光辉和贺竞超以杭州的数字改革为案例，从"智治"的角度讨论了破解基层工作难题的思路。他们认为，社情民意是民众的普遍共识和共同意愿，是绝大多数人民群众最朴实、最真切的心理情感表现。社情民意，特别是基层社情民意是我们党治国理政工作的出发点，也是当下地方治理工作中最为复杂、难度最大的领域。基层社情民意诉求的多样化与地方政府施治能力有限性间的结构性矛盾是当下地方治理中的一大难题。③

在讨论民意的收集途径之外，学者们也对民意的听取与回应做了许多研究。汪仲启和杨洋从全过程人民民主的视角观察民意表达制度化的路径机制。他们认为在民意表达与政府决策和回应之间构建有效的制度化衔接机制，是发展全过程人民民主的一个重要途径。在制度性平台基础上嵌入公众参与和民意表达机制，公众可以通过不同方式向政府部门"传递"自身意见与建议，影响政府决策、治理议程和资源分配。在信访制度基础上，嵌入人民建议征集制度可以有效拓展民意表达的路径，建立人民建议征集办公室实现"有门参与"，提高公众参与的主动性促进"有意参与"，搭建

---

① 杨尚昆、李兴强：《新时代民意的价值意蕴与实践路径优化》，《理论导刊》2022年第11期。
② 刘伟：《民意表达、政府回应与公共部门知识管理：一个探索性分析框架》，《中共中央党校（国家行政学院）学报》2022年第5期。
③ 周光辉、贺竞超：《以"智治"破解基层社情民意工作难题——从杭州案例浅析中国数字化改革的意义与未来》，《浙江社会科学》2023年第1期。

多元参与平台保障"有路参与",构建资源分配与监督反馈网络达成"有效参与"。赋权要素是法定基础,平台要素是制度前提,主体要素是动力之源,资源要素是效用保障,四大要素共同构成民意表达制度化的路径机制。①

梁娟以杭州市"民呼我为"为个案,分析了全过程人民民主的实现路径,认为协同回应民意是关键。她强调保持民意表达与政府回应的动态平衡,是完善全过程人民民主制度的核心问题。以民意回应为理论框架进行研究,可以发现,杭州在实践中注重通过体制机制改革和数字赋能,再造民意回应的流程机制,提升民意的整体协同回应能力,实现了政治合法性与行政有效性的有机统一。然而,实现民意表达与政府回应的平衡需要诸多条件的支撑,复杂的现实挑战往往导致民意表达与政府回应的失衡,存在民意诉求的增速远远超出政府能力提升的速度、民意数据共享难、民意处置主体协同机制不完善等问题。为此,应当完善民意分类回应机制,提升精准回应能力;加强民意数据分析利用,完善政策供给;深化民意协同回应机制变革,推进民意表达与民主协商的有机融合,不断激活民主制度的生命力,发展和完善全过程人民民主。②

促进民意的表达和对民意的回应是政府治理的重要部分,但是对民意的引导和运用则是更为理想和科学的做法。王逸帅认为,上海等超大城市以民意为中心、在人民代表大会立法权的行使中不断吸纳和回应民意的全过程人民民主实践,具有探索新视角新路径的示范辐射意义。③ 桑玉成、夏蒙认为民意政治是理解全过程人民民主的关键词。他们强调如何将理论与实践相结合厘清全过程人民民主的真谛和要义,是理论界亟须回应的基本问题。技术革新带来的新形势下,民意的表达有了更多更为便捷的渠道。政治过程如何更为有效地吸纳、整合、尊重民意,是全过程人民民主的必然要求。④ 肖林强调应该促进居民形成现代公共精神,增进其对公共事务的

---

① 汪仲启、杨洋:《全过程人民民主视域下民意表达制度化的路径机制研究》,《中共天津市委党校学报》2023年第6期。
② 梁娟:《协同回应民意:全过程人民民主的实现路径——基于杭州市"民呼我为"的个案分析》,《中共杭州市委党校学报》2023年第5期。
③ 王逸帅:《民意采集与立法输出:全过程人民民主在超大城市的实践》,《探索与争鸣》2022年第4期。
④ 桑玉成、夏蒙:《民意政治:理解全过程人民民主的关键词》,《上海行政学院学报》2023年第1期。

关心并增加民意表达。① 还有学者提出要让居民相互接触，增加社区内的社会资本，强化居民之间的关系纽带和社区认同感，形成理性的民意等。②

第四节　对现有研究的分析和反思

满足和回应民意是我国基层治理的最终目的，因此对民意的分析和理解是提升治理水平的前提和最关键因素。针对基层治理中的民意，多年来国内学者从政治学、公共管理、社会学等学科出发，展开了大量研究。分别在民意的表达与收集、听取与回应、影响具体决策等方面都做了讨论。然而现有的研究更多是对民意进行抽象的概括，虽然讨论强调了民意的重要性，但是更多将其视为治理中的一种背景。又或者在宏观层面上讨论民意，虽然有助于概括整体的状况，但是忽略了一些生动的细节。而针对民意参与治理的微观研究则过于细碎，没有一个框架来梳理不同民意之间的关系、内部的差异，以及互动的过程。更缺乏不同民意类型与治理方式的总结和对话。

本书将提出一个解释框架，打开民意内部的"黑箱"，探索中央政府、地方政府以及基层政府对民意的不同分类逻辑，并将其统合在一个框架内，提供不同层面的分析，更全面、多维和发展地理解民意在治理中的作用。囿于观察者位置过高或过低，民意要么被理解得过于抽象，要么被理解得过于零散，很难被系统观察。因此本书虽对不同层级的政府都有讨论，但为了更突出民意的作用，主要以基层政府为出发和立足点，逐渐拓展对民意的分析。

基层是离民意最近的地方，治理中需要不断地和民意互动。然而基层政府面临的困境是既要符合中央的政策和地方的要求，又要尽可能地让居民满意，顺利推进项目，避免舆情事件的发生。单纯自上而下的梳理方式展现的是宏观的和抽象的民意，符合大部分居民的利益，但是无法考虑到民意的多样化和具体的细节。有时候问题解决不了还会造成一系列矛盾。单纯自下而上的民意可以最终落实到真实的、个体的需求上，有助于理解不同居民的处境，但是居民之间因意见不同，很难达成一致，难以真正解

---

① 肖林：《协商致"公"——基层协商民主与公共性的重建》，《江苏行政学院学报》2017年第4期。
② 吴光芸、杨龙：《社会资本视角下的社区治理》，《城市发展研究》2006年第4期。

决问题。因此，以基层治理为出发点，分别向上和向下发散，既可以观察到国家政策和地方特色对民意的抽象理解，也可以观察到社会在民意上的分歧和多元，最重要的是还可以观察到基层政府如何将两者协调统一。

第五节　民意的特点及研究方法

在多样化的民需之上，民意呈现出来的样貌也非常不同。这与不同地区的历史文化、科技发展水平、居民生活方式息息相关。在本书中，需要获取民意并对其研究，因此也要考虑到民意收集的过程对研究结果的影响。举例来讲，基层治理中最常见的民意呈现方式是由基层干部收集所得。他们的工作在一线，经常与居民接触，非常了解社区的情况和大部分民意的需求。而且在需要运行具体项目的时候，也经常会去社区走访，也会对民意进行收集。

这些收集上来的民意也非常多样。有的是零碎式的反映，即针对某一类或者一种问题的一些看法或者建议，包括但不限于基层工作人员走访中了解到的，居民拨打热线电话中阐述的，或者在 App 上填写反映的；有的是经过讨论和总结的，例如针对某个问题开的全体居民大会上一致通过提案，或者通过民主协商会议最终形成的意见；有的是通过数据呈现的，例如针对是否加装电梯或者进行停车管理而填写一些调查问卷；还有的是以比较激烈的方式呈现的，例如某个小群体之间形成的舆论，有可能是一些谣言，但是会影响一些居民的认识或判断导向。又例如居民之间、居民和社会组织或者物业之间、居民和基层政府之间的一些矛盾冲突，都是民意的一种呈现方式，囊括在治理的范围内。同时也要注意到，还有一些民意并没有被很明显地呈现出来，可能是少数的民意被多数人的意见所代替，也可能是一些人缺乏表达的能力或者途径，都是需要考虑的要素。

这些不同的呈现方式既受到很多因素的影响，也对治理的方式有着不同的要求。有些可能一开始只是一件小的事情，但是在处理的过程中因没有及时解决而不断升级。也有些冲突可能本来双方都很坚决，但是因为处理的方式得当，双方都愿意退让，或者从中找到了双赢的办法。因此民意虽然反映着民需，但是在一定程度上也受到自身形成、传播、呈现和解决方式的影响。

至情至理：城市基层治理中民意分类逻辑与实践

在治理的过程中民意虽然普遍存在，但不易观测，也很难分析和梳理。为了尽可能厘清民意，本书将着重探讨民生项目运行过程中民意在收集、表达，以及参与治理等几个重要节点的特征和作用。第一，民意收集。在运行项目时首先需要对民意进行收集，而不同的收集主体或收集方式很容易造成结果上的差异。因此本研究会对政府工作人员、居委会成员、社会组织成员以及社区积极分子等不同主体在收集民意时的方式进行对比和考察。第二，民意表达。民意的表达方式，例如问卷填写、访谈与问答、居民自主反映情况，或在议事会上发表看法的方式都会对表达的结果产生影响。因此也需对民意表达的不同方式进行考察，分析其对治理结果的影响。第三，参与治理。民意表达出来之后要逐渐形成一个相对统一的结果，一致的结果就可以参与到治理的框架中去对话。通过观察民意的综合过程，以及其与之前表达出来结果之间的差异可以看出怎样的民意更容易被呈现，也更有利于对呈现的民意有一个更全面的理解。通过对这三个步骤中民意的检测，将有利于获取最为接近现实的民意，并找到不同类别的民意与不同治理方式的匹配机制。

本书总体上计划采用案例分析与比较的方法进行研究。具体方法则包括文献收集、入户访谈、数据统计、参与观察及话语分析等多种方法。书中的案例主要围绕北京、成都、台州三个城市展开，在每个城市分别选取多个社区进行研究。这三个城市分别位于我国的华北、西南和东部地区，在治理实践方面也各有特色，进行对比之后可以对治理的方式和理念有一个更为全面的了解。

这些城市在以往的民生项目中都有较为突出的案例，研究者也有一定程度的调查基础。研究方法如下：第一，通过文献法和访谈法收集不同项目的信息，了解不同项目的特点；第二，对这些项目进行分类考察，通过参与观察法、深度访谈法、焦点小组等方法分析民意在不同项目中的运行情况；第三，在不同城市各访谈了不低于30人次，焦点小组访谈不少于10次，并对个体进行结构式或半结构式访谈。访谈对象涉及基层政府部门负责人、居委会成员、社会组织成员、社区积极分子、社区居民等；第四，对政府工作报告、社区报纸和大众媒体上出现的言论和正式与非正式场合的讨论进行话语分析。

近20年来，我国基层治理中的民意产生受到三重因素的影响。第一个因素是快速的城市化，大部分地区都经历了拆迁、城市改造等过程，这也是引起矛盾和群众关心的重要议题。第二个因素是治理方式的转变。随着单位制的衰落，社区治理的重任落到了地方政府的肩上，这一变化也造成了很多治理中的问题。第三个因素是治理理念的改变。党的十八届三中全会中提出了管理理念向治理理念的转变，之后有越来越多的主体参与到了基层治理之中。社区不仅是治理的对象，更是治理的主体，发挥着愈发重要的作用。基层治理中的民意如果要发挥作用，不光是在需求之上形成了影响社会发展的意见，同时，还需要政府看到这样的意见，其对于政策的制定和执行有推动的作用。

因此，本书的章节安排也与此相关。第一章主要介绍本书所关注的研究问题、以往研究和研究的方法。包括为什么要研究民意，如何在基层治理的框架里研究民意，中西方学者对民意和治理的讨论，以及本书在阐述民意时有何独特性；第二章则详细回顾我国民意发展的整个历史过程，并从宏观、中观和微观三个层面回顾了政府对民意进行分类的不同逻辑，之后在这三种分类的基础上搭建治理的框架模型；第三章分别对北京、成都和台州三个主要调研地点的地方政府的地域特点，以及治理过程中的政策特点进行分析；第四章到第七章讨论民意的四大类项目，这与中央的城市化政策和我国的城市化与现代化紧密相关，同时对应着居民的需求层次，分别包括城市更新改造类、日常生活类、文化服务类，以及安全秩序类。最后结语部分对整个研究进行总结和提升。

其中第四章城市更新改造类又可细分为城市拆迁、城市更新、住房改善和小区修缮四小类，这是城市发展的规律，也是政府工作的顺序；第五章日常生活类主要包括居民城市生活中面临的最多的问题，例如老旧社区的电梯加装、社区内的停车管理、社区菜市场的重建和翻新以及社区公共区域的环境提升等问题。这两部分可以基本概括为生存需求和生活需求。第六章文化服务类项目主要包括针对提升老年人生活质量的服务、社区商业的建立、社区文化的培养等，旨在满足居民精神上的需求，被社区成员尊重的需求。第七章社区内外安全秩序类的项目，有政府对稳定的需求，也对应着居民的安全需求，贯穿于我国城市化发展始终。在这些章节的论述过程中，笔者将通过对多地的案例进行对比和分析，观察这四类项目的治理难度、治理方式，讨论治理后果，并且提炼出治理与民意的匹配方式。

第二章
民意的逻辑与三重理论框架

在讨论国家与社会的关系时，民意通常被当作背景性或者整体性的要素被纳入其中。其复杂的内部关系、形成过程，以及参与治理的机制并未被深入地探讨。为了将隐藏在国家与社会关系中的民意呈现出来，本章将以民意为线索，系统和深入地分析民意与治理的关系，讨论民意在治理中扮演的角色，探寻宏观、中观和微观三个层面对民意的不同分类逻辑，并最终从基层政府的角度出发，讨论治理的匹配机制以及后果。基于此，我们需要建立一个整体性的分析框架。

在当代中国社会，系统地理解民意与治理的关系，至少需要讨论三个层面的问题。第一，宏观层面，理解民意在中国国家治理中的历史性和结构性定位，即为什么国家治理需要考虑民意，民意何以如此重要，对于国家治理而言意味着什么，国家对民意的重视是如何体现的；第二，中观层面，理解民意在当代中国的实际运作状况，即民意实际上呈现何种样态，具有什么样的核心特征，不同地方政府在应对民意的时候有何特色与差异；第三，微观层面，理解民意形成的基础是什么，民需如何转化成民意，具体而细节的民意如何呈现出可以参与治理的民意，基层政府在其中起到了什么样的作用？本研究将从这三个层面分别对民意在治理中的参与进行分析，并最终构建出一个针对民意的分析框架，展现民意的内部结构，在三种不同逻辑下对民意的分类进行整合，讨论与之匹配的治理机制，并最终回到对国家与社会关系的讨论。

第一节　历史视角：民意在中国国家治理中的角色与演变

中华文明源远流长，民意在国家与社会结构关系中的位置也在不断变化。从历史的维度理解民意，既可以通过对比看到我国与西方社会历史文化的不同之处，理解民意在中国语境中的独特性；也可以展现中国历史演进过程中民意定位的"变"与"不变"，厘清民意在中国国家治理中的演变轨迹，以及当下民意在治理中的位置。

自古以来，中国与西方在国家与社会的关系上存在明显的差异，由此也产生了非常不同的社会思想。在中国古代的社会思想中，没有社会的概念，不存在西方意义上独立的、有自主性的社会。中国国家的具体表现形态，是自上而下的官僚体制；中国社会的具体表现形态，则是由千千万万个家庭以及各种各样的私人"关系"连接而成的民间社会。[①] 中国官僚体制与中国民间社会之间的关系，既因为"家国情怀""父子君臣"等的思想观念而连为一体，也因为"君舟也，民水也，水能载舟，亦能覆舟"的思想观念而存在具有内在张力的辩证关系。因此，民意之于中国国家治理的定位，需要放置在中国历史文化关于国家与社会关系的独特界定中才能得到深入的理解。

无论是从"家国一体"的思想观念出发，还是从"舟水关系"的思想观念出发，中国的国家治理始终都特别关注民意问题。一方面，"家国一体"的文化传统强调了作为国家和"家长"的职责与义务。在老百姓的观念里，国家具有为自己"兜底"的义务。各级政府官员是"父母官"，是为自己做主的人；政府官员也需要体察民情、为民做主，例如，孟子"民为本，社稷次之，君为轻"的"民贵君轻"思想，就强调指出民为国之本；范仲淹的"先天下之忧而忧，后天下之乐而乐"，也成为无数心系苍生之官员的典范楷模。另一方面，从"舟水关系"的观念则强调了国家执政的基础，国家能否顺应天意、顺乎民心，直接影响着国家的长治久安，所谓

[①] 杨典、向静林：《中国经验与中国特色经济社会学：标识性概念与关键议题》，《中国社会科学》2022年第12期。

至情至理：城市基层治理中民意分类逻辑与实践

"得民心者得天下"正是这个含义。历朝历代的开国君主登基之后，往往要轻徭薄赋、休养生息，就是为了顺应天下之民意、减轻百姓之疾苦；而历朝历代的政权更迭，也常常与昏君误国、官员贪腐、百姓疾苦，进而失去民心存在密切关联。如果说"家国一体"的观念更多反映了官僚体制与民间社会的内在一致性，那么"舟水关系"则同时蕴含了官僚体制与民间社会之间的矛盾统一性。这两种思想观念的并存和相互融合，是中国国家与社会关系的特色所在，展现出了与西方文明之间的深刻差异，是理解包括民意问题在内的诸多问题的深层文化根基。

近代以来，中国社会发生了翻天覆地的变化。尽管政体经历了从君主制向共和制的转变，但是"家国一体""舟水关系"的政治文化传统依然体现在国家治理的方方面面，民意也一直是理解国家治理逻辑的核心线索。民国时期，孙中山先生提出的"民族、民权、民生"三民主义，就富含着对于民意的深刻关切。在诸如"五四运动"、新文化运动等文化革新运动中虽然展现出不同于传统文化的诸多思想特征，但关注民意、尊重民意、顺应民意始终是中国社会思想中不变的要素。可见，中国官僚体制与民间社会之间的密切关系，特别是民意在国家治理中的重要地位，其实从古代到近代都保持了历史连贯性和内在一致性，逐渐融入中国的社会思想之中，成为中国社会的重要特征，是中华文明持续绵延的深层观念基础。

新中国成立70多年以来，国家和社会背景发生了一系列的变化。我国先后经历了计划经济、改革开放和中国特色社会主义新时代等重要时期。在此期间，国家与社会的关系也发生了重要的变化，理解民意与治理关系的发展过程和演变也可以分为三个阶段。

第一阶段：1949~1978年。新中国成立到改革开放之前，是第一个阶段。国家在完成社会主义改造之后，实行了计划经济体制。农村实行人民公社制度，城市实行单位制，整个社会被高度地组织起来，成为中国社会学者所描述的一种"总体性社会"。[①] 所谓总体性社会，是指国家对社会进行高度的组织化，自上而下的行政指令是国家治理的关键手段，市场价格

---

① 孙立平、王汉生、王思斌、林彬、杨善华：《改革以来中国社会结构的变迁》，《中国社会科学》1994年第2期。

机制、社会自组织等都被取消。

在这样的体制下，民意的表达途径相对受限。整体性的民意主要通过人民代表大会等正式的方式表达，而一些相对零散的民意则在人民公社和单位制内部通过一种自下而上的、层级化、制度化的方式表达。正是由于计划经济体制下基本不存在体制之外的"社会"，民意在国家的视野中也不作为一个单独的治理主体而存在，民意本身处于一种高度组织化的环境中。无论在农村的人民公社还是在城市的单位，广大普通民众的需求和意见等主要通过层级化的组织体系这一桥梁纽带实现与国家政策方针之间的互动。

第二阶段：1978～2012年。改革开放到党的十八大之前，是理解民意和治理关系的第二个阶段。这一阶段，中国的经济体制转轨和社会结构转型同步进行，释放了巨大的经济和社会活力。[1] 从改革前的总体性支配结构过渡到改革后的自主性、流动性和分化性社会结构，一个显著变化就是广大民众的利益分化和观念多元。正是在这样的巨大变革之下，民意的实际形态和表达方式都发生了非常大的变化。

从实际形态来看，民意的内部分化程度呈现出明显加剧的趋势，不同社会群体的利益冲突和观念分歧增加，每个群体都需要表达自己不同的利益诉求和观念认知，社会内部的矛盾、摩擦和风险大幅增加。例如，在快速的城市化过程中，征地拆迁带来的农民维权、城市建筑包工头欠薪带来的农民工维权、国企下岗工人维权、城市社区的业主维权、社区治理中的各种矛盾纠纷等。从表达方式来看，民意的表达方式不再像计划经济体制时期通过单位制或者人民公社进行内部的逐级表达，而是呈现多种多样的表达方式，无论是农村研究领域普遍揭示出的"依法抗争"[2]"以法抗争"[3]"以理抗争"[4]

---

[1] 李培林：《另一只看不见的手：社会结构转型》，《中国社会科学》1992年第5期。
[2] Kevin J. O'Brien & Li Lianjiang, *Rightful Resistance in Rural China* (Cambridge University Press, 2006), p.9.
[3] 于建嵘：《当代中国农民的"以法抗争"——关于农民维权活动的一个解释框架》，《文史博览（理论）》2008年第12期。
[4] 朱健刚：《以理抗争：都市集体行动的策略 以广州南园的业主维权为例》，《社会》2011年第3期。

"农民闹大"①"上访"等表达方式,还是城市研究揭示出的借助"业主委员会""社区论坛""网络贴吧"等表达方式,都展现了这一阶段民意与治理关系的巨大变化。

高度复杂的民意越来越成为各个层级政府不得不面对的重要社会现实。民意越来越明显地作为影响治理的主体而存在,政府对民意回应的程度和方式直接影响着国家治理的合法性基础和社会秩序的稳定。也正是面对社会结构的巨大变化和高度复杂和多元化的民意形态,国家在21世纪初开始从战略高度强调加强党的执政能力建设,强调平衡、协调和可持续的科学发展观,正式提出"社会建设",将构建社会主义和谐社会、"稳定压倒一切"作为国家治理的重要目标。在单位制和人民公社解体的背景下,国家开始自上而下不断强调加强社会管理、社会服务、社会建设的重要性,在基层逐步以"街居制"和"社区制"的治理方式来应对改革背景下的各方面社会问题。

第三阶段:2012年至今。党的十八大以来,是理解民意与治理关系的第三个阶段。以习近平同志为核心的党中央积极适应国家治理面临的新形势新任务新要求,不断提高治国理政水平,全面推进党、国家、社会各方面事务治理制度化、规范化、法治化。党的十八届三中全会提出"创新社会治理体制",推进国家治理体系和治理能力现代化;在党的十九大报告中,习近平总书记对国家治理体系和治理能力现代化提出了更高的要求,强调"打造共建共治共享的社会治理格局"。

党的十九届四中全会,对坚持和完善社会主义制度、推进国家治理体系和治理能力现代化作出了全面部署,提出系统思维,应对系统治理、综合治理和源头治理方面的治理短板,并明确提出"建设人人有责、人人尽责、人人享有的社会治理共同体"。党的十九届六中全会进一步提出,推动社会治理重心向基层下移。党的二十大报告指出,要"完善社会治理体系。健全共建共治共享的社会治理制度,提升社会治理效能"。

从国家治理的制度设置可以看出,从"社会管理"走向"社会治理",虽然只是一字之别,却反映国家在社会治理理念方面的重大变化,即在主体上从一元转为强调发挥多元主体的共同作用,在方向上从自上而下转为

---

① 张世勇、杨华:《农民"闹大"与政府"兜底":当前农村社会冲突管理的逻辑构建》,《中国农村观察》2014年第1期。

强调自上而下和自下而上的双向互动,其中,民意已经明确成为国家治理体系中不可或缺的关键治理主体。民意的重要性凸显,鲜明地体现在"以人民为中心"的发展理念中。国家的发展理念,直接影响着发展中重视什么、关注什么等基本问题。

习近平总书记反复强调以人民为中心,不仅表明"为人民谋幸福"是党的初心使命,也表明国家在决定发展和治理大政方针时,始终会以民心所向作为关键的考量。在国家治理体系和治理能力现代化的进程中,一系列制度变革,反映出治理理念的更新,民意成为国家治理中的明确主体,各方面的具体政策举措需要以人民是否满意为中心,需要考虑是否有利于提高人民的获得感、满足感、安全感等。例如,在社会治理领域,党的十九届四中全会提出构建"党委领导、政府负责、民主协商、社会协同、公众参与、法治保障、科技支撑"的社会治理体系,这七个方面构成了中国社会治理体系的核心要素,其中公众参与就是社会治理特别重视民意的表现。党的二十大报告更是强调"全过程人民民主是社会主义民主政治的本质属性",这一表述不仅突出了民意在概念上的重要性,还强调了在运行上的重要性,全链条、全方位、全覆盖的民主也意味着民意全过程的参与。

新发展阶段的社会矛盾发生变化,人民日益增长的美好生活需要和不平衡不充分的发展之间的矛盾,成为当代中国社会的主要矛盾。正是在这样的大背景下,国家高度重视新发展阶段的民意,无论是脱贫攻坚、乡村振兴,还是"扎实推进共同富裕"的提出,都表明国家始终基于社会发展变化的新特征和新问题来理解、把握和顺应民意。因此,对民意的回应不再仅是政府合法性的需求,而是变成了一个提到台面上的考核治理效果的指标,影响着整个政府体系的注意力分配、行为方式和资源投入等。也让政府同时面对着维持稳定和满足民意的双重要求。如果说上一阶段,国家对民意的重视更多是源于社会矛盾问题,体现出一定的被动特征的话,这一阶段国家对于民意的重视则越来越体现出主动性。

从历史的视野来看,民意始终在中国的国家治理中扮演着重要的角色,始终是国家关注的重点。中国的国家与民众的关系,与西方理论讨论的国家—社会关系,有着很大的区别。国家与社会之间不是对立的关系,而是相互融合的关系,深深嵌入在中国源远流长的传统文化中。在文化的意义上,中华文明是不同于西方文明的一种文明形态。

第二节　结构视角：当代中国国家治理中的民意结构

现有研究表明，自秦朝建立郡县制以来，中国的国家治理在总体上呈现出属地化的分级治理模式，① 多层级政府依据属地原则自上而下界定下级政府的治理责任，将各方面的发展和治理任务层层分解至基层，县级及以下的政府官员直接处理民众事务，县级以上的政府较少直接与民众打交道。这样一种治理模式，被学界称为"上下分治"（上层治官、下层治民）的治理体制。② 在上下分治的治理体制中，县级以上的官员掌握治官权，县级及以下的官员掌握治民权。

当代中国多层级政府（中央、省、市、县、乡）的治理模式，总体上是一种属地化的分级治理模式。在这样一种属地化的分级治理模式之下，基层政府是距离民众最近的政府层级，是最能够直接了解民意的政府层级，具有不可比拟的信息优势。相比基层政府而言，县级以上的政府层级距离民众较远，需要依赖基层政府自下而上地反映一线的真实民意。多个政府层级带来的漫长行政链条，导致上下级政府之间的信息不对称问题客观存在，上级政府既依赖下级政府提供民意信息，又需要防控自下而上的信息隐瞒或者篡改等问题。

将多层级政府行为的理论视角引入对民意的研究，有助于理解民意在现实的国家治理体系中如何被看见、被收集、被理解，以及最终处于一种什么样的被认识的状态。换言之，对于不同层级政府而言，它们能够看到、听到和理解的民意并不是完全一样的。正如安东尼·唐斯所指出的，科层组织中自下而上的单渠道信息传递可能带来信息歪曲等问题，替代性信息渠道的出现有助于改变这种信息扭曲的状况。③ 理论上讲，越接近基层的政府，越是能够了解最为及时、真实和复杂的民意；政府层级越高，了解到的民意信息越可能已经经历了筛选、隐瞒甚至是歪曲，与实际情况可能相差越远。因此，上级政府具有很强的动力去开辟替代性的民意信息收集渠

---

① 周黎安：《转型中的地方政府：官员激励与治理（第二版）》，格致出版社、上海三联书店、上海人民出版社，2017，第41-76页。
② 曹正汉：《中国上下分治的治理体制及其稳定机制》，《社会学研究》2011年第1期。
③ 〔美〕安东尼·唐斯：《官僚制内幕》，中国人民大学出版社，2006，第47-52页。

道,同时也会强化对下级政府的监督和检查。

不同层级政府对于民意的认识和理解,会直接影响到与民意的不同互动关系和互动状态,这与不同层级政府自身的站位、视角、偏好和利益有关。正是因为这些不一致,也引发了现实中切切实实地存在委托—代理问题的各种各样的表现形式。学界关于这些委托—代理问题的研究成果可谓汗牛充栋,揭示了"上有政策下有对策"、基层政府"迎检"、[1] "策略应对"、[2] "共谋"[3] 等一系列多层级政府运行中的现象。这些研究工作对于理解不同层级政府与民意的互动关系和互动状态,具有一定的启发意义。为了简化讨论,接下来我们从中央政府、地方政府、基层政府这三个层面,来分析不同层级政府与民意的互动关系和互动状态。

一 中央政府

在当代中国,大量的国家治理现象都可以从中央—地方—社会的关系得到理解。其中,社会是由广大普通民众、家庭、组织以及各种各样的关系纽带组成的。由于民意直接关系着国家的合法性基础和政权的稳定,这也就成为中央政府层面关心民意的根本原因。一方面,正如韦伯所言,任何权力都有为自己的合法性辩护的需要。国家的合法性,源自人民对执政者的认可。[4] 另一方面,中央政府的各方面政策需要靠地方政府来执行,省市县乡四级政府的行为直接影响着中央政府的政策在人民群众中的执行情况。政策执行得到底怎么样,是否存在对中央政策的偏离,是否真正回应了老百姓的需求,都直接影响着中央政府最为关注的合法性问题。

民意对于中央政府有着非常重要的意义。由于民意直接关系着国家治理的合法性基础和政权的稳定,中央政府必须时时收集和了解真实的民意。主要包括两种方式。第一,科层制的常规化方式。自上而下会逐级要求下

---

[1] 吴毅:《小镇喧嚣:一个乡镇政治运作的演绎与阐释》,生活·读书·新知三联书店,2007,第17-23页。
[2] 艾云:《上下级政府间"考核检查"与"应对"过程的组织学分析——以 A 县"计划生育"年终考核为例》,《社会》2011年第3期。
[3] 周雪光:《基层政府间的"共谋现象"——一个政府行为的制度逻辑》,《社会学研究》2008年第6期。
[4] 〔德〕马克斯·韦伯:《经济与社会:在制度约束和个人利益之间博弈》,杭聪编译,北京出版社,2008,第16-20页。

级政府深入了解民意,通过多个层级逐层传导压力,一直传递到基层政府。在乡镇政府或街道办事处,无论是领导班子成员,还是职能部门的负责人,都有包村(社区)的任务。包村(社区)工作的核心内容之一就是持续不断地了解社情民意、向上反映社情民意,这实际上是一种属地化的责任制。整个中国国家治理对于民意的收集,离不开整个庞大的组织体系,覆盖了城乡几十万个社区。

第二,非科层制常规运作的民意汇集。除常规的科层制方式,中央政府为了减少自下而上信息隐瞒甚至扭曲的情况,还会通过一系列科层制以外的方式来汇集民意。例如,信访制度就是中央政府试图绕开科层制常规运作来汇集民意的一种典型体现,是党根据群众路线而创立的一种制度;[1]信息直报系统,也是信息绕开自下而上层层上报渠道而向上传递的一种方式;中央条线部门开展的大规模国情调研、民情走访等活动,也是重要的民意汇集方式;进入数字时代,大量的线上政务平台、矛盾调解中心、政府官员信箱、便民服务热线等也为民意的直接上达提供了新的渠道和机制。

党的宗旨是全心全意为人民服务,党的初心和使命是为中国人民谋幸福、为中华民族谋复兴。中央政府在不断了解民意之外,还需要不断回应民意。上述收集民意和回应民意的方法之外,还需高度重视社会建设,因为该领域是与民众的日常生活关系最为紧密的领域,也是民意表达最为常见、最为集中的领域。

总体来看,中央政府不断在民生建设和社会治理两个重要方面优化政策、推动改革,为地方政府指明方向。第一,中央政府致力于增进民生福祉,提高人民生活品质。党的二十大报告指出,"我们深入贯彻以人民为中心的发展思想,在幼有所育、学有所教、劳有所得、病有所医、老有所养、住有所居、弱有所扶上持续用力……建成世界上规模最大的教育体系、社会保障体系、医疗卫生体系……人民群众获得感、幸福感、安全感更加充实、更有保障、更可持续,共同富裕取得新成效","江山就是人民,人民就是江山。中国共产党领导人民打江山、守江山,守的是人民的心。治国有常,利民为本。为民造福是立党为公、执政为民的本质要求。必须坚持在发展中保障和改善民生,鼓励共同奋斗创造美好生活,不断实现人民对

---

[1] 冯仕政:《国家政权建设与新中国信访制度的形成及演变》,《社会学研究》2012年第4期。

美好生活的向往。我们要实现好、维护好、发展好最广大人民根本利益，紧紧抓住人民最关心最直接最现实的利益问题，坚持尽力而为、量力而行，深入群众、深入基层，采取更多惠民生、暖民心举措，着力解决好人民群众急难愁盼问题，健全基本公共服务体系，提高公共服务水平，增强均衡性和可及性，扎实推进共同富裕"。①

第二，中央政府致力于维持社会稳定，提升社会治理水平。党的二十大报告指出，"完善社会治理体系。健全共建共治共享的社会治理制度，提升社会治理效能。在社会基层坚持和发展新时代'枫桥经验'，完善正确处理新形势下人民内部矛盾机制，加强和改进人民信访工作，畅通和规范群众诉求表达、利益协调、权益保障通道，完善网格化管理、精细化服务、信息化支撑的基层治理平台，健全城乡社区治理体系，及时把矛盾纠纷化解在基层、化解在萌芽状态。加快推进市域社会治理现代化，提高市域社会治理能力。强化社会治安整体防控，推进扫黑除恶常态化，依法严惩群众反映强烈的各类违法犯罪活动。发展壮大群防群治力量，营造见义勇为社会氛围，建设人人有责、人人尽责、人人享有的社会治理共同体"。②

但是，中央政府对于民意的汇集和回应，并不能替代地方政府的作用。原因在于，中国幅员辽阔，各地的实际情况不同，发展的基础和存在的问题各有差异，相应的民意也存在多样性和复杂性，国家的政策在各地实际落实的时候必须考虑到不同地方的历史和文化差异。

中央政府的政策，通常是站在国家角度自上而下地考虑整体的情况。虽然中央政策在宏观上以及长远的角度看可能更适合整体的发展，但是在细节上和具体执行层面需要充分结合地方性的知识才能真正有效，也才能真正符合地方的实际情况。大量的研究工作揭示了这一点。例如，詹姆斯·C.斯科特分析了一些现代主义国家中项目的失败，如苏维埃集体化、巴西利亚的建设、坦桑尼亚的强制村庄化等，他认为这些项目的共同点有四个，第一是对自然和社会制度的简单化管理；第二是对科学的极端主义信仰；第三是这些国家力量比较强大，可以推行这些计划；第四是这些国

---

① 习近平：《高举中国特色社会主义伟大旗帜　为全面建设社会主义现代化国家而团结奋斗——在中国共产党第二十次全国代表大会上的报告》，人民出版社，2022，第54页。
② 同上书。

家的社会力量比较薄弱，缺少抵抗国家力量的能力。这就导致了这些国家在项目设计和运行的过程中过分强调了整体的意图，而忽略了地方性的习惯和知识。例如在苏维埃集体化农业失败的案例中，中央政府对地方政府虽然有所激励，但是对农民没有激励，也没有给他们充分的空间进行协商，最终导致农民的拖延与反抗。[1] 可见，宏观上对民意的考虑如果无法兼顾、地方性知识，或者说在地方落实的过程中出现操作不当，都可能带来民众的不满甚至反对，从而存在丧失民心的风险。因此，宏观层面对于民意的汇集和回应，都需要中观和微观层面的操作和维护。

二 地方政府

地方政府（主要指省市政府）不仅需要贯彻落实中央政府的政策，而且需要充分考虑属地辖区的实际情况，需要结合实际来汇集民意和回应民意。从政府体系内部来看，地方政府处于中央政府和基层政府之间，相对于中央政府而言是代理方，相对于基层政府而言却又是委托方。相比于中央政府而言，地方政府更为了解本地的地方性知识和区域性文化，[2] 更加熟悉区域社会的民情民意，是地方民意的代言人；相比于基层政府而言，地方政府层面拥有一定的地方立法权等规则制定权，可以调动更多的资源，能够推动更多的改革，在汇集民意和回应民意方面能够发挥重要的作用。

在中国改革开放的历程中，有大量的创新是来自地方政府，这是改革的一个重要特征。例如，家庭联产承包责任制的改革，就源自安徽凤阳县小岗村自下而上的探索，地方政府的支持在其中起了很大的作用。因为地方政府对于民情民意有着切实的把握，能够在一定程度上了解和把握民众的需求和困难。党的十八大以来，地方政府围绕社会建设领域开展了一系列创新探索，北京的接诉即办、"街道吹哨，部门报到"（也简称为"吹哨报到"）改革，成都的公共服务资金，上海的一网通办、一网统管，台州的矛盾调解中心等，都是在地方政府的推动下涌现的创新举措，都是与民意的汇集和回应等密切相关的制度创新，在本地和全国范围内产生了广泛的影响。

---

[1] 〔美〕詹姆斯·C.斯科特：《国家的视角——那些试图改善人类状况的项目是如何失败的》，王晓毅译，社会科学文献出版社，2019，第187-209页。

[2] 王春光：《中国社会发展中的社会文化主体性——以40年农村发展和减贫为例》，《中国社会科学》2019年第11期。

已有研究表明，在纵向的行政发包制和横向的晋升锦标赛体制下，地方政府存在强劲的创新动力，[①] 会通过各种各样的创新来向上级政府发送政绩信号。这在很大程度解释了地方政府近年来在社会建设领域开展大量探索创新的动力来源。与此同时，也有研究揭示，社会领域的行政发包与经济领域的行政发包常常存在差异，对于社会领域中的不少治理任务，自上而下往往都不是执行目标清晰、高度量化、考核严格的强激励，而是更接近一种"模糊发包",[②] 具有目标相对模糊、量化相对较弱、考核相对宽松的特点，以避免强激励带来较高的社会风险，总体上呈现出渐进式改革的特征。

在民意的汇集和回应方面，地方政府创新总体上面临着类似一种"模糊发包"的政策环境。党的十九大提出"完善党委领导、政府负责、社会协同、公众参与、法治保障的社会治理体制"。党的十九届四中全会进一步指出，"社会治理是国家治理的重要方面。必须加强和创新社会治理，完善党委领导、政府负责、民主协商、社会协同、公众参与、法治保障、科技支撑的社会治理体系，建设人人有责、人人尽责、人人享有的社会治理共同体，确保人民安居乐业、社会安定有序，建设更高水平的平安中国"。其中，公众参与是社会治理的基础和源泉。

强调公众参与，意在凸显人民群众是社会治理的主体，发挥人民群众的主体作用，鼓励公众积极参与社会治理，提出意见和建议，发挥民意在反映社会真实问题、监督政府履职尽责等方面的重要作用。实践中，究竟如何推动公众参与，自上而下并没有非常清晰的目标细则、量化评价和严格考核，地方政府创新都是在摸索中前进。与此同时，在信访、维稳等方面则存在高强度的激励和问责制度，这意味着地方政府肩负着很大的治理压力，必须探索出实际可行的治理方案。

当然，这是就总体情况而言的，不同地方政府或者同一地方政府在不同时期内的行为方式仍存在诸多差异。一方面，即使是在"模糊发包"的政策环境下，不少地方政府在民意的汇集和回应方面做出了不少重要的探索创新。近年来，笔者在北京、上海、成都、台州等多个城市的调研，发现地方政府在全国统一的政策环境下开展了很多富有地方特色的创新。例

---

① 周黎安：《行政发包制》，《社会》2014 年第 6 期。
② 黄晓春：《当代中国社会组织的制度环境与发展》，《中国社会科学》2015 年第 9 期。

如，北京市的接诉即办改革，从整体上重塑了地方政府内部多层级政府对于民意的汇集和响应机制，提高了地方政府对于民意的汇集和响应效率，解决了大量民众日常生活中遇到的问题，增强了人民的获得感、幸福感和安全感，同时也增加了政府自身的治理负荷；上海市的一网通办、一网统管改革，也很好地适应了数字社会发展的时代大趋势，通过数字政府建设为民意的汇集和回应提供了新的思路和方法；成都市探索成立了中共成都市委城乡社区发展治理委员会，在"还权、赋能、归位"的改革思路下，推动了社区议事会、社区公服资金等一系列创新，用来推动城乡社区民意的表达、汇聚和回应；台州市是"枫桥经验"与"最多跑一次""最多跑一地"改革的发源地，并通过建立"矛盾调解中心"应对老百姓生活中碰到的，但是自己解决不了，需要政府帮忙解决的问题。

另一方面，同一地方政府在不同时期也可能会存在不同的民意汇集和回应方式。北京市西城区就在不同的发展阶段先后探索了"全响应""访听解""民生工作民意立项"等不同的方式，从最初的被动响应民众诉求，到后来的主动下沉社区访民情、听民意、解民需，再到近年来探索通过民生项目方式推动民众主动参与到社区项目的立项和实施过程之中，展现了地方政府不断更新的理念和不断创新的态度，具有一定的典型意义。

总之，从中观角度看，地方政府眼中的民意与中央政府视角下的民意存在很大差异，即民意不再是一个宏观的、整体的概念，而是需要结合本地实际需要去切实了解、实际回应、持续互动的对象。地方政府处于自上而下的政策和自下而上的民意之间，需要在中央政策和本地实情之间寻找结合点和创新点。因此，地方政府所面对的民意比中央政府概念中的民意要具体和丰富，这也意味着地方政府在执行中央政策时会呈现差异性和复杂性。

三 基层政府

与省市级政府不同，县乡政府是党和国家方针政策的"最后一公里"，也是直接面对人民群众日益增长的美好生活需要的最前端，在民意的汇集和回应方面更是扮演着前线性、基础性的角色。一方面，基层政府的治理辖区范围相对较小，依托于基层群众自治组织，能够将民意的收集任务从乡镇（街道）到村（社区）再到组（小区）进一步层层分解。另一方面，城乡社区居民的各种民意，也是最直接地通过基层群众自治组织而与基层政府产生关联，民众的各方面利益诉求、服务需求、矛盾纠纷、观点表达等也都会最直接地首先呈现在基层政府面前。总之，基层政府具有更多关于一线民意的信息优势，也承担着大量直接与民众打交道的任务，无论是提供公共服务，还是开展社会治理，基层政府对于民意的了解和把握是最为直接、丰富和真实的。

在以往基层治理的经验中，一个长期困扰基层政府的难题是如何无偏差地落实上级政府布置的任务，即在满足上级政府自上而下布置的任务的同时，又尽可能地满足居民的各种需求。在解释这个问题的时候，现有研究主要将其归因于多层级政府之间的委托—代理关系以及政策本身的适应性等，但是并未从民意的视角对此进行系统和深入的分析。实际上，有时这类问题是源于政策的"虚假合意"情况，即对民意进行假定和预设，以自上而下的方式去理解和处理民意。例如，政府在制定治理方案时并没有真正地与群众进行充分的沟通和协商，而是采用了一些表面上的方式来获取群众的认同，包括组织一些形式化的意见听取会议，或是通过宣传等手段来推行治理方案。这样的做法虽然可以形成一定的舆论氛围，但并不能真正反映出群众的需求和意见，也不能达成真正的相互认同。

不仅如此，实践中居民的需求非常的纷杂，不仅有些相互之间非常矛盾，难以统一；还有很多要求也在政府的责任之外，但是居民又对此较执着。这些民意也会影响治理的效果，使得基层政府的行动与上级政府的任务之间产生偏差。因此，一旦治理方案实施，往往会因与群众预期不符而引发社会矛盾和冲突。可是这些在现有的框架里并没有给出详细的解释和可行的方案。

当前，城市社会群体在阶层、代际和空间等多维度的高度分化，不同社会群体的需求差别和意见分歧、居民在公共事务上根据切身利益的选边站队、项目实施不同阶段中民意前后摇摆，这些民意分化和变动的因素都是民意项目中需要认真深入思考的。民生工作不能忽视和漠视民意，也不能片面和静态地理解民意，更要防止出现对民意的曲意理解和刻意操纵。在不同领域的民生工作中，抽象的"民意"二字必然体现在复杂的、变动的、具体的和分散的群众意见上。应该在具体和动态过程中整体而准确地来把握"民意"。

民意分化和"众口难调"是民生项目的要害问题和关键难点。甚至可以说，每一项民生工作中都或多或少地会遇到需求差别和意见分歧的问题，只是有需求的多少和意见分化程度上的高低不同而已。如何有效破解"众口难调"这一要害问题既是深化民意立项工作的迫切要求，更是创新社会治理机制的深层考问。

从政府的角度看，民意是在具体运行的项目中体现出来的，是民众对项目的反应。但是从居民的角度看，项目中的民意是从生活中的民意中提炼出来的，这也是微观的角度可以观察出来的民意的特点。在基层政府治理的微观实践中，面对的民意既庞杂多样，又不断变化；既充满了利益需求也包含着复杂的情绪和感情。真正理解民意在治理中的意义，首先需要理解宏观、中观和微观这三层之间的关系，理解中央政府、地方政府和基层政府的运行逻辑；其次从政府与民意接触的最前端入手，分析实际治理中基层政府的各种运行方式和民意的不同反馈，以及为何形成了不同的治理效果。

第三节　过程视角：民意分类与治理方式的动态匹配

对应着我国当代国家治理在宏观、中观和微观的三层民意结构，是对民意分类的三重逻辑。

一　民意的三重分类逻辑

第一重逻辑是宏观上对民意的分类，主要指中央政府宏观上制定政策时对民意的分类逻辑。改革开放以来，经济发展是我国的基本路线，城市化是一条主要的路径，也是本研究的时代和政策背景。为了解决我国社会的基本矛盾，满足国家和社会发展的需求，我国从中央到地方不断推进城市化的进程。近年来，我国经历了大规模拆迁、人口聚集和流动。对于中央政府而言，民意分类的逻辑相对简单，主要从宏观和抽象的角度关注国家的发展和最广大民众所需要的以及不能接受的，与古时的"民之所好和民之所恶"的分类逻辑一脉相承，同时又与国家的整体利益高度一致。

第二重逻辑是中观上对民意的分类，主要指地方政府按照中央政府的整体规划，对不同阶段的发展目标进行细分和执行。但是因为地方政府并不在接触民意的最前端，所以其分类仍然更多地遵循完成工作的逻辑，即按照轻重缓急和时间线划分的任务类别。在城市化的背景下，这些类别通常包括城市拆迁与改造，社区硬件设施的改善与提升，社区安全的保障与矛盾的化解，社区服务的增加与完善，社区生活的丰富与多样化等。

虽然每个地方政府所遇到的情况不同，但是总体上有着相似的逻辑，即要根据地方的特色设计和创新不同的项目，尽可能高质量地完成自上而下的任务。但是当回应民意被作为任务考核之后，更增加了地方政府工作的压力。处理不好有可能会引起居民之间，以及居民与政府之间的矛盾，因此地方政府在处理民意的时候主要是按照一套以操作为标准的逻辑。两条主线是项目的紧迫程度和居民意见的参与程度。地方政府通常对项目的轻重缓急和项目的安排有一个基础的判断，这是他们选择如何行动的最重要原因。其次是居民对项目的反应，即民意的表达情况。如果项目在运行过程中无法真正满足大部分的民意，通常也很难推进。

第三重逻辑是微观上对民意的分类。在实践中，基层政府面临着更为零碎和庞杂的民意，更不容易对其进行分类。因此，基层政府并没有建立自主的分类框架，更多是借助地方政府的分类方式，自身则主要按照项目的具体内容和居民的需求程度归类民意，在这一过程中寻找最能贴合居民心意解决问题的方式。因此，本研究将基层政府对民意的认识结合到马斯洛的需求理论中，分析需求之上的民意表达，就更能理解民意在基层治理中的参与。马斯洛将人类需求从低到高分为生理需要、安全需要、社交需求（归属和爱的需要）、尊重需要和自我实现需要，并认为这是激励和指引个体行为的力量。在马斯洛看来，需要层次越低，与个体生存的关系越密切。而且只有满足了低级的需要（哪怕是一部分的需要），才能产生高级的需要。高级需求比低级需求复杂，满足起来需要的外部条件也更复杂。虽然不同学者对于需求满足的先后顺序有不同的认识，但普遍认为这种分类方式对理解民意有一定的参考价值。

因此，尽管民意项目表面看来丰富多样，包括城市基础设施改造、环境整治提升、标准化市场建设、养老驿站完善、流动人口疏解整治、道路修整、停车管理、物业提供、电梯加装、文化团队专业提升等社区生活的方方面面，但是笔者根据治理和民需将其分为了四大类，既对应着中央和地方政府整体的发展安排，也对应着基层政府的生存策略，同时对应着居民的需求层次，分别为城市更新改造类、日常生活类、文化服务类，以及安全和秩序建立类。

结合城市化的发展和政府运行的项目，可以看到一个从满足居民生活、安全、归属、尊重和自我实现的一条线索。例如从城市拆迁改造，到房屋加固和治安提升，再到社区环境的整治和日常服务水平的提升，最后到文化团队的成立和公共生活的参与。这条线索既是探索微观民意的路径，也是本书章节安排的大致顺序。

总体上看，这四类项目对应了马斯洛理论中的不同需求层次，也符合政府在国家发展、维护稳定方面的要求。本书在分析的过程中，不仅会展现不同的逻辑，还会将其放在一个框架内进行分析和审视，分析不同逻辑之间的互动，挖掘民意在治理中发挥作用的深层机制。

二 民意的治理匹配机制

本书提出了基于民需的刚性和民意的分化两个维度划分出来的四象限分类（图2-1），并将一些现有的项目放入框架之内作为例子。这一划分的前提是，民需的刚性程度和民意的分化程度都是基于居民自身以及居民内部，而非居民与政府之间的分化。控制了政府与居民之间的冲突程度之后，可以采用以下框架对民意和治理匹配机制进行分析。

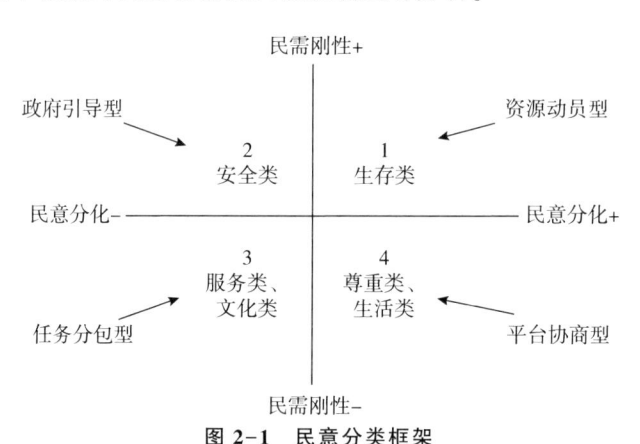

图 2-1 民意分类框架

一般情况下，民需刚性越强，民意分化也越强的项目通常以生存类项目为主（第1类）。因为这类项目涉及居民生存的根本，不同居民从自己的利益出发，会产生很强的意见分化，不容易统一，因此治理的难度也非常大。民需刚性强，民意分化弱的项目可以以安全类项目为参考（第2类）。

安全是所有居民的需求，即便民意可能会围绕安全项目有一些不同的分歧，但底层的需求是相对统一的。因此即便产生意见上的分歧，也相对容易妥协。民需刚性弱，民意分化也弱的项目通常以服务类和文化类为主（第3类）。虽然这类项目本身不意味着居民的需求少，但是因为涉及更高的需求，而且有些需求可以依靠商业力量填补，所以居民虽然有需求但是不紧迫。同时因为是具备增值效果的项目，所以居民在这方面虽然有不同意见，但是相互之间也比较容易谅解和妥协。而民需刚性弱，民意分化类强的项目则以尊重类和生活类为主（第4类）。这类项目中有的时候可能问题不大，但是涉及生活和尊重，居民会有更多自己的想法，意见冲突可能会比较剧烈。因此相互之间的协商和谅解就显得尤为重要。治理的难度也体现在如何增进居民之间的理解和信任。对应着这几种民意项目的类型，政府在匹配以资源动员型、政府引导型、任务分包型和平台协商型时，通常有较为成功的治理效果。

其中资源动员型，即大量投入人力物力，并通过居委会成员或者社区积极分子的充分引导、劝说，统一居民的意见，最终达到治理效果。例如在拆迁类项目中，政府必要性地做出一些补偿，或者提供更多的选择方案，并对居民有更多的情感的劝导，尽量让他们可以接受。政府引导型，即通过一些党员或者积极分子的带动以及一些政策的辅助，让居民愿意参与到项目中，实现治理目的。例如抗震加固的项目，虽然居民认为有必要，但是对于不同居民必要性的强弱不同，需要政府带头和引领，并认识到问题所在，才能最终推行。任务分包型，即通过借助社会组织、居民自组织、或者商业机构等力量，将一些任务拆解和分包，最终成功运行。例如对老年人或者某一群体提供的针对性服务。这些项目因为面对的群体不够广泛，所以政府通常会引入不同的主体进行治理。平台协商型，即基层政府或者居委会等通过搭建平台的方式让居民参与讨论，形成理性的民意，最终就某个问题达成共识，以达到治理效果。例如小区内停车问题，或者装电梯的问题。虽然需求上刚性程度不一定特别强，但是对于不同群体之间的分化可能会很严重。因此在这类项目中，搭建平台协商各方利益可能就是最重要的问题。

民意和治理之间是一个动态的过程，因此不会仅停留在某一个阶段，也不是仅使用一种方法。在实际的治理过程中，很多时候都是多种方法同时或者先后进行，有时候还会混杂着一些其他的方式，只是在使用的比重上可能会存在比较大的差异。然而无论方法如何变化，提炼出理性的民意让居民达成一致，以及用情感让居民在一些模糊事项上做出妥协和接纳，始终是基层政府的两大法宝。需要注意的是，以上的分类和匹配是基于研究提炼出来的一个理想的模型，虽然暂时将不同的案例放入了不同象限，但实际上案例的排列可能更像是一个连续的谱系，不同的项目分布在不同的点上。在接下来的章节中，本书将通过具体的案例展示这一框架在实际中的运用和效果。

第三章
不同地方政府的治理模式与特色

基层治理的有效性在很大程度上取决于居民的参与和民意反馈,随着民意在治理中的地位变得日趋重要,各地方政府都在思考如何用不同的方法满足居民的合理需求,提高居民参与治理的积极性。在此过程中,基层既发挥着自己的主观能动性,同时也需要配合地方政府的整体发展思路,综合考虑所处阶段、地理环境、文化背景等多重因素。由于对民意不同的收集、反馈和吸纳方式各具优势和劣势,能够反映和调动出不同的民意侧面,对于不同地方政府的特点及其对民意的不同治理方案制定的介绍和分析对于后续研究起到了基础性的作用。

本书主要以北京、成都和台州市为主要研究对象。这些地区既有自己的特色,又在一定程度上可以展示出我国南北方和东西部的差异。虽然无法对每个地方的案例做出面面俱到的呈现,但是可以对不同城市的治理模式做一定的提炼,并对一些有代表性的案例进行分析,这样既能体现不同地方政府的治理特色,了解基层政府的治理背景,也能探索不同的治理方式,并分析各种方式在不同城市所带来的治理效果和治理后果。

第一节 北京市:首都治理的典范与挑战

国家作为一个整体,在治理的理念上有全局的部署。在此背景下,各地方政府会在把握国家整体精神的同时,因地制宜发展出自己的治理特色。作为首善之区的北京,维持稳定和营造良好的形象是相比于其他城市而言,政府更加侧重的方面。中共北京市委在《北京市人民政府关于加强新时代街道工作的意见》中也明确指出，"街道是城市管理和社会治理的基础，是巩固基层政权、落实党和国家路线方针政策的依托，是联系和服务群众的纽带，在超大城市基层治理体系中发挥着不可替代的中枢作用"。①

随着时代发展的逐渐多元化，连接民意是维护稳定的基础，也成了治理中的重中之重。在基层治理的整体布局上，政府在应对民意方面不断做出调整。从近年来城市发展的路径来看，可以梳理出一条民意在基层治理中位置变化的脉络，总体上是一个从被动到主动的过程。根据本研究的主要调研资料，北京市的案例分析将主要集中在西城和东城两个区。因为北京市的政策有着一致性，所以这两个区总体的方针政策都是一致的，笔者只会在民意方面讨论一下区之间的做法差异。

一 西城区：民意参与与社会治理的创新实践

1. 政治中心的民意挑战

西城区在北京市处于重要的位置，是全国政治中心、文化中心和国际交往中心的核心区，面积50.7平方公里，辖15个街道、263个社区。作为首都的一部分，西城区的发展既要展现良好的形象，又要满足人民的需求，维持政治的稳定。近年来，伴随着城市化进程，城市发展也成为时代的主题，在这一过程中，西城区在治理的过程中对民意的认识、应对和反馈也经历了一个不断变化的过程。

随着单位制逐渐淡出历史舞台，产权单位对小区的控制越来越弱，居民针对小区问题表达意见的渠道受到阻碍，政府则在回应民意上担负起了责任，尽可能避免居民意见积累得不到解决而演变成更为严重的问题。

2012年，西城区采取了"全响应"的社会服务管理创新方式来回应民意。强调政府组织、企业组织、社会组织、公民均作为主体参与社会服务和管理，各类主体做到信息互通共享，收集到居民信息之后可以协同联动，合作响应，积极和快速地回应民意。这样的方式让居民遇到的很多问题在第一时间得到了解决，也受到了很多好评，在当时有着重要的创新意义。然而放在历史的发展阶段来看，"响应"意味着居民先有了问题，政府再去应对和解决，在民意的应对上，相对比较被动。

---

① 中共北京市委：《北京市人民政府关于加强新时代街道工作的意见》，2019年。

2. "访民情、听民意、解民难"工作制度

为了更加贴近民意，2013年西城区再次创新了"访民情、听民意、解民难"（以下简称"访听解"）的工作制度，相比于"全响应"，"访听解"在了解民意上更为积极，目标是在居民还没有反映问题之前，主动了解他们在城市发展、制度变革中遇到的困难，例如城市拆迁改造、菜市场重建、停车矛盾、老年人的生活和文化难以得到满足等。同时，因为工作制度以街道和社区为单元，这种方式也深化了街居制的治理方式，强化了街道的属地化职能。这些政策体现出对民意的尊重，但是仍然遵循着自上而下的思路，体现的是"出现问题—解决问题"的思路和"俯身亲民"的姿态，即"民有所呼，我有所应""民有所需，我有所为"。

这些方式相较于之前取得了一定的效果，但是仍是出了问题再解决，收集到的民意零散不成体系，政府在提供解决方案时也只能被动应对，无法从根本上出发，提供整体性的解决方案，治理治标不治本，很难达到最佳效果。

3. 民生工作民意立项

为了将民意更加制度化，形成从开始到结束整体的解决方案，并以监督和绩效评价作为保障，2017年5月，西城区制定了《关于全面推行民生工作民意立项工作的意见》（以下简称"民生工作民意立项"），在"全响应"和"访听解"的基础上进一步重视民意的作用，强调问政于民、问需于民、问计于民。从预算、编制和任务下达到解决都融入民意，并形成完整的制度。这既是时代的要求，也是对中央在党的群众路线上的深化。

这一项目的设立是看到了以往政府决策过程中政府和居民之间存在严重的信息不对等，上传下达途径不顺畅，产生的"政府买单、百姓不买账"问题。一方面政府设立项目的初衷是为居民着想，但是意图却很难让居民了解。另一方面民意虽然受到重视，但在以往项目中很难在开始阶段让政府知道。"民生工作民意立项"就是强调民生的工作要遵照民意来立项，让居民更多更早地参与到民生项目运行的全过程，对项目拥有更多的知情权、表达权、管理权和监督权。西城区政府采用的方式是主动地应对，更加精准地对接和匹配财政资金和民众的需求。

在基层政府的工作方法中，这一方式体现了"从群众中来，到群众中去"的党的群众工作方法，而且在工作中也可以通过广开言路，汇聚民智

的方法吸纳居民的合理建议，真正推动工作的进行。为了保证项目的推进，政府也做了很多调整和改变。第一是改变了工作人员的工作认识，政府文件中的表述经历了从"群众工作干部做"到"群众工作群众做"的改变。第二是更加注重了民众在政府项目内自下而上的主动表达，以及居民之间横向的内部协商。第三是推动了政府"为民做主"到"由民作主"的改变。最终树立了居民的主体意识，在实践中锻炼和提高了群众的参与能力，提升了自治的效果。

可以看出，从"全响应"到"访听解"再到"民生工作民意立项"的过程，是基层政府在深化治理问题上的不断探索。政府自己的文件中也写道"倾听'民意'是开展民生工作的前提基础，推动'民议'是提升民生工作的内核精髓'，汇'民智'聚'民力'是落实民生工作的有效保障"。[①]可见政府希望民意参与到治理中的程度不断提升。

民意的参与过程一方面需要完善政府治理方式进行改变和配合，另一方面也需要居民之间有更好的交流和协商机制，形成良好的自我调节能力，在一定程度上解决自己的问题，与政府之间形成良性互动。从前者来看，街居制三级联动工作机制是西城区的工作保障。西城区着力完善街居三级联动，区委、区政府（相关各委办局），街道，社区，三级组织相互配合，协调对接，共同推动民生工作民意立项的落地实施。区级层面统筹安排，整体动员。强调民生工作民意立项不是某个部门的工作，而是区委区政府、各政府部门、街道的整体约束。街道层面则是促进政府治理和居民自治良性互动的关键协调主体，街道一方面根据政府的统一要求执行，另一方面推动辖区内社区组织通过各种方式获得民意，并把政策要求和民意表达相结合。社区层面是动员居民和其他多元主体参与立项的基础环节。组织居民广泛参与，协调多元主体的利益，促进社区内部关于立项工作共识形成、具体方案制定和项目进行追踪，并适时向上反馈信息。

在民意的传达和处理上，西城区通过建立工作联席会和专题调度会等平台，促进了区委、区政府（包括相关各委办局）、街道、社区等三级组织的协调与互动。这些机制不仅增强了信息的流通和共享，而且为各级组织提供了一个有效的对话和协商平台。此外，西城区特别强调区社会建设工

---

① 参考自北京市西城区政府《关于全面推行民生工作民意立项工作的意见》。

作领导小组的核心职能。通过定期召开会议，领导小组负责听取各相关部门和街道关于民生工作民意立项机制的实施情况汇报，并对实施过程中出现的问题进行深入的交流和研讨。

从后者来看，基层政府在促进居民表达的同时，还要搭建协商平台，让不同的意见逐渐统一起来。鉴于一些居民对协商过程不熟悉，政府需要帮助他们建立妥协意识、契约意识、规则意识，最终形成公约。有效的协商民主要求信息透明、平等参与、公开讨论、充分表达、倾听、尊重多样性和理性思考，以减少分歧、形成共识，服务公共利益。民生工作民意立项的核心任务之一是为普通居民和利益相关方搭建议事协商的公共平台，推动民生建设和协商民主的相互促进，最终实现两者的良性循环。

2017年开始时，西城区确定了19个试点项目来推进民生工作民意立项工作，其中不仅包括市级层面的政策落实项目，也包括小区层面的内部治理项目；不仅包括硬件设施改造项目，也包括软件设施提升项目。内容范围非常广泛，涉及疏解整治、百姓服务市场改造提升、标准化菜店建设、养老驿站建设、道路修整、停车管理、物业提供、老楼电梯加装、文化团队专业提升等民生工作的各个方面。

民生工作涉及政府部门及街道在工程建设、惠民政策、公共资源配置、公共服务和公共管理等方面与居民群众密切相关的各项任务。西城区在推进这些工作时，采取了分类实施的策略。这一策略的核心在于根据任务的紧迫性和居民参与的有效性进行分类。这种逻辑反映了政府对任务轻重缓急的考量，也尽可能确保了居民参与的实质性。在不同类别的民生工作中，民意的征求、表达方式及其实现路径均有所不同，以期居民意见的有效整合和各类民生项目的顺利推进。具体类别为以下三大类。

第一大类是民意征求型。主要是指政府计划做，同时需要群众参与支持的民生工作，即各职能部门、各街道已经确定了实施范围、任务标准等内容，必须实施的刚性任务，需要在实施前和过程中听取群众意见。主要有四个步骤：①公布方案，征求意见。通过召开听证会或座谈会等形式公布初步方案，听取利益相关群众的意见建议。对于专业性强的工作，可以邀请专家、技术人员参加并解答。②听取意见，完善方案。吸纳居民群众、相关主体提出的合理化建议，修订完善方案。对于不能采纳的群众意见建议，做好解释说明工作，取得群众理解支持。③依法公开，接受监督。按照相关法律规定及政务公开、权力公开的要求做好公开、公示工作,主动接受公众监督。④保持沟通,推进实施。在项目实施过程中,建立畅通的渠道,保持与群众的沟通,以便及时了解意见、发现问题、纠正偏差,确保群众参与的广泛性、全程性和有效性。

这类项目中,民意参加的相对较少。基本上是在政府确定了项目内容之后,为民意开通表达的途径,居民有问题可以随时与政府沟通,政府根据意见修订和完善方案,以避免可能出现的一些问题。

第二大类是民需申报型。主要是指政府该做且群众想做,需要一定比例的利益相关主体达成一致意见才能实施的民生工作,即:各职能部门、各街道根据现有政策和资金安排,确定项目总量、实施条件,由符合条件的社区组织群众协商,形成需求意见后申请实施的工作。主要有三个步骤:①发布项目,征集需求。各部门、各街道将拟支持开展的工作项目进行发布,明确项目总量、申报条件、申报程序、立项排序规则等内容,向地区群众及各利益相关主体征集需求。②指导社区,开展协商。各部门、各街道指导符合条件、存在需求的社区,组织居民群众或相关利益主体采取社区协商的方式,通过社区议事会、网格议事会、楼管(宇)会等参与型协商平台,以及社区代表会等社区决策机制进行协商讨论,形成具有法律效力的、代表大多数群众意愿的集中意见。③接受申请,推动实施。各社区居委会将民主协商形成的同意意见,提交项目主责单位,申请项目。各部门、各街道根据申请实施项目。对于申请较为集中、需求超出设计总量的项目,按照立项排序规则进行安排。

这类项目中,民意的参与程度要高于第一类。相比之下的自下而上程度也更高一些。项目的成型与否与居民的需求总量有关,所以居民的协商与一致意见的达成非常重要。

第三大类是民情推动型。主要是指群众想做、政府能做的民生工作,即:居民群众切实需求反映较为集中,属于政府职责范围,但尚未纳入各职能部门、各街道工作计划或安排的事项。鼓励街道安排民生工作经费,确保及时响应和解决群众诉求。主要有四个步骤:①畅通渠道,了解民需。各街道通过"全响应网格化社会治理系统"、"访民情、听民意、解民难"工作制度、政府热线及街道、社区的日常工作,畅通群众反映问题的渠道,广泛听取意见、了解需求。②聚焦问题,开展协商。对于群众反映比较集中的需求和问题,由社区居委会研究、分析并提出协商议题,采取社区协商的方式,组织相关人员进行协商,形成可行的解决意见。③对接责任,解决问题。对于协商形成意见且属于政府职责范围的工作,由街道进行收集、分析,根据轻重缓急及当年各部门、各街道资金安排情况,分级、分步骤解决问题。④反馈结果,鼓励参与。各部门、各街道及时将问题解决的情况或计划安排反馈给居民群众,进一步激发群众参与家园治理的主人翁意识。

这类项目可能本身不在政府的计划里,因而也不是整个区或者市普遍需求的统一项目,但反而有着更多社区的特色。这类项目需要居民更多、更主动地表达意见和参与项目,也能更加有针对性地解决很多民生问题。

可以看到,西城区政府对民意的分类主要是以工作任务的刚性程度为标准的,根据政府工作的整体安排,不同程度地听取、接受和吸纳民意。从民意征求型到民需申报型再到民情推动型项目,政府任务的刚性程度不断降低,因此民意的参与也有了从被动到主动的变化。为了能切实地落实民意在这些项目中的参与,政府也设立了一些保障机制。

第一是建立居民和政府之间的沟通平台。充分发挥区社会建设工作领导小组的职能和作用,定期召开民生工作民意立项机制工作联席会,听取各相关单位民生工作民意立项机制落实情况,就有关问题进行交流和研讨,协调解决工作推进中的重大问题,确保工作取得实质性进展。

第二是探索资金的保障。将征求民意作为编制财政预算的重要依据,优先安排经过征求民意的预算项目,使财政资金在民生领域的使用能够最大限度地体现群众意愿。

第三是建立全过程公开机制。让居民建立信心。遵循公开为常态、不公开为例外的原则,把公开贯穿于立项、实施、管理、结果的全过程,并逐步规范各层级、各环节公开的范围、内容和标准,不断提高民意立项的透明度以及规范化、标准化水平。在《北京市西城区重大行政事项决策办法》和西城区行政决策预公开相关文件中有明确规定的按照相关规定执行。

第四是完善公众参与机制。让民意可以充分地表达,并达成一致,参与到治理当中。各涉及民生工作的部门、各街道要进一步完善公众参与制度,提高自身运用法治、民主、协商等方法开展工作的能力,依法保障居民群众的知情权、参与权、决策权和监督权;要尽可能把资源、服务、管理放到基层，更好地为居民群众提供精准有效的服务和管理。各社区要不断提高自身统筹资源、协调关系、动员群众、破解问题的能力，完善基层民主协商制度，采取参与型分层协商的方式完成对公共事务的决策、公共项目的策划，引导和激发广大居民群众建设家园的参与意识和主体意识。

第五是健全内外部的监督评价机制。①内部监督评价，由区社会办牵头，会同相关部门，按照"征集民意、确定方案、实施项目、绩效评价"的闭环，对民意立项情况及项目绩效进行内部监督评价。②外部监督评议。组织邀请党员代表、人大代表、政协委员、民主党派、群众代表、新闻媒体等相关群体，以群众知晓度、参与度、满意度等指标对民意立项情况和项目绩效进行外部监督评议。

第六是建立纠错问责机制。对于推进工作不力，违背党的群众路线，特别是使群众正当利益受到侵害或造成不良社会影响的，依法依规严肃处理。通过这一系列的方式，政府为形成统一的民意搭建了平台，同时为民意参与治理进程提供了路径，给予了资金保障和制度保障。

在项目对民意不同重视程度的背景和民意立项的治理背景下，对民意的收集也体现出多重的方式。有三条具体做法：

①拓宽"民意"的表达渠道。除了继续保持"全响应""访听解"的表达，也增加了政府热线、实地调研、座谈会、听证会、问卷调查、居民代表大会等多种形式。注重将了解诉求、汇聚民智贯穿于民生工作民意立项的全过程。确保民意在项目实施前、实施中和实施后都能得到表达，民意进入项目是全方位、全流程、多渠道的，可以在最大程度上对项目产生影响。

②搭建社区协商的"民议"平台，促进多元协商共治。除了政府对居民的了解，居民自己内部的讨论也非常重要，是民意梳理的基础。一般的讨论都会由街道指导，居委会负责动员居民参与，通过多元主体协商取得共识，筛选和实施具有"最大公约数"性质的民生项目。西城区各个街道也发展出了多元的协商方式，例如有些街道组织的胡同沙龙、开放空间，或者菜单式管理方式、社区议事厅等。这些工作形式的创新，不仅有利于全面准确地反映民意，而且可以培育居民的社区协商意识和能力；不仅有利于完成一时一地的民生工作项目，更有利于提升基层协商民主和多元共治的水平。

③发挥专业组织的优势,为居民表达民意提供能力支持。例如在立项过程中引入专业组织,传授居民如何表达、如何聆听、如何协商,以及如何形成共识的技巧、规则和相关专业领域的知识。

为了让民意更清晰地显现,西城区政府也做了很多工作。首先是对民意形成过程的监督,注重政府和居民之间的双向信息联动。一方面,通过政民直播、政务公开、宣传报道等形式,政府主动地告知居民民生工作民意立项的进展情况;另一方面,通过民意监督、绩效评价等机制建设,使得居民能够对民生工作民意立项的开展情况进行评价反馈,推动政府工作的改进提升。

①政民直播。西城区委区政府加强政策解读,主动回应居民的关切。区主要领导就民生工作民意立项机制走进西城"政民直播间",通过视频的政策解读和与网民的微博直播互动,主动回应社会关切的问题,进一步增进公众对参与民生工作途径的了解。

②政务公开。西城区将民生工作民意立项纳入西城区政府政务公开的创新工作模式。区领导要求区政府为民办实事各相关部门都要主动引导居民参与,吸纳群众合理性意见,做到民生项目让百姓参与、政府工作让百姓感知、民生工作让百姓满意。2017年5月25日,国办信息公开办到西城区调研信息公开工作时,对西城区的民生工作民意立项做法给予了充分肯定。

③宣传报道。西城区注重加强民生工作民意立项实施情况的宣传报道。区社工委、社会办等按照区领导"成熟一个宣传一个"的工作要求,与区新闻中心密切对接,通过《新闻联播》、《北京日报》、人民网、新华网、《中国青年报》、《西城报》、北京西城微信公众号等多种媒介进行宣传报道。

④民意监督。西城区建立透明化的民意监督机制,确保居民可以持续跟踪监督项目实施的全过程。建立全过程公开机制,把项目内容公开贯穿于立项、实施、管理、结果的全过程,逐步规范各层级、各环节公开的范围、内容和标准,群众可以在每一个环节获知项目的进展情况,表达关于项目是否合规的意见。民意监督机制有助于不断提高民意立项的透明度和规范化、标准化水平。

⑤绩效评价。西城区建立科学化的绩效评价机制,关注项目推进的效

果，确保完成居民满意的民生项目。一是发挥居民的评价作用。在项目实施过程中，以民意为出发点，主动力求全过程全面征集民意、尊重民意，居民可以根据推进的实际效果，动态反馈满意的程度以及如何调整的建议；项目结束后，政府会寻求居民对项目的实施效果进行评估，对未来项目工作的开展具有借鉴意义。二是加强绩效管理，完善内部评价机制。区政府按照"征集民意、确定方案、实施项目、绩效评价"的闭环，将年度民意立项推进完成情况纳入街道绩效考核。

这些都让民意参与治理有了制度性的保障。需要看到的是，一方面民意的推进十分有效，另一方面还存在以下一些问题。

1. 对民意的理解和定义问题

首先，民意项目中对民意概念的定义仍然相对模糊，什么是民意，代表谁的民意，怎样的民意可以参与治理，应该占到什么比例，参与治理的边界在哪里都不是很清晰。这样在实践中，有时会造成很多问题，例如民意有可能被少数人利用或"绑架"，也可能对专业性知识造成干扰等。

此外，虽然治理中主动融入了民意，但是仍然是自上而下对民意的选择。从客观上看，项目运行时上下级政府都面临刚性任务约束。街道政府虽然也有吸取民意的愿望，但由于规定期限范围内需完成任务指标，实践中容易采取效率优先、牺牲民意的手段。从主观原因看，不同的基层政府对"民生工作民意立项"工作中民意的意义强调不同，导致重视程度不一，协调配合不够。因此项目成败具有偶然性，比如"老楼加装电梯"在一个街道可能是成功案例，在另一个街道可能就是失败案例。

2. 推动"民议"的机制还不够完善

首先，组织协调机制尚不完善。调研中发现，街道作为执行部门，某种程度上缺乏协调或调动此类必需资源的能力，完成项目面临一定难度，需靠上级政府统筹安排，以配套政策等形式加以明确并提供必要支撑。其次，缺乏长效资金机制。目前大部分民意立项项目都散落在各个部门之中，部分项目内容重叠、缺乏整合，导致基层执行部门对于"民生工作民意立项"项目没有一个稳定的预期。最后，利益补偿机制也不完善。随着社会分化加剧，民意在区域、社会阶层、年龄等方面呈现多样性。此种背景下的"少数服从多数"是否合适？民意表达符合大部分群众的需求，也必将无法满足少数群众的需求，甚至可能损害到少部分群众的利益。对此，如何保证利益受损群体的利益诉求及表达是政府构建协商机制时需要关注的问题。

3. 社会力量还未完全激活

在"民生工作民意立项"项目中,需要厘清政府—市场—社会三者的关系,把握好政府的责任与边界的问题。在立项之时,不仅要考虑居民是否"想做"、政府是否"能做",也要考虑政府是否"该做",否则容易出现边界不清晰,权责无法划分的情况。在某些"市场失灵"的情况下(如老旧小区的物业管理问题),政府基于维护社会稳定的考虑而不得不"补位"并承担"兜底"责任,但也要特别警惕因政府"包办"所导致的居民过度依赖和市场/社会发育不足的问题,挤占市场和社会资源参与的空间。

4. 绩效考核的民意契合度还不够强

通过调研发现,西城区将民生工作民意立项工作纳入绩效考核,但考核的指标还比较单一。目前可使用的考核方式是针对项目的形式,包括是否按照民意立项的程序,是否梳理出相应的机制,以及民意立项的项目完成数量,这些程序和数量上的考核容易流于形式。政策实践中对民意立项工作的评价考核应该做到形式和实质的统一。真正的考核点是民意立项的实际效果和民意的契合度。

北京市西城区这种对民意分类的方式体现出政府对民意的重视逐渐加强,同时也在慢慢试图打开民意的黑箱,探索民意内部的逻辑。虽然这种方式是在政府的视角下思考的,分类的逻辑是围绕基层政府的工作逻辑展开的,即民意的运行过程中,政府如何在完成任务的前提下,将民意纳入考虑的范围,让项目更顺利地运行,也对我们进一步探索和整合民意分类的逻辑有着重要的借鉴意义。

虽然"民生工作民意立项"仅是北京市西城区的一个民意项目的模式,但可以被理解为北京市政府近年来在理解和处理民意在治理中作用的一个背景。对于这一模式的呈现有助于理解后续章节中的具体案例。另外,我们将再列举几种具体的民意收集方式,作为这一整体框架之外的一些补充。

1. 社区通

随着近年来科技的发展,新的技术和手段也被应用到社区治理的民意收集过程中。社区通是一种基于线上的民意收集模式。操作更简单、覆盖率更高,适合线上线下多渠道融合,以及全方位和全天候的民意沟通。社区通是集移动互联网、政务服务、社会治理于一体的交互式云平台。既是街道的主流舆论阵地、综合服务平台,也是社区的信息枢纽。

社区通在实践中也确实取得了一定的效果。在"宣传版块"上,组织部和宣传部推广了学习强国的平台,党员干部也可以发挥积极的带领作用。"身边事版块"专门供居民分享在自己居住小区内看到、听到的身边事,增进居民之间的交流,也可以使街道随时了解居民关心的热点问题。有的时候居民看到其他居民或者物业做了好事,也会随手将照片和文字发布出来,互相表扬和支持。例如居民看到冬天很冷的时候物业对卫生死角进行了清理,会在网站上表达了赞许。在这个版块中,有些老百姓提出的问题,街道和社区也会主动解决。例如日常维护、居民需求、车辆管理、文明养宠、文明停车、社区清洁、非机动车行驶、垃圾清运、小广告清理服务,是近年来社区事务方面被认可的前九大问题。很多老旧小区没有物业,所以这类问题非常突出,这种方式也成为一种解决方案。"党建园地版块"包括网上的党组织生活,双报到好支部、好党员。这个版块主要是党员发帖,群众围观,包括一些先进党员的事迹。"议事厅版块"则帮助居民提供了一个公共议事的线上平台,议题大多为社区居民关心的公共事务。讨论通常由居民或社区发起,经社区审核之后提交平台广泛地征求居民的意见。居民可以进行投票和讨论,征询意见达到一定赞同比例之后,社区便会展开行动。网站的设计是,只浏览不发言可以不表态,但如果发言就要表明是同意还是反对。这样可以尽量避免沉默的大多数,更大范围地收集居民的意见。"议事厅版块"中还曾经有一个"金点子"项目,即让居民针对某个项目提出建议,最后评选出最好的建议。另外还有"办事指南版块"为居民提供了很多办事的指导,让居民足不出户就可以知晓办理政务需要的手续和方法。以前居民办事可能因为不熟悉流程,要跑好几趟,经常是第一趟跑不对地方,第二趟又发现东西没带齐,所以提前知道流程尤其是需要带什么材料非常重要。"社区服务版块"则内容非常丰富,主要是对居民提供的一些文化娱乐活动,例如街道上线了1个综合文化服务站和22个社区综合文化服务站功能入口,服务站为居民安排了一些课程和文体活动,网站上为居民提供了活动时间、负责人和联系人的信息,居民可以在线预约参与。"小哨子版块"公布了一些政府工作的情况,主要指对"吹哨报到"工作的关注和监督。例如居民的意见是否被知晓、部门参与度如何、问题是否得到了解决。"邻里社交版块"反映的则是一些小区内部邻里之间的问题。例如有人停车没有停好，堵住了居民出门的路，居民就可以在平台上提出来，很快就会得到回应和解决。居民处理不了的问题发在这个平台上就会有人认领和解决，如果没有人认领，街道的主任也会派人处理和解决。

社区通按照分级管理的方式，街道、社区居民既可以同时在线上，也可以只在自己的版块。居民加入社区通需要提供身份证号、手机号、门牌号以及姓名，并实名地加入小区。平台以社区为轴，一端由社区与居民相连，一方面发挥宣传和议事的功能，另一方面为居民提供议事的平台，反映需要解决的问题，以及方便社区工作者以社区为单位服务区域居民。平台的另一端连接着街道。街道的科室以观察模式指导社区工作，响应社区号召，也必须全部实名注册。街道领导通过平台随时掌握社区民意及社区服务群众的工作情况，可以进行及时的监督和调研。社区的工作人员表示，社区通是否有生命力，主要就是看是否能解决老百姓身边的事情，如果不能就很难运行下去。

社区通是一个开放的平台，可以在已有的模块之上不断地根据工作的需要搭载更多的内容，打通不同部门之间的职务壁垒，成为更好地服务居民、团结居民和联系居民的平台。在运用一段时间以后也确实有了一定的成效。第一是服务的人群扩大。第二是突破了时空壁垒，实现了服务与居民的零距离。第三是纠正了一些服务与需求错位的问题，真正地对接了居民的需求。第四是收集和感知信息的渠道更为全面和精准快速。第五也有利于改善原有少数群体代替多数人意见的情况。

社区通因为接触到的群众更多，所以参与到治理中的人也更多。参与活动的志愿者按照积分制领取奖励。社区内设立了公益超市，党组织、社会热心公益人士参与社区公益都可以来兑换米面油、洗衣粉、水果等实物，也可以兑换家政服务，但是每一年都要自动清除积分。平台还让街道看到了社区的不平衡发展，从数字上可以明显地看出问题较多和需要帮助的社区。

2. 便民热线12345

北京市的"接诉即办"是一项以12345便民服务热线为主渠道的群众诉求快速响应机制，通过法治化、科技赋能和全渠道受理等创新手段，实现了对群众诉求的快速响应、高效办理和及时反馈。居民可以提出各方面的问题，而且上级政府还对事情的解决率、居民的满意率有一定的要求。

至情至理：城市基层治理中民意分类逻辑与实践

不仅如此，12345还要对干部进行考核，每一通电话都和绩效挂钩。所以街道和社区都特别重视，基本是及时解决，解决不了也会给出建议。便民热线的设计初衷是让居民主动反映问题，打通和老百姓之间的"最后一公里"。12345是全市的热线电话，但每个区的基本情况也有很强的相似性。这里的讨论虽然以西城区为背景，但是对后续的案例都有参考性。

居民使用这一热线反映的事情类型很全面，最多的是夜市扰民这样的公共秩序问题，其次是日常生活问题。然而，有的时候居民打12345并不是非要解决一个什么问题，更多的是寻求心理安慰。还有很多年轻人虽然理解政府的政策，但因为自己的生活受到了影响，所以觉得应该反映。例如小区有人装修，在窗下堆砌物料影响社区的安全卫生，有居民与其商量无果，就打电话提意见。为了给居民交代，安全生产办、城建科和环卫一起协调，最终完美地解决了问题。因为民意的复杂多样，所以很多事情并非一朝一夕就能解决，需要多方面和居民沟通，多渠道让居民表达民意。

虽然12345在及时应对民意上有很重要的意义，但是操作过程仍然会带来一系列问题。许多街道都有反映，对于居委会来说12345的工作量非常大，工作压力很重，对社区的日常工作造成了很严重的影响。12345虽然是市政电话，但是解决问题最终都要落实到社区。为了在考核过程中让年底的数据更好看，居委会给居民开通了社区便民电话，让居民减少打12345的次数，而是直接打给社区，甚至有些社区主任把自己的私人手机号留给居民。社区干部为了完成任务，很多时候都是第一时间处理问题，即便是夜里也是如此。有时候这就导致社区工作人员很难好好休息，这样无形中也会滋长居民的依赖心理。例如某社区一个住在12楼的居民往废品上扔了烟头，起了一点火，虽然火势很小，但社区工作人员即便身处较远的地方也要马上赶过去，而居民只是打电话求助，并没有人尝试用水或者灭火器灭火，以致让一件原本很容易解决的事情有了更高的解决成本。

此外，由于12345打起来简单易操作，有的时候居民会提出超出边界、不合理的诉求。举例来说，有的居民家里的电表坏了打12345让社区帮忙修，又或者自己家的车在胡同里发生了剐蹭，找不到车主而打电话让政府赔偿。还有一些居民夜里听到邻居打小孩，认为教育方式不对，也会打12345的电话。"遇到问题就打12345"甚至已经成为一句居民的口头禅。

还有一些是社区完全解决不了的问题，需要体制和机制的创新来解决。

以前居委会的干部忙的时候会加班晚一点，但是不影响夜里休息，现在很多时候半夜都要起来解决问题。还有的居民会堵住书记的门，说家里的厕所不通，因为管道老化了，需要换新。很多时候他们不愿意跟物业沟通，而只愿意找居委会，让居委会联系物业解决。

有了12345之后，虽然很多民意确实有了反映意见的渠道，也在很大程度上解决了居民生活中的一些难题，让政府的回应更加迅速和积极。但与此同时，为了满足考核要求，基层政府也处理了很多工作职责范围以外的事情，给社区工作人员增加了很大负担，也在一定程度上加重了居民的依赖心理。可见，民意渠道的疏通是治理中非常重要的一步，但是对于如何对民意进行区分，如何划分民意参与治理的边界，民意参与治理应该建立何种机制，是后续需要讨论的问题，这也对各级政府提出了很大考验。

二 东城区

东城区亦是首都功能核心区，面积41.84平方公里，管辖17个街道、182个社区，常住人口90.9万人，户籍人口97.4万人。东城区既是老北京和旧城区的典型代表，同时又兼具现代化城区的特征。在民意参与治理方面，东城区也不断根据自己区域的特色进行着创新。

随着我国政治经济文化的快速发展，各大城市在社会治理和服务领域出现了一系列日益突出、亟待破解的新问题，首都重点城区更是如此。第一，社会成员的利益和价值观日益多元，对于公共事务的意见难以统一，使得社区公共事务的复杂性和治理难度大大增加；第二，居民的权利意识和民主诉求不断增强，服务需求日益个性化和多样化发展，使得群众对社区治理和服务提出更高的要求；第三，现代化城市化的迅速推进，使得老城区开始面对新挑战，比如社区物质空间和基础设施的陈旧老化、中心城区人口加速老龄化、老旧社区中责任主体缺位、旅游商业发展和流动人口带来的新问题等。在此背景下，既有的社会管理体制机制已难以适应本地区经济社会发展变化的客观要求，具体体现在：治理主体单一而非多元，过于依靠行政手段、习惯于政府"大包大揽"；多元主体之间权责尚未理顺、缺乏协调配合，难以形成有效的治理合力；居民的主体性和积极性未被充分激发，参与治理的能力和水平较低；居民自治和协商共治缺乏有效载体，利益和诉求表达渠道不够通畅完善等。

至情至理：城市基层治理中民意分类逻辑与实践

2014年，东城区被民政部正式确定为全国第二批"社区治理和服务创新实验区"，创新主题为"多元参与，协商共治"。东城区围绕社区治理多元化、自治模式制度化、组织培育生态化和社区服务多样化等重点领域攻坚克难，推动了东城区社区治理水平的全面提升，目前已初步形成了具有东城特色的居民自治与协商共治相结合的社区治理模式。近年来，东城区出台《东城区打造"全国社区治理和服务创新实验区，推进社区多元参与、协商共治"三年行动计划》，在各社区搭建"社区议事厅"协商平台，建立了"协商共治"社区治理模式。在社区党组织领导下，社区居委会采用"五民工作法"，运用"开放空间""社区茶馆"等参与式讨论技术，以议题形式有效协商、决策，解决社区急、难、热问题。

其中"五民工作法"在对民意的回应上作出了突破。五民是指"民事民提、民事民议、民事民决、民事民办、民事民评"。该工作法针对民意展开，形成了提出问题、解决问题的闭环流程，健全了民意收集和表达机制、社区事务决策和实施机制，实现了居民自我管理、自我服务的方式。在老旧小区自治管理、胡同停车、社区活动用房建设、建设体育生活化社区等方面都有很多成功的经验。

第一步是民事民提。这是民意参与治理的初始。民意十分零散，且社会的自组织能力有所欠缺，所以政府也有一定程度的帮助和指导。居民无法自己提出意见的时候，就由社区居委会、网格员、居民小组、楼（院）委会、社区社会组织、业主委员会、物业服务企业等，通过走访的方式实现。在有一定的基础之后，居委会组织居民根据需求形成协商议题。首先收集民意，然后进行分类，看哪些问题可以进入治理的框架，形成《协商议题公示单》，发给居民，公示时间不少于三天。同时居委会还可以根据议题向政府部门、辖区单位、居民发出邀请。公示单包括议题、时间、地点、参加人员、协商议事方式和主持人等，并注明对协商内容感兴趣的居民和社区各类组织可以到社区居委会报名参与协商讨论。社区居委会接受社区居民和社区组织的申请参与协商议事，并做好登记。

第二步是民事民议。议事的主要场所是"社区议事厅"，这一空间场所既是社区居民交流沟通的渠道，也是集思广益，协商民主的组织形式。协商议事遵循公开、平等、尊重原则。参与协商的每个人都有发言权，每个人的发言都是有效的，并且强调发言只有不同，没有对错。会议设有主持人，由社区居委会下属六个委员会的主任轮流担任，或在特定议题需要时，可特邀专业社会组织或社区内其他组织的负责人担纲。一旦主持人人选确定，其角色固定不变，以确保会议的连贯性和权威性。主持人肩负着维护会议秩序的重要职责，需保持公正，精心控制会议流程和时间安排，以确保协商过程的高效和有序。其职责包括但不限于：确保任务的明确分配、监督会议时间的合理利用，以及维护会场的秩序。为保障协商的公平性，主持人会努力平衡各方意见，确保所有持不同观点的参与者都有机会平等地表达自己的立场。会议实行轮流发言制度，确保每位参与者在讨论同一议题时，拥有相等的发言次数和时间。在会议进行中，任何希望发言的参与者都通过举手示意，并在获得主持人的明确许可后发言。主持人需确保发言内容紧扣主题，对于偏离议题的发言应及时予以纠正。同时，主持人也会倡导包容和尊重的讨论氛围，禁止任何形式的人身攻击，并在发现此类行为时立即予以制止，以维护会议的尊严和效率。

商议完之后就到了第三步，即民事民决的决策环节。在让居民决策之前，政府也会对民意进行分类，分类的逻辑通常是按照处理的难度，以及需要哪个部门来解决。例如第一类涉及重大事项的，包括社区发展规划、社区居民公约；居民委员会的工作计划和工作报告；兴办本居住地的公益事业；社区公益金使用；撤换或者补选居民委员会成员；涉及本地区全体居民利益的其他重要问题，经社区议事厅协商讨论达成共识后，提交社区居民代表会议决议。第二类涉及协商共识的需由政府各职能部门协助解决的事项，由社区居委会填写社区事项转办单，提请街道办事处协调相关职能部门实施解决。第三类为协商事项可由社区社会组织承接的，以项目的形式，由下属委员会指导社区社会组织承办，社区社会组织吸收更多居民参与项目的实施。第四类为现有社区社会组织无法承接的，由社区居委会向街道申请，采取政府购买服务的方式，委托专业社会组织承接实施。第五类为协商事项可由社区居民通过努力自己解决的，由下属委员会组织居民成立社区行动小组，制定行动方案，形成社区项目，通过项目实施，培育项目团队，进而培育新的社区社会组织。

可以看到，东城区政府在回应民意的时候也做了分类，其分类的逻辑是按照回应的最主要主体，分别包括社区居委会、政府部门、社区社会组织、专业社会组织以及居民自身。这样的目的是更好地落实责任，针对性地解决问题。需要注意的是，东城区对民意的分类虽然与西城区有所差别，一个是按照治理中回应民意的主体，另一个是按照治理中民意所占的比例，但考虑的都是如何更好地完成任务，本质上是地方政府的治理逻辑。

第四步是民事民办的执行环节。通常，社区居委会负责牵头落实涉及本社区的协商成果，对于服务提供类的，鼓励社区居民采取项目化管理的方式自己组织行动。第一步，制订行动计划。针对集中的想法、话题，感兴趣者组成讨论小组，讨论具体的解决办法，共同制订具有可操作性的行动计划。第二步，形成社区项目。找准要解决的问题，挖掘问题产生的原因，在规定时间内，运用有限的资源，通过开展一系列活动，实现共同的目标计划。第三步，发展社区社会组织。项目实施过程中，负责人带领项目团队，建立团队运行规则，制定团队章程，搭建组织架构，争取各方资源，具备了参与微创投、微购买的能力，就初步达到了成立社区社会组织的要求。第四步，培育志愿者队伍。建立内容协商制、队长轮流制、成果分享制、记录积分制和激励回馈制等各项制度，培育社区志愿者队伍。

在项目运行之后，就到了第五步民事民评的环节。协商共识交由政府部门协助、委托专业社会组织承办、社区社会组织承接或者社区居民自己实施的，实行一事一评一反馈的评估方式。由社区居民或非利益相关方组成评估小组，评估小组由5~9人的单数组成，也可选择第三方评估机构开展，实行一事一评一反馈，评估小组评估后形成评估报告，反馈给"社区议事厅"，并在社区予以公示。协商共识提交社区居民代表会议决策的事项，由社区居委会组织实施，实施过程中，需要居民集思广益共同推进的，可以再申请"社区议事厅"协商讨论，形成新的项目实施方案后，吸收更多的居民参与实施。实施项目完成后，由参与协商评估小组进行评估，形成评估报告反馈给社区议事厅。

为保障"五民工作法"具有可操作性，东城区还编制了《社区协商运行流程指导手册》，图文并茂地展示了"协商什么""谁来协商""如何协商""协商结果如何运用"等一系列问题解决技术，使得街道、社区在具体过程中更好地操作。

此外，东城区搭建了区、街和社区三级社会组织服务平台，构建社会组织综合服务体系，引导社会组织充分发挥重要主体作用。区级平台——创益汇是集社会组织发展支持、政购信息交流对接、社会资源聚集共享于一体的社会组织服务平台,并与街道级和社区级平台实现对接,助推全区社会组织培育发展工作。各街道也充分认识到培育发展社会组织、完善社会治理的重要性,结合自身实际,搭建街道级服务平台,开展微创投、实施购买服务、建立公益人才培养,探索社会组织发展模式。同时东城区民政局制定《北京市东城区公益创投项目管理办法》,规范创投实施。另外,还开展人才梯队培养,为三级平台建设提供人才支撑。

"五民工作法"是东城区在治理过程中回应民意的主要制度化方式,然而与西城区一样,也有一些基于全市范围内的背景支持民意项目的运行。

1. "街道吹哨,部门报到"制度

由于街道和社区没有执法权,有的时候一些民意问题不能被直接解决。而区级部门执法资源配置重心偏高,不能及时发现问题,有的时候会造成执法流于形式。同时联合执法的机制不完善,经常出现整合不充分及断链的情况,因此政府开展了"街道吹哨,部门报到"的行动,一旦乡镇发出召集信号,各部门必须在规定时间内到达现场,联合行动。"吹哨报到"的改革主要分为硬件和软件两部分,硬件改革包括综合执法平台建设、街道内设机构改革,网络化服务管理平台等。软件改革包括明确责任清单,赋予街道权力、改革考核评价、设立专员制度等。通过部门的合纵连横,解决一些原来掣肘的问题。例如有居民在美容院发现一些器材存在安全隐患,便向社区反映,社区没有执法权,所以没法干涉,但有了"吹哨报到"的机制,就可以让卫生部门出面解决问题。

2. 社区便民服务站

社区通过开设线下的便民服务站帮助居民解决办事的问题,提供生活服务。例如居民需要办事但是要跑很多个地方,所以整合公共服务大厅,为居民交暖气费,办理老年证、残疾证等提供一站式服务。服务的提供者包括市场化的企业、专业化的社会组织、辖区内志愿者、党组织,还有其他的补充力量。一开始,服务站在很大程度上解决了居民办事的问题,对居民生活中遇到的问题却没有提供足够的帮助。

因此后来服务站增加了"三位一体"的服务:一是基本的党群服务,二是保留政务服务,三是增加了生活服务。而服务方式也改变了过去的行政化方式,例如,增加了家庭式服务,可以让带孩子的居民进出服务站得以休息,有些居民家里缺维修工具,服务站也都提供管家式支持。同时,人员也不光具备政务服务的功能，而且素质向综合发展，人员配比从原来一个服务站6~7人变为1~2人，效率大幅提升。

便民服务站经历了一系列的改变之后，最终明确了自己服务平台的定位，只做链接工作，整合市场和社会上的资源，提供服务。每个社区都有自己的小平台，街道服务中心是个大平台，整合后即可统筹。类似的创新和改变还有很多，为解决民意问题提供了很大的支持。

第二节 四川成都市：社会活力与治理创新的实践

在我国整体城市化的背景下，各个城市之间有一定相似之处，但也因为地理位置、城市功能定位和文化背景的不同，有着自己的地方特色。在本书关于民意的讨论中，对于成都市基层治理的介绍主要围绕着社区营造展开。以整体营造好的治理氛围为基础，探索政府和商业的服务体系，设立资金保障，并辅之以科技手段。在这一背景下，民意在治理过程中的收集、呈现和参与有很多自己的特色。

一 社区营造的整体理念和背景

成都市民意的表达和发展以社区营造为背景。根据官方的定义，社区营造以城乡居民需求为导向，在城乡社区广泛开展可持续的总体性营造行动，推动形成以居民为主体的集体行动，实现社会组织在社区参与式陪伴、社工人才对居民骨干进行能力建设，社区整合资源支持居民组织化参与社区公共事务，提升社区公共精神，弘扬社区公益文化，把城乡社区建设成为守望相助、崇德向善、绿色生态、舒心美好的家园。通过社区营造激发出成千上万的社区骨干、志愿者、居民自组织、社区公益组织，在全市城乡社区形成人人参与、人人尽责、人人共享的社区治理格局。

社区营造理念的发展与2008年汶川地震灾后重建的契机密不可分。灾后重建的过程中，每个人都有自己不同的需求，因此博弈也较为激烈。在不同民意的表达和碰撞过程中，也激发了社区的活力。由于涉及生存问题，居民表达的意愿非常强烈，逐渐推动社区营造成为成都市基层治理的整体理念，这也为后来民意收集的整体措施指明了方向。在后来的发展过程中，成都市对制度各个方面进行了细化，在会议制度、财务制度以及考评制度等方面做了一系列细致的规定，充分落实了居民的知情权、参与权和监督权，让民意充分发挥作用，形成了一系列的治理经验，重建工作进行得比较顺利。然而营造的实践最初在农村地区展开，并不能直接复制到城市中。

回顾城市发展的过程，居民的生活和工作环境发生了巨大变化，也随之产生了新的诉求。城市中的居民虽然集中居住，但相互之间基本处于陌生的状态，平时也很少接触和交流。即便有需求需要满足，有意见需要表达，也倾向于被动地依赖政府的力量解决。因为民意的多元，且缺乏表达的机会，很多时候政府虽然花了大力气做了许多努力和尝试，却很难得到居民的认可。2010年之后，政府认识到社区营造的理念在疏通居民意见表达，提升参与意愿的重要作用，所以在城市也开始试行相关政策。

城乡社区可持续总体营造行动的目标是在居民自发组织过程中，建构社区主体性，提升社区社会资本，提供社区公共产品，解决社区冲突与问题，提升居民的生活品质和幸福指数。社区营造有九个面向的问题，分别是激发自组织、转化自组织、培育社区领袖、开展公共意识教育、寻找支点撬动总体营造、协商寻求社区共识、整合资源推动社区发展、多方协力共同营造城乡社区，以及加强对社区可持续总体营造的支持保障。社区营造的主要路径是吸引民众参与，拓展表达路径，挖掘真实民意，进而增强社区凝聚力和归属感，找到社区治理的深层需求和长远机制。

社区发展的治理目标是建设高品质和谐宜居生活的社区，其中包括环境友好（安全、秩序、生态、食物、土地和空气、人与自然的和谐相处）、邻里友善（互助、信任、关系、规则、自组织、社会网络）、服务便利（购物、教育、医疗、卫生、文化、体育、科技、养老、托幼助残），最后是可持续生活（公共空间、公共事务、共同治理、公共生活、资源永续、产业发展和利益共享），同时不断健全促进城乡社区发展治理的长效机制，这些目标即是对民意分类的一种方式。在社区营造的整体理念之下，成都在几个方面的做法非常突出，对民意的表达与满足起到了至关重要的作用。

二　民意收集上的改变

在社区营造的理念指导之下，民意收集也成为基层治理中重要的步骤。政府在民意收集上有很多方式，最常见的是在开展项目之前进行问卷发放和民意调查，很多其他地方的政府也会经常采用。这种方式可以以最快的速度了解大部分居民的想法，但由于问卷设计以及发放方式的局限，很多居民可能并不会认真地填写。面对这种自上而下的征询时，居民有时会不经过仔细的思考，而是为了尽快完成任务潦草地应付。还有时会在政府频繁发放问卷的过程中失去配合的耐心。因此这样收集到的民意很多时候并没有真实地表达他们的态度和意见，导致民意呈现不稳定的状态。比如在某个项目开始征询意见的时候，居民表达出一种态度，但是在项目真正实施的时候表现出另外一种态度。

居民议事会是成都民意收集的一个亮点，由多种变体的形式组成。例如坝坝会、民情议事会、院落议事会等。虽然全国很多地区也都在采用类似的方式，但是效果参差不齐。而成都的议事会形式多样，环境轻松，举办有序，让居民有事的时候可以商量事务，无事的时候也可以在一起聊天增进感情。会议虽然有一定规则，但是可以充分表达自己的意见和想法。

有了各种形式的议事会作为基础，不仅真实的民意更容易呈现出来让大家相互了解，而且居民逐渐积累了表达和参与的经验，掌握了议事协商的方法，可以在申请、设计、参与以及监督等多个程序中参与到与社区有关的项目里，有时还会自发地形成一些"金点子"来应对治理中的问题，这对居民在日后基层治理中提升参与意愿是很好的铺垫，用基层政府的表述就是"院落事务大家议，院落决策大家定，院落管理大家评"，① 希望以此推动全过程人民民主的进程。

除此之外，随着近些年科技的进步，政府在收集和回应民意方面也采用了新的技术手段，且更多地将这两个过程结合到了一起。最开始政府从综合治理的目的考虑，聘用一些科技企业协助政府完成治理任务，从部门管理的角度做大数据和政务云，或者监控数据。这些企业在做的过程中，逐渐发现数据可以反映出很多居民的需求，所以政府和企业开始合作，希望做一些民生项目，对居民的需求有所回应。② 主要方法是链接资源，将人与人、人与物、人与事链接在一起。网站主要分为服务清单、资源清单和需求清单三个部分，企业对此进行了梳理，并制作了生活导图，这样居民

---

① 成都市民政局：《关于加强社区居民院落自治的指导意见》。
② 访谈：WEY（访谈对象匿名处理，以下情况同），公司经理，男，51 岁（指接受访谈时的年龄状况，以下情况同），20220612（对访谈时间的年月日形式的编码，以下情况同）。

可以直接从公众号上看到超市、学校、医疗机构、公车站等设施。生活导图主要包括几大版块内容，例如遇到不同的事情要怎么做？社区里有什么样的公共资源？社区活动怎么做？如何参与这些活动？社区通过这种方式打通了和居民的"最后500米"距离。

网站的"服务清单"根据居民的需求和资源制定，主要是针对个体的服务。社区的老年人对此很有需求，一方面是老年人腿脚不好，不方便跑远，使用智慧化的方式有助于他们更快地审核退休金、老龄补贴等。另一方面是社区工作人员数量有限，采取智慧化的方式可以解决一部分的问题，减少居民的等待。"资源清单"栏目主要对应着社区举办的各种活动。自从活动开展以后，每次都会有很多参与者来到现场。居民的行动从"要我参与"变成了"我要参与"，有很多原来对社区认同程度不深的人，参与活动以后也对社区产生了更深的情感。"需求清单"栏目的目的是解决居民面临的各种问题，例如双职工家庭的孩子托管问题，以及周末亲子活动空间问题。还有的居民希望可以有商户入驻，并因此开展了社区协商会议，做了问卷调查。最后以社区为中心的1.5公里范围的商铺基本纳入了商户的列表。虽然这几项分类在很多地方和很多社区都存在，但是成都市线上线下结合的方式取得了很好的效果。

这一方式形成了"三圈三社"的治理特色。三圈分别为邻里圈、志愿圈和乐活圈。邻里圈的目标是让居民之间能互相看见，发出的消息的范围更广，突破原有的熟人圈，发挥社交功能，例如哪里买东西方便、哪里有优惠等；志愿圈可以发起志愿任务，开拓志愿者队伍，让更多人来认领志愿任务；乐活圈可以活跃社区的活动，既可以方便居民网上交易，也可以提供社区优惠券，支援社区的人力、物力和财力。一开始一些商家对社区的平台不是很信任，但在运行过程中越来越多的商家开始主动参与其中。

三　服务体系的创新探索

收集到民意之后，就是更好地回应和满足这些民意。成都的优势是对服务体系的探索，并按照城市的发展分成三个阶段，不断进行调整。第一阶段是大量城乡人口流动带来的空间上的大规模改变；第二阶段是市场化带来的小区管理和物业上的变化；第三阶段是为居民提供一些社区的建设和活动,主要体现为政府通过运用市场或者社会的方式,为居民提供服务。虽然当前的民意处在第三阶段,但也会受到前两个阶段的影响。为成都市提供社区服务的,可以分为政府、社会和市场三个主体。

1. 政府提供的基础性服务

政府的部分可以分为三个等级,第一个是社区综合体,可以提供跨社区甚至是跨街道的服务。这样就可以在一个更为整体性的范围内考虑资源的分配和规划。第二个是党群服务中心,是基于社区使用的,全国相似度很高,但是不同的地方会根据自己的情况有不同的功能布局。例如成都进行了一些亲民性的改造,把最初柜台式的服务改成了面对面的窗口,空间的改变体现着服务理念的改变以及政府和居民关系的改变。第三个是小区的党群服务站,将服务的范围集中在小区内,更加集中和精准。政府通过改变空间范围快速有效地为居民提供服务,但是服务的方式更多是把政府想象中的服务植入居民的生活,按照政府服务清单进行匹配,对于民需的匹配还不够精准,这也意味着这条单一的路径对于民需的征集和回应存在一定的问题。

2. 社会提供的多样化服务

政府直接提供的服务有其特别的定位和意义,但是无法满足居民多元的需求,因此也会通过聘用社会的力量来回应民意,并将其作为撬动社会参与的另一个抓手。社会力量的其中之一是志愿者,以志愿者服务周为例。每年先做一个全市性的启动仪式,然后全市各个社区全面开展为期一周的社区志愿活动。同时还会设立社区民警,与志愿服务相结合,目标是形成邻里互助的文化。社区文化的建立有利于改善城市居民之间陌生的状态,在议事和协商的时候克服一些情绪上的障碍,化解一部分邻里矛盾,弥补社会力量的不足。社区志愿者在拉近居民的关系上有重要作用,但是在提供专业化和职业化的服务方面专业社工和社会组织有更好的作用。

近年来专业社工的能力不断提升,成都的社工群体中大专以上学历所占的比例接近50%。职业化社工大约有2.6万,占社工总人数的1/4,他们在服务提供上更为专业也更有针对性。此外,一些专业化的社会组织已经有了良好的发展,为社区提供了很多针对老年人、年轻人、儿童、女性等群体的专门性服务。例如老年群体在使用新型科技产品时会面临一些问题,很多需要使用手机 App 或者小程序的操作都不太会用,包括社区的投票老年人也无法参与，社会组织的线下帮扶显得格外重要。

不仅如此，成都的社会组织本身也是构成治理充满活力的一部分。以成都非常有代表性的社会组织"爱有戏"为例，他们从最初专业性的社会组织逐渐发展成了平台型和枢纽型组织，可以孵化和培育更多的社会组织来为居民提供服务，形成了一个社会组织的生态。社会组织有大有小，丰富多元，可以满足老百姓不同的需求和一些多样化和少数化的需求，为政府的服务做了很好的补充。

3. 市场提供的精准化服务

成都市在商业提供上有很多创新，这里主要介绍信托物业和社区商业两个特色。我国城市快速的更新过程一方面带来了空间上的变化，另一方面也牵连着制度上的改变。城市中有很多老旧院落需要改造，一些村改居的社区需要重新安置，还有一些商品房或者原来有产权单位的小区需要更换物业。

这些小区和院落存在各种各样的历史遗留问题。老旧院落设施陈旧，有很多违章建筑和私自的绿化；重新安置的小区有很多居民仍然保留着在村落的生活习惯，养牲畜或者种菜，造成了很多环境问题；物业衔接出问题的小区有些因为之前原单位代缴物业费，改制之后很多人无法适应，因此不愿意缴纳物业费。还有的居民觉得物业服务水平上不去，收费却很高。而且物业并不对居民公开财务状况，居民对其信任度低，不愿缴纳物业费，拖欠现象严重。物业公司也觉得历史遗留问题多，收不上钱也赚不到钱，这也导致物业品质无法提升，进入恶性循环。

小区环境恶化之后，居民对社区无法建立起归属感，基层政府表述为，他们"对社区失去了黏性"。有些小区没有物业，居民对环境表现出担忧，甚至希望可以给业委会一些补贴，怕他们不干了社区会陷入完全的混乱。基于居民对传统物业缺少信任，信托物业也应运而生，并逐渐成为成都市的一大特色。通过将信托理念植入物业领域，制度化重构信义关系，将原来居民与物业的买卖关系，转变为业主大会是委托人，物业企业是受委托人、全体业主为受益人的三方信义关系。

了解到居民以前不愿意缴纳物业费的痛点之后，信托物业在以下三方面做出了重要调整。第一是保证了经费的使用清晰可见。按照传统的包干制，公共收益是物业公司的，但是他们做了什么事情，用了多少钱，并不是公开透明的，居民只能有个模糊的了解。然而信托的资金池是全体居民的，物业的角色仅相当于管家，收取的是委托的服务费。因此信托制可以采用开放式预算，让居民提出需要解决的问题，针对问题进行服务，并收取费用。

不仅如此，信托物业公司使用资金的整个过程都是公开透明可以监督的，一旦花钱过多，居民可以及时发现，甚至可以自主选择更低的价格。例如有个小区引入信托物业之后修建了公厕、化粪池。之前的老的物业公司报价为5万元，而新的物业公司仅用了4000元就做完了这些项目。因为资金的使用是公开的，所以请了几名保安，做了多少绿化都是可以看到的。居民看到钱真正用在小区，以及小区的改变，缴纳物业费的意愿就会提升。

第二是信托物业将居民的需求摆在第一位。之前的物业更多考虑自己的利益，对于居民的意见考虑得比较少，很多事情不够上心。例如小区里的花园种什么花，物业会随意安排，也没有细心打理。但是现在居民开始讨论种什么花，而且有的把自己的花捐过来。意识到是集体的资金之后，大家开始主动参与，如果有结余还会在小区做一些修缮。这部分基金由居民共有，所以也的确成为一条牢固的纽带，将全体业主凝成一个小区利益共同体。

第三是信托物业对居民和物业双方都有要求。为了保障业主对于财务的知情权，信托物业在共有基金"双密码"账户管理的基础上还研发了信托物业信息平台，通过这一平台，每位业主都可以随时查看每笔账目的收支、财务凭证。同时，居民是否缴纳了物业费也可以在App上查到，这样也可以起到相互监督的作用。

除了信托物业，社区商业是成都市在社区营造中的另一个重要的特色创新。成都对社区商业的探索发现，虽然对于老百姓的日常生活而言，社区商业和社会商业的差异并不大，但是对于社区的发展而言，却至关重要。一方面，大的公司或者企业缺乏对社区的深度了解，很难提供针对性的服务；另一方面，如果日常商业服务交给大公司，那么由此建立起的居民认同将会指向市场，而不是社区。因此，社区商业的关键意义在于，它可以将居民对环境的综合满意度引导至社区建设，具有很强的需求导向性、惠民性、地域性，也必须具备一定的社会责任感。它不仅是一种商业模式，更是社区治理和发展的重要组成部分。

提供社区商业的主要是三个群体，分别是"社伙"、"社匠"和"社商"。"社伙"指的是辖区里具备某些方面特长的居民，包括但不限于退休的律师、检察官、法官、美术老师、巴蜀文化名人等，可以将一些专业的知识回馈给社区，例如宣传民法典，调解居民的矛盾，进行心理咨询，教授健康课程等，每个月提供两次免费服务，还会开直播课程进行线上普法。后来形成了服务目录，居民都可以参与，这也有利于他们之间的交流与熟识。"社匠"是指具备专业技能，被居民认可的手艺人。很多老旧小区内的居民住的时间比较长，也有节俭的传统。一些人还掌握手艺和技能，比如修理老式的门锁、自行车，理发等。他们也在政府帮助搭建的平台上发布预约信息，居民可以线上买券，线下去理发、修东西。"社商"则是指个体的商户或者个人，为社区居民提供一些微型服务。例如为老人提供助听器、轮椅等设施。虽然所用的费用不多，但是能让人感觉到温度。通过这种方式，可以在小区内解决很多问题，不用给社区增加负担。

社区商业是围绕居民的生活需求为导向展开的项目，其目的是满足社区居民的需求，提高社区居民的生活质量，因此以居民的满意度为基本标准。同时，社区商业的服务对象主要是社区居民，其服务内容和价格也会以居民的经济承受能力为基础，具有很强的惠民性。另外，社区商业的服务对象是社区居民，服务范围也主要是在社区范围内，具有很强的地域性。社区商业在提供生活服务的基础上，还需要提供一些公益性服务，如社区文化活动、志愿者服务等，为社区居民提供更多的福利和便利。

在某种意义上，可以将社区商业理解为一种新的集体经济，是社区在探索如何解决自身问题时的产物。通过对这种集体经济的共同维持，居民的认识也从"政府的社区"向"我们的社区"转变，愿意为社区做出贡献。社区商业的发展为我们解决社区闲置资源的利用问题提供了良好的探索思路。在许多开发不足的社区中原本存在数量庞大的闲置资源，比如有些社区空间多年空置，甚至需要很多资金维持。但因为开发需要投入额外的运营费成本，风险高，同时缺乏有效激励，政府本身也无投资意愿，一些社会组织和居民自组织开始主动申请利用这些资源，并和政府商量以服务的方式置换一部分空间资源，为社区提供服务的同时也能通过收取一些费用运营下去，这也逐渐成为当前社区治理中的一个新趋势。

四 多样化资金来源的保障

资金是社区治理的重要保障。成都市在治理中不断拓宽社区资金来源的渠道，为社区营造提供了助力，主要包括政府资金、企业资金、社会资金和一些居民自筹的资金，成为回应民意的重要支持。

1. 来源于政府的计划

在所有的资金来源中，政府资金数额最大，也最为稳定，是社区营造工作的坚实保障。社区保障资金和社区发展资金是成都市为社区专门设计的资金，最开始在农村运行，在汶川地震灾后重建工作中起到了非常好的效果。后来也开始在城市中试行，最先用于小院治理。有些小院在转型过程中因为失管，治安环境急剧下降，不论是公共领域还是私人领域，失窃情况频发，包括各种日常和生活用品。自从有了经费以后，社区迅速建立了治安室，有人专门对社区安全事务进行询问和管理，治安效率提升，治安案件发生率下降了90%以上。因为资金起到了非常明显的效果，所以这一制度也在更广泛的范围内推行了起来。很多社区在书记的带领下积极使用资金，开展了各种各样的社区服务项目。资金最关键的点在于让居民自己或者社会组织根据民意开展社区需要的项目。政府制定了负面清单，规定了社区资金使用的边界，凡是不在负面清单里的项目，居民、社会组织都可以申请项目。这一方式不仅培育了很多社会组织，锻炼了居民的治理能力，而且更加精准地对接了民意。

在一些社区，社区书记充分地理解了资金的含义，切实做到了由居民提议，居民运行，由居民监督，让居民充分地表达了自己的想法，真正对接了民需，也取得了很好的效果。但有一些社区会不愿意使用社区经费。一是因为有负面清单和严格的监督机制，所以花钱的过程非常复杂。二是因为议事协商过程也非常复杂，每个居民都有自己的角度，达成一致难度较高。如果没有充分的讨论和相互的理解，项目很难兼顾效率与公平，通常推行不下去。在这种情况下，为了能更好地回应民意，很多社区根据民意参与讨论的形式对民意进行了分类，即议事会和共议会两种方式。涉及生活中的垃圾分类、水质问题、学校门口的交通问题等有关居民自身的公共议题会交给议事会，而一些政府有了大致决定的事情，会让共议会决策。在此过程中，民意并不参与全过程，而是一种政府采纳以及与项目结合的方式，适当地兼顾了民需和效率。

2. 来源于社会的协作

政府设立社区资金的最主要意义在于能有一部分资金专属于社区，完全聚焦社区事务，促进居民参与。但是项目的持续化运行仅靠政府的投入会有所局限，还需要社会自身协同造血，社区社会企业是一种方式。

社区社会企业可以理解为社区集体经济的产物，是原来的集体经济在市场化转型下形成新集体经济。与以往不同的是，之前居民生活生产都在一起，集体身份可以天然获得，但是在新构成的社区中，新的身份需要努力获得，只有在意识上认识到是自己的社区，并且愿意做出贡献，才能获得相应的福利。例如参与一些社区集体事务，提供志愿服务并获取积分，可以用积分兑换商品。虽然不能直接拿到钱，但是这种方式唤起了居民的主人翁意识，也促进了居民的参与。有的社区内常年服务的志愿者能达到600~700人。

3. 来源于市场的创新

信托物业和社区商业也是成都社区治理资金来源的两种重要方式。信托物业的运营方式使得小区原有的物业资金使用更加合理。这种方式通过重构财产的权属关系，将物业费、停车费和广告费收入纳入全体业主的共有资金。物业公司按照约定比例提取酬金，剩余部分全部用于小区业主。这一方式改变了物业费属于物业公司营收、公共收益不清晰的传统模式。

社区商业是社区自主寻求经济独立运转的一种方式，但仍然以社区治理为目的。只是在为居民提供服务的时候由市场而非政府负责。社区商业以人们的生活需求为导向，有很强的惠民性。居民愿意花钱购买服务，但同时需要质量有保障，性价比高。在精准地对接民意上，市场比政府更为敏锐，可以满足很多细微的服务。与此同时，很多商家也想利用这一机会进入社区为居民提供一些增值性服务，提升知名度。

然而政府对社区商业的发展也有一定的规范，需要其顺应社区的发展，满足社区的利益，接受社区的监督。社区商业的形式非常多样，主要的方式为充分利用社区的空间，建立例如科技馆、图书馆等设施供社区居民学习使用。同时有一些娱乐项目吸引中青年的参与，增进社区认同。参与社区商业的商家可以以社区合伙人的方式与社区合作。通过直接缴纳管理费的方式，利用社区空间进行经营。还可以通过让社区提成的方式，利用网络系统与社区合作。社区商业提供的多样化服务在一定程度上满足了社区多样化的需求,也有助于社区资金的周转。

社区自己的服务平台有几个好处,第一,价格更加优惠。很多商业平台价格很高,不利于小型商家经营。社区平台前半年的服务费很低,可以薄利多销,社区提成也低,可以减少商家的压力,尽量为居民提供长期的服务。第二,社区的服务平台有很多优惠的政策,商家可以通过捐赠物资和资金来免除平台的服务费。第三,因为有社区的监督,所以对商家违约限制得比较严格,违约成本较高。

社区商业的创新解决了居民需求的一些痛点,但这一模式也对经营者有较高的要求。例如在开始阶段需要很多精力的投入,要把数据做得更细致,对需求的反应也要更快。同时,需要更多技术人员的参与,随时进行数据的核实和系统的维护。另外,也需要基层政府投入更多的精力对这部分民意进行分类和梳理。商业平台做得越好居民的需求越多、越细致。虽然能从中看到更多的问题,但也需要更加合理的结构性框架对这些民意进行整理。

成都市以社区营造为理念的治理方式对于民意的收集、听取和运用更为灵活。相比于北京的治理方式融入了更多的社会和商业力量,民意的参与也相对更加开放,其创新也更多地围绕着民意进行。不同地方对于民意的处理和分类的理念存在差别,这也是形成不同治理结果的重要因素。

第三节 浙江台州市:科技驱动下的治理模式探索

浙江省在社会治理领域的改革非常有自己的特色,是"枫桥经验""最多跑一次""最多跑一地"改革的发源地。理念是希望老百姓在遇到问题的时候能够有个地方"找个说法"。在处理民意方面,最具特色的方式是建立矛盾调解中心。

一 社会矛盾纠纷调处化解中心和其背景

社会矛盾纠纷调处化解中心(以下简称矛盾调解中心)是由省级层面自上而下推动的,在省、市、县三级同时进行的由"最多跑一次"到"最多跑一地"的改革,其目的是构建矛盾纠纷综合处理、多元化解集成治理模式，对矛盾调解中心的机构设置和工作开展得因地制宜、统筹兼顾。

1992年以来，浙江省为了回应社会发展需要，审批权限下放、审批制度改革、政府权力规范，实施了"强县扩权""政府服务中心""八八战略""四张清单一张网"等重要举措，但是都具有以政府为中心的特征，很难制约行政力量的扩张，很多居民反映政府办事难、环节多、费时长，导致改革成果不易直接转化成民众的幸福感和获得感。

因此，2016年在全国"放管服"的改革背景下，浙江省委首次提出"最多跑一次"改革。"最多跑一次"是指群众到政府办理一件事情，在申请材料齐全、符合法定受理条件时，从政府部门受理申请到做出办理决定、形成办理结果的全过程只需要一次甚至零次上门。该改革涉及政府治理、公共管理、地方政府创新等各领域工作，既植根于浙江行政审批制度的体制机制优势，又在价值取向、流程优化、信息共享、力量整合方面做了新的探索，在全省涌现出一批优秀的案例，积累了大量经验。这一改革意味着政府角色从过去单一的"经济建设型"向"服务型""法治型""智慧型"兼容发展，有效地促进了政府、市场和社会的良性互动，满足了居民的许多需求。

除此之外，随着社会变迁引发社会矛盾的逐步加剧，传统调解力量和调解组织松散，协同不畅的问题逐渐显现。老百姓遇到问题希望能"找个说法"，因此又提出了"最多跑一地"改革。"地"是一个地理概念，指的是各县（市、区）的矛盾调解中心，通过地点的建立，找到跑的方向。通过集成治理，多元化解的综合性平台，解决人民群众在遇到矛盾纠纷时的"多地跑、多次跑"问题。改革以县（市、区）为重点，整合力量资源，将"多中心"整合成"一中心"，全面建设矛盾调解中心，通过一站式接收、一揽子调处、全链条解决、闭环化运行、智能化治理、系统化推进，试图打造解纷终点站，避免矛盾再发酵。

二 矛盾调解中心整体架构

矛盾调解中心是一个整体的治理系统，其功能发挥一方面依靠具有集成特点的组织结构，另一方面体现在闭环的运作流程和机制上。按照"全链条解决、闭环化运行"的原则，以及"调解优先、诉讼断后"的理念开展工作。具体流程为，当来访居民进入中心后，需要在中心取号机上取号，确认规则，等候叫号，到号后将遇到的问题反映到综合服务窗口，再由窗口工作人员对问题进行识别分类，派单分流至对应部门进行处理。

在这一环节，如果居民反映的问题涉及单个部门就交由该部门调处解决，如果涉及多部门，则由中心的综合办公室召集入驻的相关部门协同处理、联合督办。同时，根据问题性质，中心还安排必要的专业性社会组织参与矛盾调解，并为来访居民免费提供法律咨询服务。在接受上述调解后问题仍没有得到解决的情况下，中心启动"诉调对接"机制，将问题交由入驻的人民法院，由后者进行司法确认和登记立案。最后，中心对当事人进行回访，并根据回访结果对相关部门或人员进行问责或考核。至此，中心的运作实现了矛盾调处工作的闭环管理，从流程上做到了"事事有着落，件件有回音"。

研究者在北京、成都和台州调研进入的角度不同，所以看到重点也有所不同。北京和成都的案例中，因为进入的渠道是民政部门，所以更多看到的是社区的营造和服务。而在台州调研进入的是政法委的视角，所以更为关注问题的解决和矛盾的化解，而这也是台州在民意治理中的亮点。强调在矛盾出现之前进行提醒和预判，以及出现之后第一时间化解，更有效地把问题控制在合理范围内，避免更严重的情况发生。

三 矛盾调解中心的运行方式

在运行方式上，矛盾调解中心有以下几个重要机制。

第一个机制是行政服务领域的"无差别化"受理机制。通过建立行政服务中心来实现行政审批的跨部门流程再造、信息共享和权力重构，并依托互联网技术构建全新政府部门间的互动关系，为办事群众提供"一窗式服务"。

矛盾调解中心与以往的行政审批有着完全不一样的逻辑。行政审批在流程设计上围绕"是"或者"否"进行。"是"意味着继续走向下一个流程，"否"意味着重新来过。相比之下，矛盾调解中心更为复杂，因为需要面对的是社会纠纷和矛盾，而最终的结果也是不确定的。

由于社会治理中涉及的主体多元，行政审批事项的清晰性与社会矛盾纠纷的模糊性形成了鲜明对比。主要体现在以下几个方面：其一，行政审批改革领域涉及的部门比社会矛盾调处类别单一、数量少。入驻行政服务中心的部门仅是具有行政审批职能的政府行政部门，而入驻矛盾调解中心的部门比较多元，包括党群部门、司法机关和社会组织等。其二，在权力清单制度已成熟定型的背景下，行政审批改革领域所涉部门间权责较为清晰，后台的办事材料共享和流程再造较为简易。而社会治理领域的矛盾纠纷呈现出冲突性、复杂性和综合性特征，对一个矛盾纠纷的调处往往需要跨部门甚至跨层级进行操作，这就决定了矛盾调解中心的无差别受理必须有后续的分流机制和协同机制做支撑。

从治理的角度看，矛盾调解中心无差别受理主要有两个方面的作用。一方面是从源头上控制了社会矛盾纠纷的流向。以前的受理方式存在一定门槛，当事人往往不知道应该通过什么渠道反映自己的问题，或者不知道自己的诉求应该由哪个部门来回应，矛盾调解中心无差别受理的"一窗式服务"极大程度上为居民简化了整个流程，提供了方便的反映渠道，引导当事人在第一时间找到可以提出诉求的地方。同时还能让案件由中心归口到相应的调解部门，避免了因"门难找""门难进"而导致的越级访、重复访等问题，将矛盾纠纷控制在当地，减少了无序流动的情况。不仅如此，还可以让当事人随时了解案件的处理情况，能够放心和安心这样也避免了他们需要反复跑动的情况。另一方面是政府从前端获取了社会矛盾纠纷的数据信息。矛盾调解中心的信息系统覆盖线上和线下，实行无差别受理之后，过去没有被重视受理的案件被暴露出来，信息平台每天都会通过各个渠道收集大量的案件信息，形成了社会治理领域的"社会矛盾纠纷大数据"，为矛盾调解中心指挥系统在综合研判、重点预警、经验共享方面提供了巨大支持。通过无差别受理，居民的意见可以得到平等的回馈，不会受到身份地位、工作单位以及收入身份的影响，也不会受到人们之间关系的影响，是一种民意的畅通循环方式。

矛盾调解中心的第二个机制是梯度过滤的分流机制。在基层治理的实践过程中，政府发现很多问题并不是通过简单将各部门联合起来就可以解决的，更不是开个会就可以有效果，而是需要在实践中进行一个梯度过滤的过程。有政府工作人员将矛盾纠纷化解的过程比作沙漠里的河流，从上游流下来，流到每一个部门的范围，都吸走一点水，到下游的时候就没有了，矛盾就得到了化解。[1] 各个部门都有自己的法定职责，调解工作展开的

---

[1] 访谈：LQ，矛盾调解中心主任，男，47岁，20210312。

时候不能剥夺或者否认部门的职责，也不能违背部门职责去安排工作。

当社会矛盾纠纷汇总到矛盾调解中心之后，按照流程需要对这些案件进行分析和分流，将案件归口到各个调解部门，或者派发给中心之外的其他单位。在案件分流的过程中，梯度过滤意味着复杂多样的矛盾纠纷会根据各自的涉及范围、严重程度和调解进度分配到不同的调解主体，精准分流，化繁为简，清晰可查，大幅提升了矛盾调解中心的运行效率。

梯度过滤分流机制在纵向上贯通了矛盾调解工作的内部通道，内涵丰富，并且有待进一步深入挖掘，主要体现在三个方面：一是制定梯度的调解流程，当事人诉求经过"全流程"的归集处置之后，对于简单案件实行就地快办，当场解决，对于复杂疑难问题，采取多部门会商研判形式综合施策，层层处置，各部门在调解工作中做好自己的加法，最终实现给矛盾纠纷做减法；二是采取梯度的调解方式，坚持低成本权利救济优先，和解、调解优先，诉讼在后，如有权利救济多种选择的，引导至非诉推广办公室，由非诉推广员负责分析当事人诉求及事实依据，按照低成本原则，权衡利弊，指导或引导当事人选择快速、低成本的诉讼之外的其他渠道，如调解、仲裁、复议、申请行政裁决等；三是联动梯度的调解层级，实现三级联动，构建了村居、镇街、区级三级分流化解体系，对于矛盾调解中心调解不成的或不宜调解的分流至属地乡镇分中心办理，并且当分流至乡镇街道调委会的双方当事人无法达成一致时，可以回流到县级矛盾调解中心的调委会办理。

第三个机制是集成治理的协同机制。"无差别受理"模式的成功运行与中后台的协调能力密不可分，而这则基于让不同部门协同处置事务的组织机制。具体来说，对于已入驻部门，矛盾调解中心综合办公室只需要按流程分派工作，对于不常驻或没有入驻的，综合办公室则通过综合指挥中心流转，就能快速聚集各部门共同参与解决问题。这种强大的调度能力得以发挥作用的原因在于矛盾调解中心得到了县委、县政府的赋权。

集成治理的协同机制从横向上打破了中心内各入驻部门之间的壁垒。以坚石区（化名）矛盾调解中心为例，在整合各类社会治理资源的同时，进行了统一合理布局，并进一步推动了各方协同。一是应驻尽驻、流程归并，职能全面整合，坚石区矛盾调解中心将多中心集成为一中心，统一引导，及时分流，调解前置，联合化解，对矛盾纠纷实行"一口子受理，多部门对接，一站式化解"，以"中心跑"代替"群众跑"，进一步跑出便民利民"加速度"，增进了群众获得感和幸福感；二是多元化解、协商共治，社会协同参与，中心吸引各类社会力量参与社会治理，搭建公众参与决策的平台，实施社会参与教化工程等举措，从单极治理转向多极治理，以扩展公众参与为驱动，推进治理主体和类型多元化；三是数据赋能、预警流转，四级综合调度，利用互联网、大数据、云计算等新一代信息技术，开发"善治永宁"信息系统，协同乡镇街道"四平台"、微法院、掌上非诉等信息平台，引导群众通过网络反映诉求、提起诉讼、开展调解和网络存证，实现矛盾纠纷网上反映、网上受理、网上处置、网上答复"一网通"，提高调处化解效率。建立社会治理大数据中心（指挥平台），整合公安、法院、信访、民政等多领域涉矛盾纠纷信息数据，全程跟踪监察，实时分析研判，动态预测预警，使基层治理决策更加科学化、治理方式更加精细化。

第四个机制是闭环管理的监督机制。矛盾调解中心的案件处置流程是一个严密的闭环的过程，各监督主体对于矛盾调解中心和调解工作的监督也伴随着整个流程。凭借进驻中心的纪委、监察、检查、行政执法监督、信访督查等职能，指挥中心在系统派单或大数据分析中发现有违法违纪或不作为等情形的线索，系统则会将它们分流至相应监督部门，启动监督程序，保证社会治理的绩效和方向不出偏差，让群众有更多的安全感和获得感。

矛盾调解中心的监督机制主要体现在以下四个方面。一是由当事人全程参与监督。如坚石区矛盾调解中心在中心管理办法中明确了调解员的职责和纪律，需在2个工作日内安排调解员，在3个工作日内联系当事人，确定调解会议日期，及时向当事人反馈案件情况，让当事人可以实时掌握信息，进行监督，并在事后向当事人进行回访，特别要关注较复杂或有可能出现反复的纠纷，以确保矛盾纠纷的调处质量，巩固社会稳定的治理成效。二是纪检监察等机关入驻，确保依法行政的工作流程。县（市、区）纪委监委在矛盾调解中心设立纪检监察室，并派驻专职纪检监察干部，对违纪违法部门及其工作人员进行纪律审查和监察调查。检察院则设置检查综合业务窗口，开展包括行政监督申请、民事监督申请、刑事申诉、公益损害与违法举报在内的多项涉检业务，履行检察机关的法律监督职能。三是人大、政协参与，发挥"两代表一委员"的监督职责。如陆乔（化名）区矛盾调解中心引入政协力量，发挥"请你来监督"作用，建立政协主席轮值制度,由区政协主席、副主席定期到区矛盾调解中心视察轮值并参与调处,对重大疑难问题纠纷和群体性纠纷实行联合接访、联合调处、联合督办。同时建立区、镇两级民主监督小组,精选相关委员组成民主监督小组,派驻矛盾调解中心或镇(街道)综治中心开展民主监督工作。四是指挥中心发挥智治优势,工作留痕,平台留档,及时发现问题,并建立考核、问责、监督性派单的一系列工作制度。按照规定,矛盾调解中心的所有案件均要建立工作档案,将调解登记、调解工作记录、调解协议书等材料立卷归档。对于发现存在未受理、未回复、未执行、未结案的案件,由指挥中心启动监督性派单,报给矛盾调解中心负责人或承办单位负责人签具审核意见,或报送区委区政府领导,对于违法违纪构成追责条件的调解案件,及时启动问责机制,追究法律责任。

四 矛盾调解中心的效果与困境

矛盾调解中心运行一段时间之后,取得了很多成效。最重要的成果之一是形成了枢纽平台,可以及时地回应民意,化解了很多社会矛盾,在一定程度上实现了源头治理。一是"矛盾不上交","县(市、区)级矛盾调解中心就是矛盾纠纷的终点站",某区矛盾调解中心主任这样说道,"各级矛盾调解工作的根本要求是将社会矛盾纠纷化解在当地,做到小事不出村,大事不出镇",[①] 将矛盾调解工作纳入考核,将责任压实到基层,杜绝越级访、集体访、非访行为;二是"调解往前移",矛盾调解中心作为"最多跑一地"改革的标志性工程,打通了信访、12345、法院等涉访涉诉的反映渠道,建立了全覆盖的信息平台,成为各类矛盾纠纷的汇聚地和矛盾调解工作的指挥部。为了落实习近平总书记关于"坚持把非诉讼纠纷解决机制挺在前面,从源头上减少诉讼增量"的重要指示,矛盾调解中心可直接追溯到案件的源头,梯度分流,联合化解,事前介入,发挥诉前调解、诉源治理的功能。

同时,矛盾调解中心做到了整合社会治理力量,实现系统性治理。一是"党口统筹,整体布局",市级层面由市委政法委牵头,县级层面由县(市、区)书记和县(市、区)长组成的"双组长"县级矛盾调解中心领导小组主抓,党政"一把手"同担主体责任,有效整合了县域社会治理资

---

① 访谈:LQ,矛盾调解中心主任,男,47岁,20210312。

源，解决了过去县级政府要素完整、功能齐备，却因"条块分割"而导致的权力越位、失位、错位等"九龙治水"式的问题；二是"因地制宜，应驻尽驻"，台州市各县（市、区）的治理背景不同，在具体的机构设置、职能分工和治理方式的选择方面，根据实际状况来决定，不搞"上下一刀切"或者"左右一般齐"，通过"常态进驻+派驻轮驻+随叫随驻"模式全面整合部门资源；三是"部门联动，协同参与"，矛盾调解中心通过集成服务、集约管理、集中办公、集体学习，以打造"社会治理共同体"的理念有机协调各类调解主体，增强了入驻部门间的互信、互通、互助，提高了部门间协作程度和矛盾调解工作效率。

成果之二是提升社会治理效能。市域社会治理是一项面向社会各层面各领域的系统性治理工程，市域社会治理面临的问题存在复杂化、多样化、快变化的特点，这无疑对城市治理的及时性、持续性和能动性提出了更高的要求。以社会矛盾纠纷化解为例，台州市矛盾调解中心的探索实践，从顶层设计出发，既进行了体制机制上的创新，打通部门条块之间的区隔，也改进了治理工作的方式方法，配备了规范化、专业化的人才队伍和支持网络，在系统治理领域大大提升了社会治理的效能。矛盾调解中心对社会治理效能的提升主要体现在以下两方面。

第一个方面是充分赋权，打造集成治理的高效平台。矛盾调解中心作为一个系统治理的枢纽平台，离不开市域、县域层面行政资源的整合下沉，需要上级党委政府的充分赋权得以实现。矛盾调解中心通过各个部门的整体进驻和部分入驻实现了资源的集成，如果仅仅是职能的拼凑，部门之间互相推诿的问题并不能得到有效解决，这就意味着矛盾调解中心需要作为一个正式机构被充分赋权。首先，从政策上明确矛盾调解中心的定位和功能，发挥其作为社会矛盾纠纷调解的关键平台作用；其次，对矛盾调解中心内部管理的赋权，将各单位的入驻人员纳入矛盾调解中心的管理框架，根据统一受理、分流处理的制度开展工作，统一接受调度和考评，不再仅从自身部门利益的角度出发参与具体矛盾调解案件，而是能够在化解工作中互为补充，提高矛盾调解工作效率；最后，对矛盾调解案件的当事人赋权，矛盾调解中心配备了较为齐全的社会治理力量，但最终还要靠当事人的选择来启动这一套调解机制，矛盾调解中心以"无差别"的受理方式降低了当事人寻求帮助的门槛，并通过线上平台让当事人可以实时获知案件的调处情况，对工作过程和结果进行监督。

第二个方面是积极赋能，构建"五治融合"的治理格局。从社会学的视角看，矛盾纠纷是一种正常的社会现象，尤其是当今社会正处于转型期中，会有各种类型的矛盾随着经济社会形势的变化而显现出来，社会矛盾纠纷的调处化解不仅需要行政力量的介入，还需要充分调动社会力量的参与，形成多元化解的合力。台州市构建了"五治融合"的治理格局，从多个角度切入矛盾调解工作，既体现了对多元治理主体的充分赋权，也体现了对矛盾调解中心和调解力量的专业性、系统性赋能。一是政治引领，台州市各级党委政府高度重视矛盾调解工作，强调政治意识，党建为牵引，以"双组长"的形式高位把握矛盾调解中心的工作方向；二是法治保障，以法治化为目标和手段，在调解过程中进行普法宣传和法律援助，依法依规开展矛盾调解工作，按照严格公正的司法程序协调社会关系；三是德治培育，台州市各矛盾调解中心注重将当地的"和合文化"结合运用到工作中，以教化的柔性方式来化解矛盾纠纷，避免冲突；四是自治强基，基层治理是市域社会治理的根本所在，大多数社会矛盾纠纷也来自基层，矛盾调解中心将村（居）两委、社会组织、社区党员，以及"新乡贤""老娘舅"等基层力量纳入调解队伍，将矛盾化解在基层，也更好地发挥了基层自治的"自我管理、自我教育、自我服务、自我监督"作用；五是智治支撑，矛盾调解中心的线上平台和指挥系统有赖于信息科技的应用，如矛盾调解中心的"城市大脑""数据驾驶舱"等应用场景的开发，以数字赋能支撑社会治理，推动人与数字政务的耦合，实现了精确识别，实时研判。

总的来说，从"最多跑一次"到"最多跑一地"，不断深化的集成改革分别在行政服务和社会治理领域发挥了重要作用。在当下社会矛盾纠纷日趋复杂多样的治理环境中，矛盾调解中心以集成治理、多元化解的模式，"从被动防御转向主动管理""从各自为政转向整体布局""从无序应对转向有序引导"，提升了矛盾调解工作的效率问题和能力问题，解决了传统治理方式在化解社会矛盾纠纷时存在的滞后性、无序性、单一性问题，很大程度上提升了基层治理的效果。

台州市矛盾调解中心的工作成效非常显著，不仅让居民就近且快速地解决了很多问题，而且调解了很多邻里之间的矛盾，避免了很多可能的恶性事件，但是目前的状态也会存在一些问题。从矛盾调解中心的定位上看，仍然存在边界不清晰的状况。矛盾调解中心是由党委政府统一领导的合力解决重大、疑难矛盾纠纷的调解机构，其中包括了人民调解、司法调解、行政调解，以及尚不具备法定调解地位的"新乡贤"调解、社会组织参与等多种力量。矛盾调解中心在整合调解资源的同时，尚未完全厘清这些调解方式之间的关系和边界，谁是调解的"主力"？谁又是"助力"？如果没有明确的主导力量和责任主体，难免会造成本末倒置。从准入部门上看，还需要进一步讨论其规范性和合法性。

由于取得了很好的效果，矛盾调解中心也得到了中央的肯定，很多部门都想将工作与之结合，参与其中。这样表面上看似乎有更多力量，但是也会由于机构冗杂，且都有自己的思路和考量，调解工作的效率会有所下降。从调解方式上看，现代性和传统之间会存在张力。法治社会对调解方式的要求是依法依规的硬性手段，但是传统的调解方式更多依靠人情关系和德治教化的柔性处理，虽然传统的调解方式也要符合法律规定，但这两种调解方式代表着不同的价值取向，如何在转型期的社会背景下平衡好法治精神与传统习惯，也是实现"法治""德治"相融合的前提条件。

从总体上看，各地方政府和基层政府对于民意的做法都有自己的视角、方式和特点，也因此在过程和效果上会有非常大的不同。但是在回应民意之前，都会对民意进行分类处理。在后面的章节中，笔者将通过具体的案例对此进行分析，并突出展示治理中展现出来的理性与情感。

第四章
城市更新改造中的民意体现

改革开放以来，城市化无疑是影响我国经济社会高速发展最重要的因素之一。与此同时，民意也以各种形式参与到了这一过程中。在我国不同城市，以及城市化发展的各个阶段中，民意的参与也有所差别。本章将分别通过对拆迁、城市更新、环境提升等城市化不同阶段和主题的案例进行分析，展现民意参与的路径和方法，并分析相应的治理方案。

第一节　城市拆迁项目中的民意动态

近年来，我国各大城市的城市化进程十分迅速。随着人口数量激增，资源和环境已经很难与之相匹配。一方面原有的街道设计已经不能满足现代城市的需求，城市空间越发拥挤，另一方面很多城市在向外部扩张的过程中出现了城中村。因为处于非城非村的中间状态，很多城中村成为管理的灰色地带，导致城市环境的恶化。国家也下定了决心对其进行整治，以改善城市的整体面貌。

以北京市为例，从2000年开始，就分批次地对城市中140多个的城中村进行了拆迁腾退工作。具体做法是把一些发展过程中遗留下来的不符合未来城市规划和发展的村落社区进行改造，主要有原地重建和易地搬迁两种方式。前者指村落被拆除重建后，居民搬回原址，后者指村落拆除后，居民搬去其他地方。由于城市发展是国家的整体战略，政府的拆迁项目通常刚性很强，不仅必须完成，而且时间要求也很紧张，北京作为首都更是如此。从民需的角度看，拆迁关系到居民最基本的生存需求，对居民的生活影响较大。因此不同群体的分歧很大，意见很难统一，基层政府在运行项目的过程中受到自上而下和自下而上的压力都很大。

相比于农村，城市是后发的存在。随着城市人口的不断增加，人们需求日益多元，基层治理面临着日新月异的挑战。然而不同群体对城市有着不同的视角。美国学者詹姆斯·C.斯科特在《国家的视角——那些试图改善人类状况的项目是如何失败的》一书中就讨论了这样一个问题——为什么很多明明目的是提升人类福祉的项目，却遭遇了失败，并从国家的角度提出了对这一问题的解释。他认为国家在城市设计时往往比较注重整体的安排采取了一种科学主义的视角，认为城市的安排是要符合一定功能设计的，同时是美观的、干净的。但是如果视角是单一的，就很容易对需求的差异性有所忽略，最终导致系统性的失败。他以树林为例，认为国家由于需要用木材和燃料，所以对森林的需求是实用主义的。种树的目的就是为了砍树。在这种视角下，一方面树的其他功能被忽视了，另一方面由树构成的系统，包括草、花、地衣、蕨、苔藓、灌木、藤、爬行动物、鸟、两栖动物、昆虫也都不见了。同时，由于国家视角聚焦于木材带来的财政收入，有关森林的其他众多的、复杂的、可协商的社会用途，如狩猎、采集、放牧、捕鱼、烧炭、探测贵金属等，以及在森林中民间信仰崇拜、避难等方面都被忽视了。[1]

也有学者从居住者的角度出发来理解城市，与国家的视角形成了鲜明的对比。雅各布斯在《美国大城市的生与死》一书中考察了都市结构的基本元素，以及它们在城市生活中发挥功能的方式，挑战了传统的城市规划理论。她认为很多时候城市规划者和建筑师费尽心思去学习正统规划理论，以及什么会为城市里的人们和企业带来好处，但是却忽略了对真实生活的关注。在她眼中，真正有活力的城市设计并不一定是符合美学原则的。相反，有些地方看似混乱不堪，而实际上却充满着幸福和活跃的街道生活，甚至是犯罪率、疾病和婴儿死亡率最低的地区。[2]

可见，在基层治理的过程中，自上而下的视角和自下而上的视角能看

---

[1] Scott, James, *Seeing Like a State: How Certain Schemes to Improve the Human Condition Have Failed*, (Yale University Press, 1999), p.53
[2] 〔加拿大〕简·雅各布斯：《美国大城市的生与死》，金衡山译，译林出版社，2005，第73-84页。

到的东西差异性很大。结合这两种视角可以观察不同意见在基层的交锋。接下来的几个案例将分别展现不同地点和阶段的拆迁过程，并分析基层政府如何一边推动项目的进度，一边尽量地收集民意、考量民意和吸纳民意。同时也会从居民的角度展现不同民意形成、表达和发挥作用的路径。最后将分析在时代背景下，政府现有方式在应对民意过程中的利弊，并试图探讨可能的治理方式。这些案例虽然都是应对拆迁或者城市发展的问题，但是随着时间的推进，政府在对民意的收集和回应方式上都有很大变化，通过相似案例的对比可以更好地区分这些区别和治理效果。

案例 4.1　城市改造早中期完整拆迁过程与对策：北京市海淀区第六村

1. 第六村的拆迁背景

2000 年左右，北京市的城市化快速发展，城市的硬件设施不断更新，国家对城市的要求也不断变化。一方面是城市功能性的要求，大量外来人口的涌入，对城市的需求有了很大改变，城市原有人口、资源和环境之间的平衡被打破。另一方面是城市的美观性。重大国际赛事和国际会议的举办也使得北京在国际上的知名度越来越高，所以北京市政府也对城市的样貌提出了很高的要求。

因此，北京市展开了分阶段治理过程。第六村（化名）原本是一个传统的自然村落，有着悠久的历史，其出产的"京西稻"曾是皇家特供品，知名度享誉国内外。2000 年左右，城市化进程使得村落土地不断被征用，水资源十分稀缺，所以京西稻停种，村民也因此失去了农业收入，从"村民"变成了"居民"。但是高新技术企业的到来造就了与村落毗邻的科技园区的兴起和繁荣。大量打工者的涌入创造了对住所的需求，这为失去耕地的原住村民提供了新的市场机会。因为村落有着地理优势，大部分在科技园区工作的流动人口都在第六村租房。村民则通过在原有的平房上加盖楼层并出租给流动人口的方式获取租金收入。

这样的城中村在北京市并不少见，2008 年之前有 200 余个。村民在改变村落空间状态的同时虽然在一定程度上解决了收入问题和流动人口的居住问题，但村落也因为人口密度大、私搭乱建严重存在各种安全隐患，环境不断恶化，管理难度非常大。为改善城市环境，在奥运会之前，北京市政府决定借此契机，对 171 个靠近城市中心区的村落进行整治。在奥运会之后市政府则将重点转向了城市边缘地区的50余个村落,计划从2010年起用两年时间对城中村进行整治,第六村就是其中之一。

2. 政府拆迁的考量和措施

国家在设计项目时,既需要考虑城市整体的设计和未来的发展,同时也要考虑如何保障居民的生活。对于地方政府来说,虽然两点都要考虑,但是有着自己的行动逻辑。一方面要完成上级布置的任务,是岗位的职责,另一方面也要在任务运行过程中尽可能考虑到居民的需求和意见,满足民生的合理需求,以让项目能够平稳地运行,避免舆情和群体性事件。

政府考虑到城中村土地利用率低、环境恶劣,认为其在城市发展过程中起到了阻碍的作用。在一些主流媒体的报道中,城中村也经常以较为负面的形象出现,被称为城市的"伤口""顽疾"甚至是"毒瘤"。这些词语的运用突出了城中村严重阻碍城市的发展,但同时通过将城市中的部分比喻成人体,暗示了其各部分都应该有自己的技能和秩序。城中村则因为在发展意义上价值较低,被比作对城市有威胁的疾病,也因此失去了存在的正当性和合理性。对于"整治"等词语的运用,则体现着应对城中村这种"病"予以"治疗"的观点。

我国城市发展的道路考虑到国家的整体利益,遵循着完整的科学体系,也有着权威属性,经济和城市的发展也是必经之路。地方政府则是执行者。在北京市政府的发展思路里,"这不仅是建设'人文北京、科技北京、绿色北京'的需要,而且是推进城乡一体化发展的迫切任务,是农民改善居住环境、提高生活水平,促进产业发展,是利国利民的好事,是确保长治久安的必然选择"。[①]

然而拆迁本身必然会影响到村民的生活,对于一些村民来说,国家长远的规划固然重要,也能认同,但是如果影响到了自己当下的利益,难免会有很多负面的情绪和不配合的情况。因此,在具体操作过程中基层政府也非常努力地把它调整成一种当地村民可以理解并接受的方式,以期争取更多的理解。第一,在拆迁之初,就开始在村内拉横幅,张贴标语,营造拆迁的氛围。第二,发布了专门宣传拆迁的报纸,负责宣传政策和集体主义精神,并报道一些关于拆迁的小故事来鼓励村民。第三,在村口竖立起

---

① 参考自地方政府文件。

很多的巨幅广告牌，还有新小区的3D图片，让村民对未来有好的期许。第四，派遣政府工作人员和村委会人员在村里入户发放拆迁的具体细则，让村民对于整个的拆迁有提前的了解。第五，为了鼓励村民提早搬迁，还设置了提前搬迁的奖励金。基层政府希望通过这一系列努力促使村民尽快签订搬迁约定。

3. 村民眼中的拆迁和民意的呈现

然而在许多第六村村民的眼中，这一宏伟的规划在很多方面与他们的个人需求发生了冲突。例如他们因为世代居住在村落，所以对村落和亲朋好友具备很深厚的情感，不愿离开故土；又如大部分原住村民已经年过半百，没有精力学习新的技能，房租提供的经济收入可以让他们维持稳定的生活，所以不愿改变；再如对自己未来的生活充满担忧，因此对现有条款不满，希望得到更多补偿。虽然村民对于整个拆迁政策有很多意见，但是因为政策的刚性和政府的压力，他们的意见并没有得到充分的表达。政府没有给村民留出意见表达的空间时，村民自己就开始聚集并讨论对抗的方式。

由于第六村原来是个自然村，居民世代居住于此，很多人从小便相识，也能很快地聚到一起讨论需求，商量对策。一开始他们三三两两地讨论，后来慢慢聚集到一些村民的家中，集体商量对策。由于他们有相似的需求，而且相互熟识，有信任作为基础，很快就形成了两个统一的需求。第一，村民表示因为对村落和邻里之间有很深厚的感情，所以要求回迁，不愿意易地搬迁。第二，认为易地搬迁的地点比现在的村落远离城市中心，地段的差异意味着新的地方房屋价格比现居村落要低很多。他们认为以现在给的补偿价格去买房，房屋面积没有变大太多，而且他们失去了租金收入，所以希望提高补偿金额。

这两条需求呈现出来之后，村民并没有立马开展集体行动。有趣的是，村中兴起了一系列的谣言，主要围绕村干部在拆迁过程中有贪污行为展开。其中引起村民共鸣的有三个。第一个是关于村委会的领导和政府官员在拆迁前用公款吃喝，收受贿赂的传言。村民认为是这些导致村干部不得不签字同意拆迁。"他们不知不觉把村子卖了，酒醒了之后虽然后悔了，但是晚了。"[①] 虽然这是村民对于一些村干部同意拆迁的揣测和编排，但是在村中

---

① 访谈：WXM，原住村民，女，45岁，20110920。

广泛流传。第二个是关于村委会书记暗箱操作,有的村民说"他们自己的房子只有100多平方米,但是在测量的时候按照200多平方米计算,最后按照400平方米给予的补偿。而且签完拆迁协议之后,这些房子并没有像其他人的房子一样马上被拆除,而是持续对外出租挣钱"。① 第三个是关于新来的镇长,村民传言她走在第六村的大道上大声说"一分钱不花就拆平了你们村子",还把一位老太太气得浑身发抖,想过去打她。② 这些谣言虽然没有什么实质的依据,但极大程度上调动了村民的情绪。让村民原本更多基于利益的纷争,上升到了对拆迁合法性、公平性、正义性的讨论。在这些谣言传播了一段时间之后,终于激发了一次村民的集体上访行动。上访由村子里几位文化水平较高的村民牵头开展,他们先是围在镇政府门口,要求与政府座谈,表达自己的需求,后来还到市政府上访。

4. 对民意的应对和小结

上访行动之后,基层政府一方面意识到了需要更加关注村民的意见,也让他们的情绪有发泄的途径,另一方面也发现双方存在一些误会,需要增加相互的理解,所以采取了一系列的应对措施。首先,组织了座谈会,让村民充分表达,并听取了前来上访村民的意见,了解他们的需求。同时也努力地解释政策,希望村民不要站在政府的对立面,而是共同发展。之后分别探讨了两个需求,并给出了回应。回应一,因为按照北京市的整体城市规划,这一地区规定限高为4.5米,所以不能盖很高的楼层,容不下所有的村民,只能选择易地搬迁,不能回迁。回应二,因为这个地区规划是绿地,没有经济效益,所以没有更多预算可以用于增加补贴。而且补偿政策与北京市的整体计划相关,是根据地段和人们的收入设计的,为了整体的公平,也无法改变。其次,基层政府加强了干部的走访力度,干部每两天,甚至每天都需要去村民家中宣传拆迁的政策,讲解拆迁的细则,并安抚村民的情绪。最后,针对一些村民的特殊情况,例如家里生活困难、有年迈的老人或者重病的患者的家庭,政府尽量提供一些帮助和支持。与此同时,一方面通过官方媒体夸奖配合搬迁的村民"顾大体识大局",而且还按照政策提供一些奖励。另一方面也对不搬迁的村民施加一些压力。通过

---

① 访谈:WK,原住村民,男,56岁,20110923。
② 访谈:ZL,原住村民,男,47岁,20110921。

这种方式，基层政府最终在规定的时间内完成了拆迁的任务，但是在过程中遇到了很大阻力，而且在拆迁之后，很多村民仍然存在不满的情绪。

综观整个案例，拆迁项目的设计处在整个城市，甚至国家的框架之下，因此基层政府负担重，任务紧，压力大。在开始执行的过程中，很多细节并没有太多考虑村民的意见，这也造成了后面项目运行困难，以及村民集体行动等问题。而民意一开始是零散的，并没有通过一种统一的方式呈现。但是因为村民生活经历相似、需求相似，所以在不断的碰撞和讨论中形成了一些统一的意见。然而从村民的需求不满变成集体的行动还需要情绪的渲染，所以村里传起的谣言对集体行动起到了重要的推动性作用。谣言的真假已经变得不再重要，村民只是需要借助其宣泄自己的情绪。

值得注意的是，虽然是表达自己的不满，但他们并没有针对国家的政策，也没有质疑城市化改造的正确性，而是将矛头对准了干部的个人行为，尤其是新来的干部，目的并不是跟国家政策对着干，而是表达自己的需求。而在这一过程中，民意也从一开始最基础的对于物质和生存的需求，上升到了一个情绪的层面。两者结合之后，迅速地增加了政府的治理难度。值得注意的是虽然搬迁条例中写明最早两个月搬迁有奖励，但前两个月搬迁的村民却最少。这并不是因为村民并不在意具体的利益，而是他们总觉得不搬迁，或者拖到后面，才能获得更多的补偿。这也是为什么拆迁后期总是会出现一些"钉子户"。最后，基层政府为了及时完成任务在一定程度上对村民的民意予以了回应，通过理性的疏导和情感的安慰，达到了治理效果。但是确实耗时较长，成本较高，而且让村民在这一过程中积累了一些负面的情绪。可见对于民意关照对治理的过程和结果都有重要的作用。

放在更大的框架中总结可知，基层政府时间紧压力大的任务容易忽略对民意的征求，而当民众的个体利益整合起来，形成统一的需求，并且经过渲染形成激烈的情绪后，治理难度将会大幅提升。在此案例中，政府最终的治理策略则是一方面通过政策法规来解释项目的公平性，同时干部不断上门拜访安慰，平息村民们的情绪；另一方面则通过一些可行的办法，让他们在利益层面尽可能获得满足。虽然项目最终基本按照时间进度完成了，但是村民内心还是存在很多问题，有些是因为需求没有充分地得到满足，还有的是因为民意没能得到充分表达，而政府在后续进行类似的项目时，也在不断调整和改变策略。

案例 4.2 城市改造中期融入社会力量：北京市东城区璀璨巷项目

北京市各基层政府在开展一段时间的拆迁之后，也总结出了很多经验。很多地方出现了一些集体行动，所以也开始不断地调整拆迁中应对民意的方式。璀璨巷（化名）地区位于北京中轴线东侧的交道口地区，面积 0.88 平方公里，总人口 3.6 万人，共有院落 873 个。璀璨巷地区建成于元大都时期，距今已有七百多年的历史，是我国唯一完整保存着元代胡同院落肌理、规模最大、品级最高、资源最丰富的棋盘式传统民居区，是北京市首批 25 片历史文化保护区之一，也是政府希望重点打造的首都历史重要资源。

璀璨巷主街全长 786 米，平均宽 8 米，是享誉海内外的特色商业街。然而 2014 年左右，随着客流量的激增，商业过度开发，主街出现了游客过度聚集，业态无序低端发展的状况。一些居民私搭房屋，街道风貌破坏严重、环境恶化，基础设施破损，政府下决心对其进行整顿。该地区有一些自身的特点：首先，区域内公房自管房多，房屋破损比例高等。单位自管房占总面积的 49.2%；直管公房占总面积的 31.8%，四类和三类危旧破损房占直管公房面积的 64.93%；私房占 19%。此外，区域内有 5 处中央单位，还有 15 处中央领导生活驻地，政府也十分重视。其次，因为璀璨巷是商业街，所以与一般社区不同，除居民还有很多商户和流动人口。该地区共有 530 多家小食品铺、餐饮铺、小旅店，占区域业态总数的 87%。全年客流量更是来自全国各地，新冠疫情之前，全国来往的人数超过 1100 万人。最后，街道基础设施老化，无法适应新的发展。消防设施少，存在安全隐患，平房院落低洼现象普遍，排水系统雨污合流。区域空间紧凑，走路和行车都不方便。

随着璀璨巷在国内外知名度不断提升，政府对其重视程度不断提升。这意味着璀璨巷的治理并非民众自发的，而是政府主导的，其需要符合政府对城市的发展期待。从政府的角度看，璀璨巷的整顿方向十分明确，需要提升街区的品质，改善整个地区的空间环境。基层政府要在规定时间内保质保量地完成任务，既要确保改造后璀璨巷符合首都的定位，也要保证地区的安全和稳定。

从民意的角度出发，整顿可能会带来很多问题。因为涉及人们的居住需求与经营利益，所以民需的刚性很强。例如一直留在该地的居民普遍家庭人口较多，对居住面积要求较高，所以搭建了很多自建房，拆除和整顿会对他们的利益造成影响。同时很多家庭成员在该区域生活多年，老年人就医、孩子上学不能随意中断，如果为了整顿让他们暂时搬走，会对他们的生活产生较大的影响。此外，在街巷内的商贩、流动人口、租户各有各的利益，意见分歧比较激烈，每个决定都会牵扯到不同群体的纷争，以及城市发展的公平问题。而且辖区内的市属产、中央产、军产也难以协调，阻碍了房屋腾退与空间整理和推进，也会影响整治修缮的效果。总体而言治理难度很大。

从2016年10月开始，基层政府集中开展了璀璨巷主街公共空间、商业业态、外立面风貌、交通秩序、安全保障整治提升"五大工程"，试图打造有品质的璀璨巷。首先是重新进行了定位，立足于发展文化创意产业，建立了陪审准入制度，颁布了《璀璨巷特色商业及社区业态指导目录》，将一些无证照经营、一照多店，不符合规定的商户关停，商户总数从235家减至154家。对92家一照多店商户进行治理，改成一照一店。21家"烧烤烹炸"等不符合文化街定位的"低端"小吃店转型提升，一共疏解513人。这些店铺被清理后，文创类业态占比提升，主街业态品质提升。不仅硬件设施做了调整，还主动申请取消了3A级旅游景区资质，暂停接待旅游团。临近地铁口的E、F口只进不出，切实减少团队游客。还建成了人流量监测系统、视频监控系统和应急广播系统，通过专业设备实现图像跟踪、视频巡控，人脸识别等方式获得人员密度相关数据。在人流量达到预警时，及时启动《璀璨巷人流密集应急预案》，安排公安、保安，及治安志愿者等群防群治力量控制秩序，引导游客有序浏览，降低街区安全风险。

为了完成"璀璨巷历史文化精华区"的整治目标，在治理时，除了政府的主导，居民的参与，还纳入了市场的力量，即商会自治和企业运营，并分了几类步骤开展项目。首要步骤就是让居民自主腾退，改善空间环境。由于以往的城市空间改造经常造成冲突，璀璨巷改变了拆迁的思路，将胡同更新为修缮改造，也为民意留取了更多空间。在之前大部分的征地拆迁过程中，居民对于搬向何处，拿多少补偿，都没有任何发言权，只能通过讨价还价的方式，为自己尽可能在政策范围内多争取一点权益。这也是以往拆迁会造成冲突的一个重要原因。

相比之下，这次修缮改造，采取了"自愿申请式腾退"模式，给居民提供了定向安置、货币补偿、平移置换等菜单式选择。虽然仍将民意固定在一个框架之内，但给了居民一些选择的权利。与此同时，为了避免居民之间相互攀比以及拉扯的情况，政府还坚持了"两统一、五公开"原则，即腾退补偿标准前后统一，修缮整治原则前后统一，公开政策方案、房源户型、进展情况、办公电话以及联系人联系方式。让一些具体的民意问题可以得到快速解决，避免从基础生存的民意升级成对公平公正的争斗，变成更难以调和的矛盾。项目于2015年展开，两年之内662户拿到腾退申请表的居民有470户主动递交腾退申请，申请比例达到71%，其中407户完成签约，比例达到61.5%。异地腾退之后，居民的户均面积从不到25平方米增加到户均110平方米。人均居住面积也由之前的7.9平方米增加到36.89平方米，且手中的房本从公租本换成了有完整产权的房产证，很多居民也比较满意。

因为是商业地段，所以除了搬迁腾退，璀璨巷还有着修缮的需求。基层政府首先选取了幽幽胡同（化名）的15号院进行打造。具体内容包括公共空间的清理，拆除院内违法建设，清理占道杂物，铺设甬路，整理飞线。除了幽幽胡同，后来又陆续整治了四条胡同，重新铺设了路面，封堵了违规开墙打洞，拆除了胡同范围内的违法建筑，进行了绿化美化提升。为了保证工作顺利进行，29名街巷长、37名小巷管家、3名市容市貌工作人员同时监督，建立了29个胡同环境理事会，起到了"精准管理"的效果。

虽然在过程中也遇到了一些居民不理解，以及因为利益受损而不配合的情况。但是各街巷长、小巷管家等群众工作队伍随时深入居民，了解民意，并注重解决商户的一些实际困难，协调保障在整治过程中的用水用电，获得了很多商户和居民的支持，有效地促成了居民的签约意愿。最终整体胡同风貌得到了修复，也改善了居民的居住条件，胡同内的停车更加有序，交通也更顺畅和便利。这对商业街的整体发展也起到了很大作用。

和上一个拆迁案例相比，璀璨巷由于涉及商业街，有着另一重市场和商会的力量参与治理，而这种以商业利益为基础的共同体，也发挥着特有的功能。例如商家会自觉引导门前人流，杜绝排队拥挤，确保人流畅通，防止形成堵点。商会召开了商户自律管理业态提升动员会等一系列会议，鼓励商户自主更新，努力做好商户宣传、解释和引导工作，配合管委会进行整改，发挥了政府和商户之间的桥梁纽带作用。

对于政府而言，商会是配合中心工作的得力助手和工作抓手，对于会员商户而言，商会是领路带头人和贴心服务者。例如，政府出台了璀璨巷《风貌保护管控导则》，把工商执照审批权的第一道准入门槛的把关职责交给商会。商会专门成立了业态提升委员会，通过初审把关、凝聚共识，引导会员企业自查自治，主动提升商业业态。商会的人大代表和政协委员积极履职向政府提交相关议案提案，还向商户和居民征集街区治理的"好点子"。商会制定了自治自律的《璀璨公约》引导商户自觉遵守，采取"黑色"商户等措施进一步提升公约的权威性。商会党支部发挥带头引领作用，党员以身作则并向商户宣传政府政策。通过几年的不断实践，探索形成了商会积极参与街区治理的"璀璨经验"，在其他商会的工作中也得以借鉴，璀璨巷商会被全国工商联评为"十佳典范"。实践证明，单靠政府以行政化手段有时并不能达到理想的治理目标，而是需要把部分职能转向社会组织和购买服务，将更多的精力集中在放管结合和优化服务上。从璀璨巷商会的成功经验来看，商会协会等各类社会组织，以及各类公众力量，在推进城市治理体系和治理能力的现代化进程中发挥了重要作用。

在这一案例中，由于上级政府的重视，基层政府不仅倾斜了很多资源，而且也使用了很多种方法来调整居民之间的关系。其中最重要的表现就是对民意处理态度的改变。最开始的阶段，多次开展深入走访，对居民的居住现状和改善意见进行了解，勘察实际情况，掌握商户的意见和想法。其次是在宣传的过程中尽量吸取居民的意见，并让群众代表和商户代表进行宣传。之后根据居民的需求情况和相关法律法规制定腾退的标准和修缮的标准，科学地制定方案。再次是推动商会遵守《璀璨公约》，发挥商会委员在治理中的推动作用。最后是坚持政策的透明和居民的知情权，让居民感受到被公平公正地对待，不让不满升级。在努力通过传统媒体刊登和微信公众号推送等各种形式宣传，以及在一定程度的征询民意和采纳民意的共同作用下，社区的民意总体平稳，没有出现居民过激反应的现象。

案例 4.3　城市化中晚期的人口疏解与对策创新：北京市东城区忠诚村人口疏解项目

忠诚村（化名）位于北京市东城区，占地面积约 5.6 万平方米，总户数 427 户。该地区紧邻东二环路和出入北京站的铁道线，一直以来被称为

"出京第一扇窗",为 2014 年左右东城区仅存的城中村之一,由当年建设北京站、铁路、河道沿线施工企业的员工工棚、仓库和临时安置房发展而来。项目范围内各类房屋盘根错节,基础设施老化,卫生环境脏乱,消防、治安隐患严重,虽然 2001 年便开始整顿,但始终存在大量问题。

由于环境的极度恶劣,民众对改造的呼声也很高。2015 年时,政府决定彻底对该地区的平房进行改造,并实施绿化建设。但是由于之前改造引起过很多民意的纠纷,政府在开始前不仅进行了民意调查,而且对居民的具体需求做了一些梳理和分类。调查表明,98%的居民同意尽快实施棚户区改造。在他们的房屋中,产权清晰、权属明确的占 309 户,政府决定采取征收方式搬迁;还有一些权属不明,性质难以确定的房屋,主要指批示用地、无证房屋等,共占 118 户,政府决定采用环境整治的方式搬迁。

项目从 2015 年 5 月开始正式启动,一年左右征收工作全部完成。在分成的不同拆迁小组中,所有团组都突破了 85%的预期同意率值,甚至有的团组预签约比例达到了 100%。这一预签约比例在东城区甚至北京市范围内都刷新了纪录。两年以后,96.76%的被征房人选到了新房,政府也基本成功完成了拆迁工作。政府的工作主要聚焦在几个重要的时间点,也都与民意有着重要的关系。

首先,项目运行之初,组建了拆迁指挥部,分 3 次对区域内的房屋、人员、附属物等相关情况进行摸底调查登记,并反复核查数据。在累计 745 次的入户调查中,不仅建立了入户调查档案,也在项目范围内公布了入户调查的结果,并适当听取居民的反馈意见。通过汇总数据信息后,详细地分析了居民的房屋结构、家庭结构、房屋性质、户籍情况,居住现状以及家庭成员的特殊情况,为处理问题做了提前的准备。

其次,建立了临时党委,区领导下沉一线指挥,区属十多家部门进驻参与,街道领导在临时党支部担任支部书记,并抽调街道综合素质高、责任心强,群众工作经验丰富的党员干部充实到各个工作小组中。建立起"党委领导、支部负责、党员参与"的三级联动体系。街道作为实施主体,协调各方共同推进项目。由于领导干部靠前服务,政府政策直接传达,居民的意见也能迅速传达,很多重点难点问题也在现场得到了解决。

再次,为了体现透明与公平,政府在这次的环境整治项目中提出了

至情至理：城市基层治理中民意分类逻辑与实践

"六公开三统一"的要求，即补偿程序、调查结果、征收补偿方案、房源信息、补偿数额、监督举报电话全部公开。其次还做到了统一征收政策、统一评估标准、统一补偿标准。还在每个环节都有公示，让被征收人享有充分的知情权和监督权。指挥部从办公时间、办公流程、负责人名单、补偿政策、文明用语方面，都悬挂公示。连签约现场都采用了电子签约系统，自动补录信息和协议文本，避免人为的影响。同时还滚动大屏幕，实时公示新增预签户数、累计预签情况、每户预签时间、需要和每组的比例。还开放了查询机器，居民凭借身份证号可以查询自己家或者邻居家房屋面积和补偿款等，实现完全公开透明。治理项目的副总指挥表示，在多年形成的旧的拆迁观念中，往往是先签的虽然获得奖励金，但还是会吃亏；后签的人则漫天要价。而为了保证项目的顺利进行，相关部门为了与"钉子户"博弈，也存在提高补偿的现象。但通过扩大宣传等方式，坚持"一把尺子量到底"，让居民改变传统观念。

最后，对项目进行超前规划。之前拆迁经常是拆完了之后，安置房屋还没有建好，需要居民自己周转，或者政府帮助一些居民周转。但是这次在拆迁之前，对接的安置房就已经全部建成。房源不仅交通便利，而且商业、教育、医疗、卫生等配套设施齐全。同时拆迁指挥部还制作沙盘和房屋户型模型，安排专人进行讲解，供居民参观选房。同时还先后9次带居民到安置房源现场看房，安排路线。很多居民在看到房源之后满意率达到了90%。有居民表示"以前听说拆迁安置都是期房，很多建成什么样都不知道，这次不一样，安置房都已经建好了，就在那摆着，让人看了高兴，更加坚定了我搬迁的决心"。①

分析政府的这些方法可以看出，对民意态度和处理方式的改变，确实对整个项目的运行过程有着深刻的影响。第一，入户调查让政府充分地了解了居民的意愿，而且充分地掌握了居民的信息，既让政府应对突发状况时有所准备，也可以对居民历史性担忧的问题进行一些提前的安排。例如后面提及的提前为居民准备安置房的事情，就在很大程度上安抚了居民的心情，也增强了搬迁的决心。第二，党支部的建立让一些政策的宣传更加深入居民，而且多了一条了解民意的途径。由于党组织不像政府有明确自

---

① 访谈：ZL，原住居民，男，40岁，20150718。

上而下的科层制运作方式，党员干部和积极的党员可以更亲近地和居民接触。这也是以往拆迁中比较常用的一种方式。第三，也是以往拆迁过程中最难的一点，即居民由于感受到不公平不公正的对待，而产生的一些情绪。例如有些人先签了协议，但是得到的补偿没有后面的人多，导致心理失衡。更多的人观察到了这一现象，所以都不愿意先搬走。而且无论是在何时获得了补偿，都觉得不搬或者晚搬可以获得更多补偿而产生不平衡的心态。基于以往的经验，这次拆迁过程中不仅强调要坚持统一标准，而且把整个过程透明化和可查化。这一过程中也运用到了新的技术，把与拆迁有关的信息对居民全部公开，尽量减少居民的不安感和不公平感。将居民意见升级的可能性和情绪化的程度降到最低。第四，对安置房的安排也是充分吸纳了民意和以往拆迁的经验，把拆迁中可能遇到的最严重的问题提前化解。对比之前的拆迁中主要依赖的自上而下的和集体主义式宣传，这种一致化、透明化和制度化的操作与宣传相结合的方式，也让治理难度降低了很多，治理效果也有所提升。

案例 4.4　城市化过程中拆迁遗留问题的解决：北京市西城区湖畔居拆迁项目

北京市的大规模拆迁项目虽然有一些进度较快，但是也有一些因为各种各样的问题非常困难，耗时很长。北京市西城区的湖畔居（化名）拆迁于 2005 年左右开始，由于地处城市中心，面临的问题复杂，拆迁难度大。例如教育用地问题、文物建筑年久失修问题，平房安全问题等都需要专门处理。这导致拆迁不仅被分成了五期，且二、三、四、五期均存在历史遗留问题，有部分没有拆完。截至 2017 年，虽然 92% 已经拆除完毕，但是仍然有 379 户没有搬迁。为此，又有一家专业拆迁公司经批准，对湖畔居地区进行危改小区项目拆迁建设。

危改项目的立项、规划、拆迁时间过长，中间因为许可证过期等问题，停滞了一段时间。同时因为是平房，有一些年久失修，所以停滞的时间内还有房屋的倒塌，房子压倒在旁边的房子上的现象发生，所幸没有人员受伤。然而因为房屋属性是私产，且由拆迁公司全权负责，所以政府财政理论上不能进入空间内进行维修。虽然从法律意义上出发，政府并不能直接用政府资金介入修理房屋，但是从属地管理的角度来说，政府却负有保障安全的责任。这也意味着，基层政府虽然在意拆迁的进度，但是也需要更加关注民生的安全和稳定。

在拆迁停滞的情况下，基层政府积极配合相关部门，在外围公共区域推进道路修建等工作，方便居民出行，同时修停车场，缓解周边停车压力。为了提升周围的居住环境，定期开展"除四害"宣传活动，即清除老鼠、蚊子、苍蝇和蟑螂，并且为居民免费发放了治虫除害药品工具，协助相关部门街巷的整治提升及公厕维修工作，提升街巷美观度，为居民提供更加整洁、卫生的工作环境，减轻拆迁停滞带来的负面效应。在防汛期间，湖畔居街道还大力向居民宣传防汛的安全知识，对房屋存在隐患的居民进行临时转移安置，并对破损房屋进行抢修。

拆迁项目涉及居民的根本生存的需求，因此刚性很强，居民对项目的要求也比较高。然而拆迁涉及的问题很多，各家的情况不一，需求千差万别，政府很难全部满足。为了达到自己的需求，有时居民会对一些本来认同或者接受的政府项目表现出抵抗的行为，目的是挑战政府工作的时间安排和进度，以获得对自己在意项目讨价还价的权利。例如，在政府修排水的过程中，很多居民虽然十分需要，但因为拆迁安置没有得到解决，而表现出对什么项目都不配合的状况。

不仅如此，为了城市的环境，北京市政府从2015年开始做煤改电项目，进行城市无煤化改造。虽然从整个城市的利益出发，这是一件利民的好事，对每个居住在城市中的居民都有好处。但是当地居民眼前最在意的并不是这件事情，所以觉得与自己并不相关，相反将其看作是政府对自己的要求。一些居民因为知道基层政府有完成上级任务的压力，必须完成改造，因此故意拖延，目的是给政府施加压力以满足自己的拆迁补偿需求。

冬天来临之前，为了减少空气污染做无煤化改造，同时保障不配合改造的居民的取暖问题，基层政府先是去居民家入户，发现没有实现煤改电的家庭就按照面积送暖气片，还做墙体保温和修葺房顶工作。但是有些居民加以阻挠，还有的应该得2个暖气片的家庭却声称自己需要8个，得不到就打举报电话投诉。这些民意的矛头看起来是针对取暖，但实际上都是在表达对拆迁的不满。居民还是等政府工作人员离开之后偷偷烧煤。如果政府让其停止，居民则会声称自己买煤花了很多钱，不能白花。为了完成任务，基层政府只能把煤买走，居民就开始高价卖给政府。虽然居民是一元两元收的，但最后却以五元的价格卖给政府，而政府则被迫收走了很多车。

这一案例是拆迁项目的后续。同样是市政府统一规划下的项目，基层政府也面临着很大的压力，但是由于民意的强烈抵抗，在执行中也遇到了非常大的困难。执行不下去的时候，政府也只能在保障居民安全的问题上做一些工作。而居民后来提出来的一系列需求虽然很多超出了合理的范畴，但可以看出因为真正的民意并没有得到满足，而且心里有很多不平和不满，所以通过不配合政府工作的方式进行一些抵抗，希望以此可以解决自己的问题。从案例中我们可以看到有时候民意的产生并不直接针对需要解决的问题，而是指向其他没有被处理好的问题。因此"堵"或者强硬的自上而下的方法绝不是基层政府解决问题的最优途径，反而是干部更多情感的沟通，才能让居民消除一些情绪上的对抗，进入理性的讨论。

案例 4.5 城市化发展拆迁的暂时停滞：西城区广篱园项目

北京市西城区广篱园（化名）街道有 5.5 万的户籍人口和 3.55 万的常住人口，有老年人 1.6 万人、低保家庭 1100 户。老年人和低保家庭数量大意味着对民生保障服务要求较高。谈到 2018 年以后的疏解，广篱园街道社会办主任表示，"因为西城政策好，所以吸附性强，很难疏解人口。虽然之前有一些项目的补偿金比较合适，有一些居民选择了搬迁，但是大部分居民都表示按照私房面积并不合适，不愿意走。很多人还表示因为家庭困难，孩子上学等各种问题，不能离开西城区。后来区里提出整院腾退的概念，给了很好的补偿策略，原本就愿意走的居民就更愿意走了，剩下的居民因为这些人走后院子宽敞了也更不愿意走了。另外还有平移政策，以前提过 1.8 倍的补偿，很多居民表示愿意，但是因为资金无法落实，最终落实的补偿系数只有 1.2 倍，居民不满意，所以拆迁工作无法展开。拆迁到后期的强制性越来越低，而且地处中心城区，敏感性高。以前有些文物保护的项目可能会有强制行为，但后来基本没有了"。[①]

这一简短的案例为我们展现了城市化过程中因为民意实在无法妥协而导致项目停滞的案例。虽然在后续的发展过程中也通过环境的改善和房屋

---

① 访谈：CR，广篱园街道社会办主任，男，45 岁，20180630。

的修缮对街道内的整体环境做出了调整，但是并没有达成最初的计划。

小　结

通过对以上五个案例进行对比，可以对这一类案例有一个整体性的认识。从案例的共性上看，首先所有的拆迁项目都有较为严苛的时间限制，而且因为上级政府对用地有着重新的规划，所以必须完成拆迁任务，基层政府的压力较大；其次这些案例都在北京进行，基层政府面临的政治环境相似；最后这些项目都发生在 2010~2020 年，但是这一过程中政府也不断积累着经验，在应对民意时能将情感和理性做到更好地结合。当然，这些项目也因为地理位置和规划功能不同，有着自身的特点（见表 4-1）。

表 4-1　拆迁案例的特点和对比情况

案例	区域特点	项目时段	主要问题	治理策略	治理效果
海淀区第六村	自然村演变为城中村	2010~2013 年	居民世代居住，不愿离开	高压+宣传	基本完成任务但居民仍有不满情绪
东城区璀璨巷	文化胡同商业街区	2015~2018 年	生活与商业交织	宣传+多种选择	比较高效完成任务但容易反复
东城区忠诚村	交通枢纽	2015~2019 年	环境恶劣、纠纷多	信息公开+提前安置	比较高效完成任务
西城区湖畔居	平房区	2015 年后一直持续	历史遗留问题，有"钉子户"	安全保障	无法快速完成任务+暂时搁置
西城区广篱园	文化街区	2018 年后一直持续	老龄化，历史遗留问题	提供资源改善环境	无法快速完成任务+暂时搁置

这几个需要拆迁的地方有着不同的历史背景。海淀区的第六村原本是个自然村落，村民世代在该村居住，所以有着较强大的村落共同体，居民之间关系比较紧密，团结程度比较高，所以居民在一起容易自发地形成团结一致的民意，在拆迁的过程中也比较容易团结起来开展集体行动，为治理带来一定的风险。璀璨巷是个文化区域，所以需要对文化进行保护，同时因为想要打造商业街区，所以还需要应对很大的人流量，在治理上也面临着民意比较复杂、需要调和等问题。相比第六村的案例，治理吸取了一些应对拆迁中的常见问题的经验，在听取民意方面有了一些改进，并为居

民提供了一些选择，减少了居民与政府的意见冲突。

忠诚村地区的拆迁同样对之前的拆迁经验有了很大程度的借鉴，不仅多次入户了解民意，区分不同的民意，而且做到了信息公开。加上因为该地区本来也是安置地区，人员混杂，历史比较短，居民不论对于当地环境还是自身之间都没有很深的感情，而且环境较为恶劣，所以搬走的意愿也比较强烈。当觉得政府补偿资金数额合适的时候，便选择了搬迁。整个过程相对来说比较顺利。湖畔居地区原本经历过拆迁，但因为时间较早，有些居民对补偿政策不满意，没有选择离开。然而随着时间的流逝，拆迁的难度并未降低，而是进一步加大。广箟园地区也因为是文化保护区，所以拆迁面临一定的难度。政府和民意的博弈过程中，双方也都在相互妥协。

可见，同样是上层政府自上而下要求的、刚性比较强的项目，遇到的民意环境不同，应对民意的方式不同，治理效果也有很大的差别。第六村的项目因为政府给的压力大，但是没有给居民疏通民意的方式和多样化的选项，而居民有了意见无法抒发，只能在一起讨论，渲染气氛，最终造成了集体行动。湖畔居的项目同样是政府压力很大，但是居民的共同体已经不存在，而个别居民也没有反映民意的渠道和方式，民意逐渐从对原本补偿的追求变成了针对其他政府措施的抵抗。相比之下，璀璨巷和忠诚村项目为居民提供了更多选择，同时也给了居民一定的反映民意的途径，还通过公示的方式尽可能地保障了项目运行的公平公正，避免民意的升级。虽然这两个项目中也并不是所有居民都对结果满意，但是总体上项目运行了下去，居民的情绪也在一定程度上得到了疏解。综观整个变化的过程，项目的透明度逐渐增加，一方面居民对项目更加了解，信任程度不断增加，另一方面因为政府的公开，居民对项目的好感度也会不断增加。这也是提升治理效果的深层机制。

综上所述，在基层政府面对的治理压力较大时，居民之间关系的强弱，居民是否能在一定程度上抒发民意，民意是否能得到反馈，民意是否得到公平公正的对待等都会对治理的结果产生较为直接且强度较大的影响。如果政府愿意多花一些工夫营造好的民意环境，如创造更多民意表达的渠道、更及时地回应民意等，能得到一个相对较好的治理结果。

第二节　城市更新项目中的民意参与

城市拆迁是城市化过程中多方碰撞较为激烈的阶段。随着城市化进程的推进，我国城市逐渐进入城市更新的进程，即对城市中老旧、破败或不再适应当代需求的区域进行改造和更新的过程。涉及对城市基础设施、建筑物、公共空间和社区环境等方面的改善和更新。如果说拆迁是对城市整体安排的变化，那么城市更新则是在局部上做一些调整，与拆迁总体上先后进行，但也有一些重合。

具体到北京市，则包括老旧小区改造、抗震加固、违建的拆除、开墙打洞的整治、"百街千巷"的公共环境卫生整治。这些任务同样属于政府治理紧迫性较强的项目，刚性同样很强，实效性也很强。从居民的角度看，也是关系到居民最基础的生活项目。但是在拆迁项目中，居民的生活居所发生改变，牵扯到生活中最根本的问题；相比之下后者是对生活环境进行一定的调整，虽然也涉及最基本的生理和安全需求，但是相对缓和一些。本章通过与前一章在同一个政府框架下的不同民意需求做对比，分析治理的方式和难度。为了尽可能控制政府力量的变量，本章的论述也主要围绕北京市的案例展开。

疏解整治促提升项目是在拆迁之后，北京市提升城市环境长期开展的重要任务。2014年习近平总书记在视察时指出，北京突出的问题是人多，深层次上问题是功能太多，导致"特大城市病"凸显。2018年起，市政府每年会专门开展疏整促和环境建设的动员大会，并强调了北京未来发展的规划。第一是推进北京非首都职能疏解，有效治理北京"大城市病"，发挥好北京"一核"的作用，推动京津冀协同发展。第二是北京城市发展面临着从"城"到"都"的转型。北京努力缓解人口资源环境的突出矛盾，成为全国第一个减量发展的城市。所以在发展上也逐渐从资源求增长，转向疏解功能谋发展，通过疏解整治赢得更多发展空间。北京市政府对此非常重视，也是基层政府必须完成的任务。作为人民政府，政府也将人民群众对美好生活的向往纳入城市治理的设计，具体表现就是城市设计需要对便利性、宜居性、多样性、公正性和安全性作出要求。在政府的规划中，整治"开墙打洞"，整顿背街小巷达到环境标准，有效治理北京"大城市病"，目的也是提升人居环境和城市质量，促进首都可持续发展。

老旧小区是疏解整治促提升项目中的重点关注对象，北京市政府决定"十二五"时期对全市老旧小区展开综合整治。原则是深入贯彻落实科学发展观，认真落实北京城市总体规划，着眼于加快推进"人文北京、科技北京、绿色北京"战略和中国特色世界城市建设，以改善民生为核心，以优化城市人居环境、提高居住品质为目标，坚持政府主导、社会参与、业主自治，着眼长远、标本兼治、市级统筹、属地负责、突出重点、分步实施的原则，着力解决老旧小区建设标准不高、设施设备陈旧、功能配套不全、日常管理制度不健全等群众反映强烈的问题。[①]

老旧小区主要指 1980 年（含）以前建成的、建筑标准不高、设施设备落后、功能配套不全、没有建立长效治理机制的老旧小区（含单栋住宅楼）。主要整治内容有两方面，一是房屋建筑本体，需要进行节能改造，对 1980 年（含）以前的老旧房屋进行抗震鉴定，对不达标的进行加固。二是小区公共部分，进行水、电、气、热、通信等线路、管网和设备改造；进行无障碍设施改造；进行消防设施改造；进行绿化、景观、道路、照明设施改造；更新补建信报箱；根据实际情况，进行雨水收集系统应用、补建机动车和非机动车停车位、建设休闲娱乐设施、完善安防系统、补建警卫室、修建围墙等内容的改造。目标是在"十二五"时期，完成 1582 个、建筑面积 5850 万平方米老旧小区的综合整治工作。

从基层政府的角度看，疏解整治促提升工作安排非常紧凑，也属于时间紧任务重的工作。对于居民来讲，属于与日常生活息息相关的基础民生类项目。相比拆迁这类关乎生活最基本的问题，疏解工作也对生活质量影响较大，治理难度依然很高，如果没有充分疏导好居民的情绪，很容易引发居民不满，造成社会问题。一些具体的案例分析可以为我们提供一些直观的理解。

20 世纪 80 年代末 90 年代初，随着经济发展和人口的流动，城市的经济高速发展。很多居民开始把一些用不到的一层住房改造成商铺，以达到利于经营的目的。相比一些正式注册的商铺，这些房屋更加便宜，水电费、物业费也都按照住户的使用标准收取，价格较低。同时因为就在用户周边，

---

① 参见北京市人民政府《关于印发北京市老旧小区综合整治工作实施意见的通知》。

所以客源有保障，渐渐聚集了超市、按摩、美容、理发等各种小店。这种未经规划批准，擅自改变房屋结构，将临街的平房、楼房底层、半地下室等原有窗户或墙体拆除或改造成门窗的行为，通常统一被政府概括为"开墙打洞"。

这种方式虽然给居民带来了很多收入，但是因为他们对房屋的改动没有专业的指导，所以很多商铺存在一些安全隐患。例如有的底商把原来的窗户敲掉，甚至破坏了承重墙，有的还加盖了违章建筑，造成了交通秩序拥堵，消防通道堵塞，楼前绿地挤占等问题，对公共秩序形成了干扰。出于对公共安全、城市环境和市场秩序的考量，北京市政府从2007年开始对这类问题进行整治，并在2015年提出全面整治工程，保障居民的生活质量。在这一过程中，基层政府也充分考虑到了居民的意见和生活质量，力求在提升城市形象和保障居民生活质量之间找到平衡。下面梳理北京市东、西城区开墙打洞治理中民意参与的4个案例。

案例4.6 胡同拆除违建：东城区东四街道苍苍胡同项目

苍苍胡同（化名）位于东城区苍苍社区。胡同的五号院九号楼外面有一家餐饮聚集地，原为绿地，但是居民自己在二层搭建了房屋，并且出租给多家餐馆经营。按照政府规定，这些餐馆均属于违法建筑，不仅占用了绿地，而且绿地外的行人便道也被严重挤压，上面还经常停放着各种送餐的电动车，导致行人出行受到很大制约，需要与非机动车、机动车抢路，也非常危险。此外，原本设在绿地内的输变电变压器箱体夹盖在违法建设内，致使此处输变电变压器无法进行正常检查维护，同时在被圈围占用的情况下，造成散热受阻，安全隐患极大。

在这类项目中，基层政府面临的压力仍然很大，但是因为拆除的通常是居民经营性的房屋或者财物，而非居住的房屋，且很多本来也是不允许搭建的违法建筑物，所以相比于拆迁项目，居民即便产生了不满情绪，也相对缓和。不仅如此，拆迁的时候，居民之间虽然需求不同，但不会因为政策的原因导致相互之间的利益冲突。而在拆违项目中，对于一些设施的拆除涉及公众利益，可能会伤及一部分居民的利益，但是符合另一部分居民的利益。

为此，苍苍社区在决定拆违之前召开了多次社区居民代表会、社区常务会、议事协商会、物业党建联建自管会的研讨。首先向广大居民宣传了拆违控违政策和相关的法律法规,让居民了解了拆违的目标、任务和措施。同时广泛征求居民的意见,对可能出现的问题进行准备。这一方法旨在动员和引导大部分居民对拆违工作大力支持,并尽量减少拆违过程中可能遇到的居民的抗争。

由于没有涉及搬迁等关系到居民最基础的生存问题,而且大部分居民愿意改善环境,用于出租的违法建设顺利被拆除。在违建拆除后的一年里,社区又组织居民积极地开展了协商会议,商讨拆迁后的环境和维护,最终根据民意决定种植绿化树木。后来在社区的带领下和志愿者的支持下,苍苍胡同最终在公共用地上摆上了石凳,铺上了碎石步道,还建成了街心小花园,环境有了很大的改变。

案例4.7 治理胡同"开墙打洞":东城区安定门街道福南社区

近年来,随着经济的不断发展,安定门街道福南老旧社区的福南胡同(化名)街面两侧商户林立,"开墙打洞"现象普遍,无论是公房、私房还是单位自管房,均存在私自开门或扩大门窗现象。在业态分布上多为小建材、小服装、小吃店、小理发、日用品零售等商户。胡同内还有两所幼儿园、一所中学、一所职业高中,这些小商户虽然从一定程度上解决了周边居民的生活需求,但占道经营、噪声扰民、堆物堆料等破坏环境秩序的现象屡禁不止,为居民生活环境带来极大的影响,也影响了校园周边环境和古城风貌的整体形象。因此,2016年安定门街道将福南胡同设定为辖区重点整治提升的胡同之一,进行"开墙打洞"专项治理,并纳入市级重点整治项目和区政府折子工程。

经过前期调查,福南胡同共有违法违规"开墙打洞"199处,涉及商户89家、居民17家、单位6家。这次整治工作时间紧任务重,又涉及居民的切身利益,因此取得居民的理解和配合,做好居民工作,成为完成这项中心工作的重点。福南社区利用居民议事厅、社区志愿之光服务队开展居民的宣传劝导工作,保证了工程的顺利进展,取得了很好的效果。

首先为居民搭建了议事的平台。2016年7月,社区组织召开居民议事厅,在不同层面,分别召开了驻地单位、社区党员、积极分子、老住户、商户座谈会共8次,引导居民们积极参与,一方面带大家共同回忆胡同历史，引导居民查找胡同存在的问题，耐心为居民介绍政策的范围标准，为群众答疑解惑；另一方面广泛听取居民对于整治工作的意见，以及了解他们切实存在的实际困难。比如福南胡同92号是社区老住户，她建议在福南胡同南口的墙上做一个仿古屏风，设计公司认为此设想很好，并予以了采纳。

其次街道做了很多宣传工作，希望唤起居民对地区的情感。为了取得居民的理解和支持，街道制作了硬质宣传横幅和公告，分别悬挂在胡同南、北、中部，扩大宣传范围。社区分组将《致居民一封信》《限期整改通知书》分不同阶段发放到居民手中。利用"群言堂"开展"我的胡同我的家"活动，正面引导居民群众，共同维护胡同环境秩序。同时社区组织开展了老居民"走家串户"探访活动，在这项活动中，老居民与住户共忆房屋原貌、共话所受其害、共谈惠民措施。社区工作人员通过对居民宣传动员，并通过居民之间相互宣传和相互动员，充分调动了广大居民的积极性，出现了大家见面谈治理、见面相互出主意的局面，使"开墙打洞"治理工作深入人心。

在理念上达成一致后，又在具体操作中成立了社区志愿之光服务队。该服务队由社区主任、管片主任牵头，同时吸纳十余名社区积极分子和居民群众组成。服务队充分发挥作用，分成若干小组协助街道工作组深入居民家中做工作，对每一位商户、房主真正做到晓之以理、动之以情、真心实意地与他们交流，坦诚地与他们沟通。尽量做到人人都能接受的理念和工作方法。

政府虽然起到了引导作用，但是工作的顺利进行与多方的合作密不可分。在引导居民的同时，整治工作更需要依靠专业力量的跟进。例如街道综合执法组协调公安、城管、工商、食药、房管等多个部门共同开展了集中整治活动：一是三次集中清理大件废弃物共102件。二是拆除地桩、地锁92件。三是拆除广告牌匾42块。四是取缔无证无照，共清理无照8家、无证1家。五是拆除违法建设，集中拆除胡同街面的小厨房、小二层、避风阁、储物间、院内私搭乱建等违法建设20处、665平方米。通过执法整治，进一步推动了胡同治理工作。

综观整个过程，政府通过召开议事厅让居民充分理解了这项工作，让社会单位和社区居民参与"开墙打洞"治理工作的积极性得到进一步提高，在大多数居民的广泛参与和支持下，福南胡同"开墙打洞"整治工作推进得非常顺利，基层政府在三个月的时间内，完成了既定工作任务，共封堵违法违规"开墙打洞"的 199 处、771 平方米（其中封堵违规开门 93 处、412 平方米，违规开窗 106 处、359 平方米），其中门窗全部封堵的共 84 家（商户 69 家、住宅 15 家），部分封堵的共 28 家（商户 20 家、住宅 2 家、单位 6 家），同时恢复院内开门 42 处，拆除违法建设 20 处、665 平方米，实现疏解人口 489 人。疏解之后还增添了一些特色的物品，整个街道不仅街面宽敞和美化了，而且扰民的投诉率也降低了，胡同的风貌得到了很大提升。

案例 4.8 社区环境整治提升：东城区交道口街道东方社区

东方社区（化名）始建于 2003 年，是一个由 15 栋居民楼和 7200 多名常住居民组成的危改回迁社区。建成后的东方社区，绿草茵茵，环境优美，社区周边生活设施便利，文化底蕴丰厚。但是由于多为原址回迁居民组成，居民仍然保留了很多平房居住习惯，这就导致社区居民私搭乱建、随意堆放杂物的现象普遍发生。长此以往，社区的各种违建如雨后春笋般出现，公共绿地也逐渐成为私人的自留地。东方社区内的环境卫生情况每况愈下，也有很多居民表示出不满。

2017 年 5 月 3 日，基层政府开始了"百街千巷"的环境整治工作，希望提升该地区的环境状况。经过社区党委居委会、社区党员志愿者、社区物业，以及广大居民群众前期的共同努力，在街道工委书记、办事处主任关注和拆违工作小组的大力支持下，上午 8 点，东方社区拆除违建、整治"开墙打洞"工作，从位于社区一段主路东侧的底商处正式开始，100 余平方米的违法建设得以彻底拆除。

为配合此次区街开展环境整治提升工作，东方社区党委也在"百街千巷"工作中做了很多工作。包括多次组织召开党委会、居民常务会、议事协商会、自管会会议、物业党建联建会等各类会议，动员部署社区骨干力量、社区自管会、"青悠乐活"环保志愿服务队、"彩虹之家"民间志愿调解队等各类社区自治组织积极投身到此次"百街千巷"环境整治的动员宣传工作中来，收集社区民情民意及环境整治工作落实过程中遇到的问题，及时与社区进行沟通，共同商讨解决对策，形成了全民参与的良好氛围。

同时，社区党委利用组织，举办了形式多样的宣传活动，例如社区共建单位府学胡同小学，组织开展了大型健步行活动。为"百街千巷"环境整治提升工作营造了良好的社会氛围。此外，社区党委还发动社区自管会配合社区工作者一同对辖区违建进行逐一核查，对涉及违建的当事人做到张贴告示、入户宣传，为拆除工作的顺利开展打好基础。为了防止拆违当事人情绪激动，东方社区还发动了社区"彩虹之家"民间志愿调解队，配合入户开展工作，确保了拆违前期入户工作的顺利开展。

这次活动集中整治土方胡同（化名）8号楼单元门前和土方胡同3号楼的环境卫生和私搭乱建现象，很多居民也对此十分支持。东方社区利用社区协商"五民工作法"围绕社区居民实际需求，充分发挥居民群众的主体作用，搭建协商共治的沟通平台，引导、动员社区自管会、"青悠乐活"环保志愿服务队、"彩虹之家"民间调解队等社区自治组织积极参与到社区的各项工作中来，形成了全民参与、协商共治的良好局面，使东方社区的"百街千巷"环境整治提升工作未受到较大阻力，辖区内的违法建设得以顺利、高效地拆除。

案例4.9 整治"开墙打洞"：东城区幽山社区

幽山社区（化名）的攀登门（化名）街，是一条重要通道。2017年之前街上人车混乱，加之人流量剧增，成为该社区的安全隐患点，居民也常称这条街是"肠梗阻"。即便是有证照的商户就有33家，无证照的还要多上一些。这也给攀登门街乃至幽山社区造成了许多环境问题。不仅居民家里有亲戚拜访很难进入小区，而且关键时刻有救护车来，都需要停在外面，用担架将病人抬进抬出。

为了提升整体的环境状况，也为了响应北京市的号召，2017年街道开始了整治"开墙打洞"的工作。幽山社区是该街道对背街小巷整治和"开墙打洞"治理工作的第一个试点，也得到了街道和区领导的重视。前期社区充分发挥了党建引领的作用，动员楼门长协助调研，并给居民做思想工作。让居民分别填写需求表和调查表。调研也得到了居民的大力支持。

然而拆除工作却让33户商铺很难接受。最早的商铺已经从1990年开始经营了二三十年。最早的主人已经去世，后来是其儿子接手，现在是孙子在经营。店铺有4间门脸儿，1间房每年能有10万元左右的收入，4间房共有将近40万元的收入。这些门脸儿房即便不自己住，也可以出租，获得一部分收入。商家的经营内容都是一些简单的食物，例如糖炒栗子、煎饼、糖饼，还有各种小点心和北京的传统小吃。虽然是小成本生意，但是他们通过宣传，以及接到过一些电视台的探访，吸引了很多人来品尝。慢慢地生意做大了，经营也需要人帮忙，后来又招了很多亲戚朋友从外地赶来帮忙，房子里住了很多人。对他们来说，拆除这些建筑不光是损失了经济利益，甚至断了生活来源，对生活有很大的影响。

为了让商铺居民能更好地接受整治工作，社区一方面让商铺的党员以身作则，带头配合整治工作，另一方面也找非商铺居民作为志愿者，与商铺居民进行交流。然而开始阶段难度很大，有些志愿者表示，在交流过程中也遭到了不少白眼和谩骂。[①] 因此，政府在平衡这一关系的过程中也做了很多工作，给予了商铺居民一些压力。

首先是政策压力，基层政府表示，最早分配公房的目的是供居民居住。那时人口有限，大家都有地方居住即可。后来有些居民为了增加收入，开始"开墙打洞"经商挣钱，导致环境逐渐恶化。这些并不符合规定，所以政府决定用六个月的时间将其拆除。由于街上的房子大多数是公房，很多商家也自知理亏。他们已经在政策不允许的状况下经营了30年，所以很多人在经过劝说后基本接受了整改项目。其次是组织的压力，很多人是党员干部，有着先进带头作用的压力。最后是居民的压力。虽然商铺不希望被封堵，但是许多本地居民想要堵上以改善环境。在本地居住的居民基本不在这些店铺买东西，所以对商铺的好感度比较低，他们更在乎的是当地的环境。一位居民表示："他们花钱请电视台做广告，说这里的食物既便宜又好吃，所以很多外地人慕名而来。还有人吃完了说能吃出童年的味道。现在这里人山人海，环境差得不行。虽然这里比较脏，但是吃一两次没问题。我们从来不吃。"[②]

此外，相比于商铺的经营者，当地的住户数量更多，所占的民意比重也比较大。当政府开始做这件事情的时候，商铺就面临很大压力。之前有的商铺卖排叉，需要用油炸。很多油掉在地上，居民走过的时候就会摔倒。

---

① 访谈：MY，居民，男，36岁，20180314。
② 访谈：WKL，居民，男，40岁，20180314。

而且环境脏了之后还会爬蟑螂,所以很多人意见都很大。这条街虽然有些乱,但也很有特色。基层政府用党建经费进行环境的整治,每条胡同都贴上牌子进行介绍,胡同里也进行了清理。后期,商铺在面对巨大的压力下,也很快地选择了配合,最终一次性封堵了攀登门街。

相较于商铺经营者,院子里的居住者对此非常欢迎。这个院子里居住的老年人居多,普遍喜欢清静。过去院子里有4位90岁左右的老年人,院子里只有不足1米的道路,而且坑坑洼洼,给他们的出行带来很大不便。把商铺的门脸儿封了之后,院子封闭起来,形成了完整的小院人们进出也安全了很多。另外之前因为有商铺和饭店,所以很多外来人员聚集,人口构成复杂,环境恶化严重。有些年轻人暂住社区,或者更在意经济收入可以接受,老年人却对此意见较大。以前有一户人家,疏解的时候把公房都交了出去,但是自己有个自建房,开了个小门脸儿,不想交出去。社区知道了情况,并没有强力禁止,也没有执法部门介入。后来借助着一系列针对民意的改革,通过"吹哨报到"的项目社区开了办公会,确定了自建房属于违建,很快就将其拆除了。商铺年轻经营者虽然一开始不愿意,但据这家的老人表示,拆完了之后家里面的柜子宽敞了,还腾出一个共享空间,住着舒服多了。有些原来是这个院落的居民,因为环境差离开,但实际上对社区有很深的感情,整改后看到环境好又回到了社区居住。最后社区从党群经费之中支出了一部分,进一步改善了社区环境,打造出幸福小院。

改造后院里老人很满意,他们的儿女也很满意,对政府的工作大力支持,还积极参加社区的活动,跟老人共度佳节。通过这件事情,社区居民对社区建立了很强的信任感,社区内有一些空巢老人,当他们有需要协调帮忙的事情,社区工作人员一下子能动员小院里很多居民。这也与他们在各项工作中与居民的耐心沟通密不可分,很多人在社区工作20年以上,对社区里的每户人家都非常了解,谁住什么房子,家里有多少人,老年人身体如何,子女是否上班,叫什么名字都清楚。他们与居民建立了深厚情感,所以大家也愿意与之交往。

在拆迁项目中,矛盾主要来自政府与居民之间。而"开墙打洞"的项目则满足了一部分居民的需求,所以矛盾的核心并不存在于政府与居民之间,而是不同居民之间。因此相比于拆迁项目,城市更新项目需要的是政府的引领和居民之间的理性协商与理解。基层政府干部,居委会以及志愿者则在其中起到了重要的调解作用。

第三节 住房改善项目中的民意表达

在城市化进程中,除拆迁和城市更新整治之外,对老旧小区的基础设施升级改造、提升居民的居住环境和质量,亦占据着举足轻重的地位。这类项目通常被称为"户巷改造",主要包括改善道路、供水、供电、通信等基础设施,以及对建筑物进行抗震加固、节能改造等。其中抗震加固工程尤为关键。国家建设部已在全国范围内启动了房屋普查工作,并针对不符合抗震标准的建筑提出了加固要求。

2012年起,政府启动了抗震加固工程,主要包含三种方案,以提升老旧小区的抗震能力并满足居民需求。第一种是外部加固,这种方法不仅增强了建筑的抗震性,还能增加居住面积,因此广受居民青睐。第二种是双面板墙加固,针对墙体结构不足的建筑,需从内外两侧加固。但内部加固会占用约7厘米的室内空间,导致居住面积减少,这使得一些居民对此方案持保留态度。第三种是单面板墙加固,这是一种相对简单的加固方式,虽不增加居住面积,但在房地产市场增值的背景下,能有效提升房产价值,因此在一定程度上也受到居民的欢迎。然而,大多数居民更倾向于选择能直接增加居住面积的加固方式。

在我国特有的国情下,许多小区的维护责任难以明确。理论上,政府应负责公共设施的维护,而小区内部的房屋修缮应由产权单位负责。但现实中,这一责任往往落在政府身上,需要积极回应居民的需求。尽管抗震加固工程整体上对居民有益,但也存在反对声音。工程实施过程中需要居民暂时搬迁,一些居民认为这很麻烦,不愿配合。还有,部分居民试图利用这一工程解决一些历史遗留问题,或将其作为与邻居解决矛盾的契机。此外,不同楼栋面临的具体情况不同,采取的加固方案也有所差异,这导致了居民间的不公平感,给基层政府的工作带来了挑战。

政府虽认为抗震加固工程非常必要且能提升居民的生活质量,应该会受到居民欢迎,但在实际操作中却发现了诸多阻力。重大办(北京市重大项目建设指挥部办公室)表示,政府收到了大量关于此工程的来信和电话投诉。基层政府在推进项目时面临压力,需要不断沟通和妥协。他们逐渐意识到，仅凭增加房屋面积或改善基础设施，并不能全面满足居民的期望。居民可能更关注个人利益，而非集体利益，这导致了在实施过程中出现了许多矛盾和冲突。

为了解决这些问题，政府开始调整策略，不再单纯强调指标任务，而是采取更综合的方法，包括老旧小区的整体改造和环境提升。政府也在努力明确权力与责任的边界，避免居民过度依赖或误解政府的意图。本节将通过具体案例分析抗震加固工程的实施情况，探讨民意的作用和政府的治理策略，以期找到更有效的解决方案。

案例 4.10　西城区抗震加固项目清新谷弃管小区的邻里冲突处理

西城区清新谷社区（化名）里面有一个弃管小区。因为房屋存在安全隐患，所以街道办和重大办想要对该小区做抗震加固，同时也对院子进行一些重新修整，增加一个阳台，扩大面积。政府对抗震加固要求的是加固 20 世纪 80 年代之前的房子。小区内一共做了 14 栋楼，但是有 1 栋楼是个 L 型，恰好是 80 年代初的房子，属于可以加固也可以不加固的房屋。虽然出发点是希望改善居民的生存环境，而且有些加固方式可以扩大房屋面积，对居民利益有增益。但改动房屋结构需要居民暂时搬迁腾挪，所以仍有些居民表示不愿意加固。

在这栋楼里，有一个户主是一位上了年纪的老太太，就对加固持反对意见。她家房子的独特结构，别人家的房子加固完了之后可以扩展 10 平方米左右，她家的房子加固之后只能扩展 6 平方米，所以她心里觉得不平衡。其次，房子加出来的面积并不能体现在房本上，卖的时候就不能产生经济效益。她觉得这样既麻烦又没有意义。她自己有两套房子，都不愿意配合加固。但是因为之前这个单元签约要加固的 21 户居民已经搬离了居民楼，一直在外面周转等待了 3 年，她选择坚决不走也变相给其他居民带来了很多麻烦。

想要加固的居民因为有很多利益损失，所以请了律师调停。最后由专业团队拍摄了电视节目进行调停，邀请了 21 户人家和老太太一起商量。老太太本来同意了参与，但是中间有几次都觉得压力太大要离开，最终被居民拦了下来，此举也惹怒了很多居民。社区书记表示，曾经多次尝试过沟通，但非常困难。项目持续了 1 年左右，大部分的居民配合抗震加固都搬走了，而她坚决不走。基层政府没有办法，只能反复给老太太做工作。节目录完之后,她本来同意搬走,但听说电视节目要播,突然觉得自己受到了要挟,又不肯搬了。

最终基层政府只能用她自己家的利益打动她。说她长期在小区居住,大家都认识。而且现在有孙女了,如果不考虑其他居民的意见,会口碑不好,儿子、媳妇不好做人,孙女也不好嫁人。她虽然开始一直不肯同意,但最后反复地做工作,终于同意搬走周转。签字之后,大家都松了一口气。但她一直不是很信得过工程方,搬迁时要求家里各处都装了摄像头,从门厅到楼道,防着来施工的人,甚至连门锁的眼儿都堵上了,心理压力一直都很大,基层政府也表示了理解和配合。

这个小区的整治难点既不在于政府与居民的冲突,也不在于政府内部的压力,而是居民之间的冲突。所以治理的方式既不能通过政府的强硬施压,也不能通过"吹哨报到"找部门协同突破。但是可以找多个部门一起去商讨一些解决问题的措施。虽然理论上抗震加固是涉及公共安全的问题,不需要全体居民的同意,可以强制执行,但是在实际过程中,很难真正强制,基层政府也想尽量避免这种方式。另外,一些因为条件不合适没有参与的人也会有意见,表示抗震加固的钱是政府出的,是纳税人的钱,不应该只为一部分人服务。政府来修,居民还不配合,这样浪费了纳税人的钱。

这种意见也让政府开始反思自己推行项目的方式。总体上讲,抗震加固本应该更好地重新规划和设计,但是城市化进程造成城市寸土寸金,政府也需要兼顾利益和效率,无法真正做到完全重新设计和运行项目。

抗震加固是90%多的居民同意就可以启动,这就造成了10%甚至1%的难题。工作人员在实际过程中发现每一户人家和每一个人的需求都不同,甚至一户人家的不同人意见都不同。一些上了年纪的老年人对加不加固无所谓,他们既不在意多出几平方米的面积,也不想下楼,反而担心在周转过程中住着不舒服或者因为剧烈的生活变动造成重大疾病。

这类情况多次发生之后,抗震加固项目有了一定的改变,要求必须居民全部同意才能进行。随着抗震加固项目的推进,加固的方式也发生了变化,慢慢变成了两种。板墙式是对墙体加固,两边都要加固,墙就厚了。外套式是给楼加钢筋,要展开一米五,把阳台全部延伸出去,多出来一块儿。开始加固的时候,大家都希望能扩大面积。虽然工作的时候也解释了很多次,这个可能只是抗震加固的副产品,并不是目的,但很多居民愿意加固是因为对此有所期待，觉得面积增加了可以卖钱，希望政府可以推动项目。

也有人表示，既然是出于安全考虑政府应该有决定权，不应考虑100%的居民同意率。① 可见不同的群体在遇到事情的时候都有着自己的立场和观点，让居民的意见达成一致，不仅需要合适的表达和及时的应对，还需要适当的引领。在城市小区内，居民自身形成的认同通常是以自身利益为主导的，并不会一开始就关注公共利益。为了让后续项目更顺利地展开，政府在后续项目进程中也有邀请重大办在小区开居民见面会，跟居民交流项目运行的困难，也想让居民抒发一下民意。

第一，信访办负责接访，有很多居民投诉拨打12345。后来把区级负责单位、施工单位、建设方面的甲方一起叫来开会。现场来了100多名居民，情绪都很激动。社区主任主持了会议，让施工单位介绍了抗震加固之前做了什么工作；第二，让负责的科长介绍相关政策；第三是答疑解惑。第一部分刚介绍完，很多老百姓就表达了不满，有的看到其他楼有抗震加固政策，自己也希望享受抗震加固的政策，有的认为100%统一意见的政策不合理，不能因为有异议就不推动了。所以第二部分中，负责介绍的科长讲"十二五"结束和"十三五"启动之间的衔接，强调可能以后只是板墙式架构，与以往不太一样，不仅没有增加面积，还减少了面积。

另外，基层工作人员跟居民强调，100%的居民同意率是上级政府的要求，需要考虑个人的意愿，不能强迫。但这并不意味着基层政府放弃了努力。例如有一个居民在信访时反映，社区发现有人不同意改造之后，就偷懒决定项目不做了。但是整栋楼里面只有自己楼上1户不同意，工作人员却没有做努力争取，认定基层政府不作为。但是在会上工作人员展示了统计数据，有5户不同意。而且其中有1户人家和二号楼的一位大爷认识，他们约好了反对加固。政府对2户人家都做了工作，二号楼的居民最终成功了，但是这户人家仍然坚持不走。

工作人员讲述了这栋楼的故事，也证明了自己非常努力地为项目做了争取。二号楼的人家经历了很曲折的过程。户主是一位78岁的老大爷，大爷不同意做加固主要有三点原因，第一自己身体不好，怕折腾。这个信息

---

① 访谈：ZW，居民，男，55岁，20180614。

之前大爷一直没有和工作人员说过,是去了很多次以后才说的心里话。第二他是唱京剧的,祖上还跟梅兰芳在一起拜师学艺,家里有很多当时留下的物件,还有齐白石的画,怕搬的时候不好搬,东西都毁了。第三是因为他们家不肯搬走,所以加固房屋也无法展开。很多原来他们帮过忙的人上门对其进行了指责,话还说得很难听,大爷心里很难过。

听说这件事情后,社区干部就每天买东西去他家,帮他干活、跟他聊天。他也把收藏的字画拿给工作人员看。工作人员想出了一套解决方案,跟大爷表示,他是党员,要带头。如果有困难,可以在附近的养老院找个地方先住着,然后大爷每天逛公园,屋里的东西只要不涉及抗震加固,可以不用搬出去。放在阳台上,可以封死,这样谁也进不去。抗震加固结束之后,再把门打开。之后还带大爷到施工现场去看具体方案,表示会对上门指责他的人进行批评,也会帮助老人打包物品,一直谈到深夜,疏导他的心结,大爷最终同意了。

社区干部表示打12345的人,有一些是为了要解决问题,但还有很多人是来闹事的,现场甚至打着横幅来示威。但是开完会之后,投诉的人确实少了一些。后来工作人员回想的时候总结出两条经验。第一是各部门之间的沟通还是不够充分,工作还需要更加扎实。第二是在做居民工作的时候,需要跟人接触,这样就需要非常有耐心,还要忍住不赞同不认可的情绪。所有居民说的其他楼的事情,基层政府工作人员都有去劝说,每件事情都有矛盾的突破点。作为政策执行者,政策上只能落实,并不能质疑。

这一案例非常生动地展现出基层工作中情与理的结合。虽然政策的制定是出于民生的考虑,是为了解决老百姓的住房安全问题。在执行政策的时候,政府工作人员通常是理性的,按照规定的时间和步骤推进和开展工作。但是具体到居民的生活,却是千差万别的。由于每家的家庭情况不一样,民意就会呈现非常多元的样貌。每个居民思考问题的路径可能是站在自己家的立场上的,但是因为相互之间,以及和政府之间缺乏沟通,经常会产生一些误会,也容易造成矛盾升级,产生很多难以消解的情绪。而当我们以基层视角为立足点,才能看到他们在工作时对于情与理的结合,而且也给他们的工作增加了很大的难度。

沟通之后,居民和政府之间有了相互的了解,同时政府也可以利用一些资源,针对具体的民意提供帮助和支持,最终达到有效的治理结果。

案例4.11　西城区抗震加固项目中北岸社区的家庭矛盾调处

北岸社区（化名）的抗震加固项目也是政府的重点工程，要求的签约率为100%，涉及的居民一共有258户，四栋楼房。基层政府沿用了在清新谷的工作方式，首先发动党员签字，在党委的领导下，发挥楼门长和居民代表的骨干作用，楼对楼、院对院地入户做工作。如果有1户不签字，则项目不能成行。四栋楼包括央企、西城区各单位的房产。因为涉及产权单位，所以难度很大。政府做工作的时候主要是社区党委出面组织大家，党员带头。街道书记表示，也想过找产权单位出面，但是这些产权单位也表示，房子都已经通过改革变成了个人所有，是否选择加固是个人的问题，并不是企业和单位的问题。

居委会最终没有跟产权单位合作，而是在社区党委的牵头下，跟物业和施工方联系。政府的抗震加固项目颁布以后，一开始也有许多居民非常犹豫。有的是因为当下房子出租可以挣钱，搬走了就挣不着钱了；有的是因为改造以后需要重新装修，拿不出钱；还有的是刚刚生孩子的小夫妻，因为这边临近医院，生活熟悉又方便，带着孩子周转很难，所以不想走；有的是带着学生的家长，因为住的地方是学区房，上学方便，所以也不愿意搬走。针对这些居民，社区内的党员带头做了很多工作，居民也慢慢接受。政府也做了许多工作，最终42户居民中的41户都签约并已经在外面租了房子周转，只剩下1户因为家里有遗产继承问题的争议不愿意配合。但是这意味着签约率达不到100%，整栋楼都要放弃，所以很多居民意见特别大。

这户人家住的房子是原本家里老人的。老人过世以后，法院根据遗嘱下了判决书。但是家里的孩子总是闹纠纷，所以一直没有执行。房子判给了大儿子，但是需要给三儿子支付一笔资金才能过户。老大一下拿不出那么多钱，只能先支付老三的生活费用。然而三儿子一直住在房子里，不想让给大儿子，就实名举报大儿子贪污公款，导致大儿子被停职，没有工资再支付给三儿子，他也就理所当然地不再腾房。而政府抗震加固项目的运行，意味着三儿子需要暂时腾出房子，他很怕回来之后房子的归属有所变动，所以一直不同意。工作人员表示，让他把钥匙交给自己，替他看管。但是三儿子不仅不同意，而且不让工作人员进门，还一直用难听的话侮辱工作人员。为了不让别人靠近房子，还在家里装了摄像头。

由于老大和老三之间的矛盾越来越深，社区觉得单纯做思想工作已经没有用了。所以党委就拿着一封介绍信跑到了西城法院，并汇报了情况。政府表示抗震加固牵扯到42户居民的利益，如果不及时执行，发生了上访事件，会对整个西城区造成很不好的影响。

为了及时解决问题，社区书记把施工方、老大、老三和小区里的居民代表叫到一起商量解决方案。老三一开始拒绝参与，社区书记打通法官的电话让他接听，让他必须参与。事后带着施工方经理，拿着协约，一起去法院。法官看了协约以后表示，老人如果把150万元给老三缴清，马上就可以强制执行腾房。老三不服气，还是强调老大的贪污问题，而老大也确实拿不出来钱。于是社区干部和居民代表商量，由党委出面，找律师咨询，大家一起都出点钱，先把150万元交了，让法院强制执行，然后老大就可以签约，签约以后就可以交给施工方开始抗震加固。大家商量之后决定借钱给老大，但是要把老大的房本压在居委会，以防他之后不还钱。按照这个程序，法院也很配合，于是居民代表楼门长一天之内——从10月30日到11月1日——就筹集齐了150万元交给居委会。交钱的当天，法院就通知老三，如果自己不主动离开，则要强制执行。于是第二天，老大就与施工方签了协议，老三也走了。可以说，在抗震加固工作中，党组织发挥了非常重要的作用，42户居民也做到了很好的配合。

通过部门的协助，并且诚信为居民办事，基层政府也得到了认可。后来包括后续回迁、水电气的畅通、环境问题，以及产权单位之前没有做的工作，都一项一项做得很好。项目完成之后，还需要处理258户居民的生活垃圾。由于院子地方本身不大，分区计划也不是很成功，垃圾堆到了2楼甚至3楼。产权单位一开始并不愿意参与，但是后来党委出面，跟居委会和物业一起跟产权单位商量，如果项目结束之后不做好收尾工作，会引起居民不满。最终产权单位也派人协助检查垃圾的情况，并监督清理的进程。这让258户居民在回迁过程中非常顺利，没有出现垃圾堆叠，影响道路通行，或者停水停电，影响施工进程的状况。

然而也有一些楼因为产权单位没有管理，所以清理完建筑垃圾之后，一直没有清理生活垃圾。后来街道办事处清理了两次垃圾，第一次垃圾很多，很快清理了。第二次则是通过"吹哨报到"，党委出面找到产权单位领导，提出建议和要求，推举家委会的工作人员，并强调这里的单位居民有

至情至理：城市基层治理中民意分类逻辑与实践

108 位，单位应该负责处理。一开始产权单位强调房子的产权已经不是他们的了，但是居委会表示里面其他的产权单位都承认下来了，而且成立了自己的家委会。仅依靠居委会，无法形成长效机制。多方都应该负一定责任。

由于小区没有请物业，最后决定通过开居民议事协商会让大家来参加。会上仍然先由党员积极表明自己的态度。以前没有收过垃圾清理费，但是抗震加固之后因为环境改变了，小区也有了新气象。村里的老党员和骨干纷纷带头交卫生费。每个月交的虽然不多，大约10元，但是带了一个好头。不足的部分由产权单位补足。一开始居民先自行从外面找清理人员，但是没有人愿意干。后来社区帮忙调解，把处理5号院垃圾的人请到了2号院，让其在清理5号院的时候也清理一下2号院的垃圾。最终清洁人员同意签约，解决了垃圾清运的问题。

这一案例中的民意虽然纷杂，但是针对这一类型的项目，居民普遍持支持的态度。问题的焦点在于居民家庭内部的矛盾，最终问题的解决则依靠着多方的协作。政府需要调动资源和推动项目的进行，产权单位提供了一定的经济支持，居民之间更是相互合作，达成了一致。虽然这类项目相比于拆迁强度没有那么大，但是因为涉及居民的居住问题，所以民意仍然相对难以统一，治理难度较大。政府为了推进项目的进度，也不得不介入家庭纠纷的调解。疏通民意的关键环节，才最终达到了治理效果。

第四节　小区修缮项目中的民意反馈

案例4.12　西城区古街老旧房屋院落修缮中线路改造、破损门道修理

老旧电路的更新改造是户巷改造中一项至关重要的民生工程，它直接关联到居民的日常生活和财产安全。以古街（化名）街道为例，该街道下辖的9个社区均面临着老旧房屋电路内线的修缮改造需求。虽然从理论上讲，电路改造的费用部分应由居民分摊，但鉴于老旧线路存在引发的火灾的风险，这已不仅是居民个体的问题，而是关乎整个社区的公共安全的议题。不仅如此，居民也表达了对电路改造的迫切需求。街道管理部门经过审慎考虑，决定响应民意，将电路改造纳入西城区的民生项目之中，利用民意立项的资金来推进这一改造工程。然而，一旦电路改造工程被列入正式的项目中，它将受到

严格的时间管理规定。根据项目要求，改造工程需在800天内完成。

这一项目因为在居民家庭内部进行，所以项目的难点不在邻里纠纷，而在居民与施工方，以及和政府的协调方面。第一，小区内的房屋属性非常复杂，有公房、单位产权房和私产房。公房改造很快地进行了，但是单位产和私产相对复杂。很多私产房已经出租，还没有到期，和租户的时间不好协调。例如，改线的时候需要施工人员进屋，挪动屋里的东西，然后再走线穿管，最后再把家具归位。但是由于出租户通常白天上班，周末有的时候还出去玩，入户的时间不好对接。所以只能跟租户商量时间，本着协商的原则，如果居民白天不在家没法干活，那么就只能晚上干活。导致施工非常困难。第二，施工过程中虽然有民意产生，但是如果居民是出租的房屋，施工的时候不在家中，无法直接与施工方沟通，施工完了又产生很多意见，就会找到政府，再通过政府传达到施工方，这样会存在沟通的时间差。可是基层政府并不具体参与施工，容易造成很多小事沟通成本很高，出现摩擦。

在这一项目中，因为民意充分地参与到了立项过程中，希望政府开展项目的意愿很强，所以即便在执行过程中产生了一些问题，但是也得到了顺利的解决。然而因为政府无法一直在场，很多事情需要与第三方对接和沟通，所以也出现了一些细小问题。总体而言，因为项目是居民所需要的，且对居民的生活影响不是特别大，所以也没有与政府形成激烈的冲突。但是为了满足居民的需求，政府也花费了非常大的精力，并且对项目时刻关注和监督。由此可知，民意的早期参与对于项目成立的合法性，以及稳定居民后续的情绪，起到了非常重要的作用。

案例4.13 成都溪畔社区老旧社区修缮改造

成都溪畔（化名）社区的改造案例展现了老旧社区在多方努力下的成功改变。社区陈主任表示，他曾在企业干后勤工作，后来做了社区主任。这一小区原来是单位产权，20世纪50年代建成。那个时候都是平房，而且建有花园。[1] 随着城市发展，小区慢慢变得老旧，居民私自搭建的违章建筑有900多处，带来了一些负面影响。于是政府和企业联动，邀请西南设计院做了一些整体的规划，并准备将违章建筑拆除。此外，早期的很多设计无

---

[1] 访谈：CX，社区主任，男，55岁，20230715。

法满足后来的发展，例如居民用水用电大幅增加，原来的管线无法承载现在的需求。所以社区要做整体性的改造。而且很多居民都在产权单位服务过，对于社区有深厚的情感，改造还需要做很多文化上的保留。

社区支部刘书记兼居民指出，社区拥有成片均匀的小楼，具有改造的先天优势。[①] 由于物业公司亏损，拿不出管理资金，产权单位和政府合作，前者拿出资金，后者负责具体事项，在党组织的带动之下，推进了小区的整体性改造，包括下水管道、燃气管道的更新，外墙的翻新，以及小广告的清理等。

老党员和老职工也起到了带动作用，亲朋好友互相做工作，大家都很支持社区的领导，居民骨干起到了示范作用。改造有了政企联动，也比较顺畅，居民的行动比较实在。例如以前楼顶漏水，社区很快帮忙做了防水，解决了居民在屋顶晾衣服的问题，得到了居民的信任。居民由于相互熟识，之间感情也比较好。虽然环境变差了以后，很多家庭条件好的住户把老人接出去住，但是老人总说未来还是想回来养老，因为都是熟悉的面孔。

一位党员居民回忆，其父母是支援大西南来成都机车厂的员工，来这边生活65年，有深厚感情。小区的家属区曾经一段时间非常脏乱差，尤其是下雨天去买菜一走裤腿全是泥，楼底下违章搭建，居民饲养各种宠物，夏天苍蝇、蚊子很多，居民都无法在社区里散步。[②] 所以2018—2019年拆违章搭建的时候深有感触，有些楼底下违章搭建都是几十平方米，甚至可以搭建几个房间了。这种情况下，改造很难做，因为侵害到部分人很大的利益。但是小区的朋友在一起通过熟人可以劝一劝，通过这种熟人关系，慢慢从一平方米到五平方米，所有违章搭建都拆了，改造之后家属区有了很大的变化。虽然有些人会有一些情绪，但是改造之后整体环境好了很多。现在老住户搬走会觉得舍不得。

这一案例向我们展示了基层政府在运行项目的过程中，顺应民意的需求，解决居民的问题，并积极地调动民意的参与。在小区修缮类项目中，既关系到居民自身生活水平的提升，也关系到整个邻里关系和生存环境的提升。而增加居民之间的联系和黏性，则是让他们彼此之间达到相互谅解，促进项目顺利推动，最终实现共赢的有效途径。

---

① 访谈：LLS，社区书记，男，43岁，20230715。
② 访谈：XY，居民，男，42岁，20230715。

第五章
城市日常生活中的民意反映

随着城市人口的激增，城市治理的议题也在不断转变。从时间维度上看，大规模城市拆迁之后，"十二五"期间的改造主要围绕拆违、抗震加固、开墙打洞、道路规整，以及节能改造等问题，主要的方式也是政府下达指标，居民配合。这种方式虽然效率很高，但是需要的资金金额庞大，居民的工作不好做，后期维持的效果也不太好。

"十三五"之后，政府的计划中虽然仍有一些针对老旧小区提升改造的项目，但从总体上调整了工作的蓝图。第一是工作的内容，之前政府项目主要涉及整个城市基础建设的部分，刚性程度较强。之后，则更多从城市空间转到了小区内部空间，公共性降低，也从居民最基本的安全性需求慢慢转到了提升生活水平部分。例如电梯的加装、环境的提升和停车项目等。第二是工作的原则，结合之前项目出现的种种问题，政府也更多地采取了自下而上的原则。这些项目属于政府主导下的公共治理问题。因为不像抗震加固等存在安全隐患，必须改造，而是为了改变生活质量，所以主要是在居民愿意改造的前提下，提供支持。第三是要体现社会契约性，引入多方的合作。例如政府开展项目、给予资金，居民签订合同，企业主体实施，并提供有偿服务。

项目运行的过程中，政府也积累了很多改造前后的经验。改造前明确改造清单、改造项目，列出服务项目收费标准；改造之后明确居民权利，实现居民和物业公司权利的统一，建立长效机制，成立物业，并提升服务水平。由于这一部分项目更多来自居民自下而上的需求，政府的压力没有那么大，虽然运行项目仍有时间限制，但压力更多来自项目运行过程中民意的反复。

第一节 老旧小区加装电梯：民意与技术实施

西城区是北京市的老城区，人口老龄化的现象十分突出。截至 2015 年底，西城区老年人口占总户籍人数的 25.6% 之多。老年人因为身体缘故，对居住环境有一些特殊的需求，但是很多老旧小区并没有相应的设施，所以改善老旧小区的基础设施，成为老年人的迫切要求。电梯加装虽然是改善型项目，但属于小区内部空间，严格意义上不属于公共事项，不完全属于政府的工作范畴，应当由居民自主承担一部分费用。但出于民生考虑，政府愿意支持和指导，并提供一些资金补贴。

2011 年起，政府开始发布相关文件。鉴于电梯的需求并不是每个小区都有，有强烈需求的也基本上都是某个小区的某个楼，很多还是单位产权，并不完全属于政府的职责范围。因此很多产权单位也承担了费用。可是还有很多没有产权单位的小区也有加装电梯的强烈需求，政府则主要对这些小区提供支持。2016 年市规委、重大办等 8 个部门联合发布了加装试点的方案。虽然很多居住在高层的老年人对这类项目呼声很高，但是对不同楼层的居民影响很不一样，如果一栋楼上有居民反对，则执行难度很大，所以政府的要求是只有达到 100% 同意率才可以执行。

案例 5.1　西城区零韵老旧小区加装电梯

位于北京市西城区的零韵小区（化名）是一个非常典型的案例。该小区建于 20 世纪 80 年代，设施逐渐陈旧，60 岁老年人的数量占到了社区总人数的三分之一。小区中的老楼几乎都没有电梯，老年人上下楼非常不方便，因此很多居民提出加装外跨电梯的需求。

从 2016 年 11 月底开始，基层政府在零韵小区征集民意，让居民就小区面临的紧迫需求进行讨论。很多居民表示，老旧小区没有电梯，老年人多，上下楼不方便。基层政府将这一问题向上汇报后，得到了区领导大力支持。由于居民呼声强烈，基层政府决定借着民意立项的契机，自下而上地尝试展开项目，并将此做成典型性案例。

与前一章里讨论的项目不同，电梯加装更偏向于居民的半私人领域，而非公共生活，也没有强制性。因此基层政府推动的动力和压力都来自居

第五章　城市日常生活中的民意反映

民的诉求而非上级政府的要求。吸取之前一些项目的经验教训，避免施工以后因为一两户人家安装进行不下去的情况发生，基层政府开展项目非常谨慎，跟其他项目相比，不同楼层居民对电梯的需求差异性较大，而且还面临着居民意见的反复。如何在执行项目的过程中将分散的、反复的民意统一起来是项目的巨大难点。基层政府在项目开始之前做了很多民意调查的工作，总结出了四种需要应对的民意难点。

第一是高层住户和低层住户之间的分化。一些楼的高层住着高龄老年人，他们身体羸弱或者患有疾病，没有电梯的情况下，长期无法下楼，因此对于加装电梯有着最为强烈的呼声。然而，小区内的老楼空间有限，只能安装外跨电梯。对于一层住户来说，加装电梯并不会带来便利，反而会影响到楼层的采光、通风以及隐私等，因此很多人表示不愿意加装。

第二是年轻住户与老年住户的意见分化。零韵小区拥有丰富的学区资源，很多家长是为了让子女上学才搬来此地居住。很大一部分青年夫妻希望在经济状况提升、孩子长大后购买设施完备的商品房，因此没有把小区视为长久的住所，也没有考虑更长远的需求。不仅如此，有部分人也害怕加装电梯改变了楼体结构，影响房子以后出售的价格，所以对项目持否定态度。这与社区内老年人因为身体机能下降、体力不支，且准备常住于此，希望加装电梯方便外出的需求形成明显冲突。

第三是底层商户与居民楼的一般住户的意见分化。如果说一般小区住户对加装电梯的需求有大小之分，那么用社区干部的话来形容，来自一层商户的态度就是"零分需求，满分不便"。[①] 商户经营的逻辑是受益最大化，而不是居民福祉最大化。因此他们考虑得更多的是加装电梯会对其商铺带来负面影响，例如安装期间影响生意、安装之后（户外安装）阻挡阳光等，所以普遍不愿意。

第四是居民意见的反复。项目立项起，社区协助进行了三次民意调研。第一次社区召开了11栋楼的楼门院长会，征得了87%的居民的同意。主要的顾虑包括电梯挡光、后期运营费用支付、物业管理等问题。第二次房管局牵头，走访了953户居民，对一些问题进行了解释，征得了92%的居民的同意。第三次房管所针对电梯安装费用展开了问卷调查，同意率却突然降

---

① 访谈：SHL，社区干部，男，47岁，20180713。

到 51.2%。虽然其中的原因十分多样，但最重要的是居民本以为政府会负担费用，后来发现加装和运营的费用还没有确定，这引发了很多居民的抵触情绪。好几户居民甚至找到社区反映，或者打 12345 举报，也有写信到区政府，说不能因为大多数人损害一部分人的利益。有的人表示如果开展项目，不能夜间施工，还有人表示家里有学生在准备中考，施工会影响学生的学习。

社区工作人员在探索中也逐渐意识到，首先不能反复做问卷，问卷中提出的问题如果没有得到很好的效果，后面居民就会失去做问卷的热情，配合度会大大降低。其次工作开始阶段虽然会有各部门的配合，但是开展之后，会持续地产生很多问题反映到社区，而社区解决问题能力有限，因此要在开工之前就建立起时时沟通的机制，避免出现极端情况。例如，如果要夜间施工，施工方需要提前通知社区，贴好告示，而不是等施工结束后再接受举报，陷入被动的局面。

房地中心（区房屋土地经营管理中心）表示，这个项目是利国利民的好事，希望完成后能有比较好的示范效果，也希望居民最终满意。也正是在试验的过程中，基层政府逐渐意识到问题的所在，慢慢形成框架和底线。比如说赔偿不能开口子，如果开口了反而会造成更大的矛盾，而且政府能力也有限，不可能无限制满足居民的需求。此外征求民意要贯穿项目的始终，施工过程中随时会产生新问题，不能只在开始之前征求民意，还要在中间和后续环节关注民意。

基于民意，政府也采取了一系列的做法。总结起来可以归纳为"多样沟通方式齐展开，多元动员力量同出击"。具体来讲，有以下几点。

第一是民意汇集阶段引导表达，发挥居民的能动性。在开展三次调研活动之前，社区多次召开全体党员大会、小区楼门院长和居民代表大会。居民代表大会与会 36 名居民代表，涵盖不同楼层的居民。在会议中，社工委、房管所和街道办主任一起听取大家的需求和意见，超过 80% 的居民积极要求加装电梯。除了居民代表的意见，楼门长负责征集楼门每户居民的意见，并传达会议内容。另外，社区在小区搭建了咨询台，及时回复和解释居民的意见和困惑。这些方式有效保证了居民意见的表达渠道通畅，施工单位能够充分听取和吸纳居民的意见和建议，完善项目实施方案。

第二是百姓的事情百姓做，充分发挥居民的力量。社区让居民充分地参与，让居民了解社区做了哪些工作，工作的难点在哪里，一方面提高对社会工作的满意度，另一方面提高对项目的认可度。发挥的力量主要分为三类，第一类是热心群众的力量。社区内一位住在四楼的陆女士，对加装外跨电梯的项目有非常强烈的愿望。在第一次入户调查时积极地表示可以帮助做居民的工作，由于陆女士有着工程专业背景，她对电梯工程利弊和原理的解释较为专业和系统。在对持反对意见的居民的解释工作中，陆女士起到了一定的帮助作用。第二类是邻里的力量。由于零韵小区是一个典型的老旧小区，居民在一起生活了多年，有一定的感情基础，小区居民也充分地开展了邻里协商工作，例如和一些住户一起对楼内持反对意见的住户进行情感商议。第三类是社区积极分子的力量。在收集民意的工作中，社区党员和楼长发挥了重要力量。党员同志充分地参与到几次的入户调查之中，并到持反对意见的居民家中开展劝说工作。楼长作为居民和社区之间的桥梁，在意见收取、信息通知等工作中都起到了关键性的作用。

第三是注重在过程中与居民建立和累积信任关系。在政府入户的过程中，居民提出了各种各样的问题，其中有一些并非项目本身的问题。例如四号楼有一层住户的暖气不够热，希望社区帮忙解决，所以用装电梯当作讨价还价的筹码。还有另一位在四层的住户表示自己的父亲有病在身，安装电梯的过程会带来很多噪声，影响父亲的休息。可见不仅居民的需求是多元的，而且围绕项目所展现出来的意见更为多元。在处理非理性要求的过程中，需要融入情感的因素来增加信任感。很多问题虽然处理起来很繁琐，但是在一次次的工作中也积累了情感和信任。

第四是全程保持沟通渠道顺畅，持续跟进民意。在收集民意的过程中，社区也采用了多种形式，包括入户问卷调查、居民代表大会提建议，以及邻里之间相互做工作等。最后五、七、九号三栋楼达到了100%的同意率。

2017年4月28日，小区的电梯项目正式立项。之后召开了紧急会议，确定了施工日期。按照小时工作，节假日也不休息。项目得到了包括社区办、街道办、一层底商等方方面面的支持。这一工作由多部门配合，在办事处和社区的带领下，对零韵小区11栋楼、62个楼门再次进行了普查。这次民意呈现出来的样貌非常多样，没有形成统一的方向。4月政府要求物业中心用最大的人力和居民交流，表明电梯安装的费用由政府承担，但是运营的费用需要居民自己承担，通过这种方式，把政策进一步明朗化了。缴费的设计也是政府摸索着提出的，一层免费，二层、三层按照建筑面积收

至情至理：城市基层治理中民意分类逻辑与实践

取一定费用。政府还表示先试运行，多了费用会降低，少了也会调整。区里的要求是"打破一切常规，马上进场"。区长对小区的关注，也对项目有了很大的推动。

项目立项后，基层政府也召开了多次会议。书记、站长、居民代表、楼门代表、房管所和物业都有参加。会议不仅向居民表态，告诉大家要加装电梯的好消息，还表示政府可以出钱，免费安装，这样除了一层居民，基本上就很少有人有意见。此外，电梯得以运行也因为很多外在的条件。首先是在对小区条件评估之后，决定安装外跨电梯，这样不会太妨碍居民的生活。其次是从5月开始就一直摆了咨询台为居民提供咨询服务。虽然有很多当时在场人员回答不了的问题，例如后期运行和维护的钱怎么出，设备有没有噪声、是否会影响邻里关系、机器性能如何……这些情况需要在施工之后才能知道，政府工作人员只能阐述职责范围内的任务，按照经验提供一些参考，其他的不能答复，也有居民对未回答或者回答的结果不满意，但这种随时在场提供咨询服务的方式仍在很大程度上为居民提供了信心。

值得一提的是，社区和相关部门在项目正式实施后仍然保持着和居民的沟通。其中有几次夜间施工，社区也会和楼门长沟通，楼长会做到逐户通知，其他工作人员也会提前在社区内张贴通知，告知居民。不仅如此，在夜间施工期间，房管所所长、社区书记以及工作人员都全程在场，及时对居民提出的各种问题进行解释。在整个过程中，居民对这一行为都表示感受到了温暖，并且认为社区在为居民办实事。除住户之外，施工方也没有忽视施工对底商带来的影响。在施工过程中，围挡完全遮挡了商户的招牌，为了减少对小商户生意的影响，施工方帮助商户加上了营业的招牌。随着住户与商户感受的改善，对项目的负面情绪也有所缓解。

第五是社区日常工作的良好铺垫。社区将能够动员的社区力量，包括居民代表、楼门长、社工志愿者都在日常的工作中和居民建立了良好的关系，这也是民意工作开展的重要前提。给一楼底商做工作的时候这一方法显得尤其重要。在与住户交流的时候，政府可以动用楼门长、邻居这些力量，但是在和商户沟通的时候，依靠的则更多是在日常工作中积累的信任和理解。涉及一层底商的面积一共780平方米。开始之前先准备函件，后来召集商户开了一个协调会，听取他们的意见并且进行了安抚。商户的意见很大，因为会耽误很长时间的经营，且他们还有房租，所以向政府和施工方华方公司要求赔偿23万元租金的损失。之后在商铺有遮挡的情况下，要求减免20%的租金。但是这样会给运营电梯的企业带来很大损失，而且房管所和重大办并没有相关赔偿的规定。商户表示不解决就要起诉，政府也有着维稳的压力。但是由于商铺的所有者很多元，牵扯到多方的利益，十分麻烦，最终运营公司还是决定赔偿了23万元的租金损失。

在做完这些准备工作之后，还是有一些小区居民不愿意参与，楼栋内一直存在分歧，所以最后只选取了五、七、九号三栋意见相对统一的楼进行加装。每个楼门一梯4户，一个楼门20户人家，三个楼门共60户人家。居民同意之后签订了两份协议，一份是同意安装电梯协议，另一份是愿意负担以后电梯运营费用的合同。政府拿到两份合同之后，施工队5月1日进入现场开始施工，5月23日完成基坑，6月初完成房板和地下浇筑，7月25日完成钢结构施工，8月30日完工。

总结下来，项目的运行一共分为八个步骤。首先，从项目申报到确定立项有四个步骤。第一步是确定类型，是民需申报型。基层政府的分类方式反映出应对项目的态度。这种项目的特点是政府发布项目，确定申报条件、申报程序、立项规则。第二步是街道和社区征求需求，由小区居民自己提出需求。第三步是民意协商，协商的目的是筛选出居民需求的大小，是否真正能安装，还要看驻区单位的意见，最终形成统一的意见。第四步是接受申请推动实施的过程。同期项目虽然申报了五个小区，但综合考虑后，根据情况筛选出了零韵小区进行实施工作。

立项后的实施阶段有四个后续步骤。第五步是重大办确定实施方案以后征求民意。第六步是实施中定期听取居民意见。要坚持项目公开的原则，如果实施中涉及居民的问题，要避免产生冲突，随时沟通。第七步是验收程序，是可以请居民代表参与的。第八步是让居民给项目打分，表达自己的满意度。

进程中经历了居民的各种商议和讨论，过程比较长，最终成功立项并且开展。这之后仍然面临着一系列问题需要居民不断地协商。首先是收费问题，一开始的设计安装和后来的运行有一个反复的过程，需要不断和多方进行沟通，以汇集民意。例如安装、运行费用对于不同楼层应该如何分配。而后来也存在一些问题，如一开始编列的维护费用没有将管理费列入其中，而是安装以后才显露。电梯谁来负责，民意热度如何保持，是需要持续关注的问题。

房地中心表示,这是一个破冰的项目,要打破常规,和各部门合作探索。能够进场施工,加装公司起了很重要的作用,对于商铺的资金补偿非常重要。社工委表示,因为2017年正好出台民意立项的文件,所以区领导非常重视,在各种相关会议上都强调,要求政府各部门在工作的时候按照民意立项的机制推进,充分吸纳老百姓的意见,进一步提升、规范群众路线,群策群力,改进工作方法。及时和社区、街道、商户以及居民做好沟通,解释过程中尽量衔接好,不要出现空白点,做民生工作民意立项的标杆。[1]

需要看到的是,老楼加装电梯虽然是社会进入老龄化之后居民迫切的需求,但是由于民意分歧大,而且对立意见很难调和,执行难度非常大。因为涉及居民的半私人领域,政府最大的压力并不来自自上而下的压力,反而来自居民意见的统合。在这一案例中,项目的运行在很大程度上得益于上级政府的重视,所以才能在短时间内统筹资源和多方的配合,为项目打好基础。同时,最终加装成功的几栋楼也相对意见统一,且有较为坚实的群众基础。而基层政府在这一过程中主要在搭建协商平台,让民意逐渐理性化,以及经过多次情感沟通,让居民愿意相信政府。如果这些条件缺失,则这类居民意见冲突较为尖锐的项目也很难开展。

第二节 社区停车管理:民意与公共资源配置

随着人们生活水平的提升,居民私家车的拥有量大幅攀升,原有的市政规划已经明显不适应这种现实状况。不仅道路变得狭窄拥挤,而且小区内外的公共区域早已无法提供足够的车位,以致引起很多问题,其中以老旧小区最为严重。

首先,老旧小区人口密度大、道路狭窄,固定车位少,车位抢占现象频发;其次,由于缺乏管理,车辆乱停乱放以及私自钉地锁等问题严重,小区内不同利益群体之间有很多摩擦;最后,停车问题不仅涉及社区内部之间的关系,还涉及与社区外人群的冲突。例如社区外道路两侧无法停车时,有的车辆会停入小区内部。解决这些问题需要重新规划小区的空间,

---

[1] 参见西城区政府《关于全面推行民生工作民意立项工作的意见》。

同时需要一些资金来配备人力和安装设备。虽然小区内部理论上属于需要居民自己管理的范畴，但政府放任不管可能会酿成社会问题，所以也需要投入一定的精力去解决问题。

与电梯项目一样，停车项目也围绕着人们的生活展开。但是停车项目既涉及小区外部道路上的城市规划和环境，又涉及小区内部的公共环境，前者会带来更多自上而下的压力，后者则面对更多自下而上的压力，基层政府在处理问题的边界和方式方面面对着很多考验。

如果说拆迁或者拆除违建是居民与政府的一次性博弈，那么停车则不仅是多次的博弈，而且涉及政府、居民、物业等多个主体。虽然停车纠纷并不像拆迁一样是事关居民生存的根本性大问题，但是仍与居民的生活息息相关，影响着小区内居民的和睦，轻则造成邻里之间的冲突，重则会酿成冲突性事件。

居民对于停车问题的需求比较多元，既有居住在小区内需要长期停车的居民，也有来探访亲戚需要短期停车的居民亲属，还有在小区附近暂时活动的车主，另外一些无车居民也对小区内外的环境有所关注。自上而下的解决方式可能忽略许多细节问题，即便消耗大量的精力，也很难满足所有居民的需求。因此基层政府急需探索一种能够激发社区成员活力、平衡各方利益、形成社区合力的治理模式来应对时代的变化。

与电梯项目相似的是，停车项目的治理重点也是应对不同群体的需求冲突。政府有一定的引领和维护公共环境的要求，过程中最难的是处理民意分歧，而不像城市建设的项目中主要是政府与居民之间的矛盾。这类项目在政府对民意的分类中属于紧迫性不那么高、民意主动性比较强，但是分歧比较大的项目。

北京市的东、西城区政府在解决这一问题时采取了不同的做法。由于停车项目协调的问题更多是居民自身的事情，政府的角色是主持者和监督者，而非管理者。因此动员居民自管是一条最常见的解决停车问题的方法。为了让居民能够在一起解决问题，基层政府根据不同类型的小区，适时地进行引领，让居民达成共识。本研究中的停车案例包括小区内停车、胡同停车、道路停车等三种类型。解决的主体一般包括政府、社会组织、物业和居民自身。后面的案例中将分别展示不同主体在停车案例中处理民意的不同方法、不同路径以及不同结果。

案例 5.2 政府牵头的停车管理：东城区声香回迁社区停车

东城区的各种解决停车自管的方法是以五民工做法为背景的。车多地少是城市社区普遍面临的停车难问题，各个社区在解决这一问题时面对不同的难点，也采取了不同的方法。这主要与小区所处的位置、是否有物业等有密切关系。声香社区（化名）建于2003年，是回迁型社区，地处东城区崇外街道西南部，东临新世界家园社区，西毗祈年大街，南至大都市街，北起东兴隆街。

声香社区共有楼房18栋，户籍人口6558人，常住流动人口1100余人。曾被评为市级和谐社区。因为地处市中心，人口密度大，社区有790多辆机动车，但固定车位仅有265个。由于车多车位少，小区内私自钉桩，用旧三轮车、自行车占车位现象严重，也发生多起纠纷。但停车属于小区内部的事务，所以政府并不方便过度地干涉，于是采用引领的方式，提供平台，让居民通过自管的方式处理停车问题。

2015年7月27日，社区党委、居委会召集居民代表在社区召开居民议事会，讨论机动车治理问题。会议由社区书记主持，居民代表们争相发言，建言献策、群策群力，通过大家的讨论商议形成了几项决议。

第一是在人员上，成立停车自管会，代表各类群体的居民，包括有车无车位的居民、有车有车位的居民和无车居民，一共15人。

第二是确立小区内的停车原则，规范社区机动车的停车管理，整治乱停车和私占车位的现象。对于用大物件、旧三轮车、自行车私自占位的业主警告其自行拆除，过期不处理者将由居委会和物业统一综合执法进行清理。对于僵尸车、无牌照及非本小区车辆自行清理，过期未处理者将由办事处综合执法统一清理。尽量保障社区多数居民的权益，对出入本社区的外来车辆进行限制，确保常住居民的车能顺利停放。

第三是采取一定的手段来维持秩序，这既包括科技手段也包括制度手段。科技手段包括安装机动车停车识别系统，居委会负责申请项目经费，物业公司负责停车自管系统的招标和建设，最终由停车自管会、物业和居民共同决定中标厂家，智能停车系统由物业值班保安具体操作。制度手段包括根据不同类型的车主和非车主制定不同的停放管理方法，召开社区居民收费听证会，讨论有固定车位和无固定车位的收费标准，并张贴通知，告知所有社区车主。最后让社区有车的业主携带房产证、户口本、身份证、结婚证等证件办理出入门卡。实施"一户一卡"制度,本着本社区居民优先的原则,对租房户、经商者、外来车辆都暂不予办理出入门卡。

为了尽可能地停下更多的车,办事处、居委会和自管会也与物业开发商达成协议,利用限时停车等方法制定停车规则。例如晚 7: 00 至早 8: 00,每天 10 元,月租 300 元。同时由开发商从附近新建写字楼地下车库抽出 400 个车位提供给社区居民使用,每月停车费 400 元,以年缴的方式收取。这些居民必须提供房本、户口本、车主证明和驾照,由物业严格审核。通过这种方式,小区解决了 665 个停车位,将近居民需求的三分之一,极大推进了小区停车治理问题。

这一番治理之后,不仅占地儿的废旧自行车少了,而且院内的机动车停车规范了,小区的环境也越来越好,居民都对停车自管会称赞有加。这一项目的顺利实施顺应了社区里大部分居民的利益,很多居民都表示对小区内乱停车、私自占地儿、钉地锁等行为深恶痛绝,因此顺应民意的引导,受到的阻力很小,达到了事半功倍的效果。有固定车位的业主收费不变,保障了业主的利益,也没有遭到反对。在整个过程中,基层政府的引导和推动起到了至关重要的作用,并且在一定程度上维持了秩序和保障了公平。但是在停车管理过程中也有一些矛盾,居委会、自管会协助物业做了大量的解释工作,缓解了多起矛盾纠纷,为停车自管提供了可靠的保障。

案例 5.3 东城区双柳胡同自发成立停车自管会

双柳胡同(化名)曾是邻里关系亲密、生活氛围和谐的老北京典型胡同社区,但是随着机动车的逐年增多,小区周边停车收费数额也不断增长,越来越多的社会车辆抢占了胡同车位,胡同停车难问题越来越严重。且停车无序,使本就拥挤的胡同停车更加困难。因车位难寻,私家车占位堵路、车胎被扎等现象时有发生,居民怨声载道。

为解决胡同停车难且外来车辆占用现象严重问题,由社区党委指导,居委会牵头,在征得双柳胡同三分之二以上居民同意后,居民自发推选出由胡同热心居民和居委会成员组成的社区社会组织"双柳胡同停车自管会"。自管会的团队里有党员也有热心居民,包括有车族和无车族,还有法律界人士,在关键的合规合法问题上给自管会以指导。具体职责包括组织各类民意调研，召开居民代表会议和各类管理事务研讨会，通过协商民主的方式，引导全体胡同居民关注停车问题，并对停车管理工作献计献策，最大限度地解决胡同里因为停车难而造成的多种矛盾，解除居民的后顾之忧。停车自管会的所有活动不以营利为目的，采取有偿和低偿服务。在经过自管会调研、协商后，全体有车居民一致同意大家缴纳一定的赞助费，通过自管会招募社区志愿者，实行有效的管理。

自管会确认了有资格获得停车位的居民，这起到了关键性作用。开始时有8位居民虽然获得了资格却拒绝缴纳赞助费。其中有3人对赞助费的使用有异议，5人对自管的效果存在质疑。然而经几个月运行之后，大家逐渐认可了缴费的意义，并且所有公示人员都缴纳了赞助费。直接受益人数为近百户有车居民，间接受益人数为胡同内的900多户居民。

总结整个过程，有几个步骤非常关键。

首先是详细调研，摸清现状与需求。自管会主要调研了胡同居民中的有车族。通过深度访谈和小组座谈的形式了解双柳胡同之前的停车状况、居民的主要诉求，以及亟待解决的问题。为找出解决胡同停车难问题的对策，自管会还通过观察了解了胡同停车的具体细节问题。自管会成员与社会工作者在胡同里每天分3个时段观察，每晚记录一次，每次至少观察1小时，在表格中记录统计车位数、车辆数、车辆类型、记下车号，摸清了胡同内不同时间段停车的数量、本胡同居民停车数量、外来人员停车数量及规律等内容。

其次是做好协商民主工作，争取最大共识。停车管理的收费一定会触动一部分人的利益，因此要采取协商民主的方式，让广大胡同居民尽快达成共识。不能简单地用少数服从多数的投票办法。在停车自管会成立和运行期间的每一项决议、每一个制度都要由居民代表签字认可，确保公正合理。为得到各方居民的支持，使大家更加了解停车自管工作，自管会成员及社会工作者召开居民培训会。为方便大家参与，讨论会和培训会大多在晚上7点半才开始，照顾白天要上班的居民。这些活动得到了广大居民的积极参与，很多居民甚至下班回家后，一边吃着盒饭，一边参加活动。

再次是确立停车与共管规范。确定停车自管会管理形式（原则上只有本胡同居民及其亲友有权停车，且按情况不同，订立不同的收费标准）；招聘停车自管会会员（原则上引导每位胡同有车族都入会）；招募停车自管会管理人员；订立收费标准；完成居民自治公约、自管会章程、管理规范等一系列制度保障工作；对志愿者和自管员进行各类培训，以确保他们对停车自管工作的深入理解。

最后是运作过程透明公开。自管会为了展示自己不以营利为目的，收支情况每月公示一次，做到财务公开，接受全体居民的监督。同时还积极争取各职能部门的配合与资源支持。因赞助费及停车空间有限，在自管过程中依然存在一些居民的占位问题，个别车主不支持停车自管，强行把车开进胡同。

面对这些问题，自管会的工作得到了街道的大力支持，出资为胡同购置了60个移动花箱和一些固定花箱。固定花箱为不可停车空间，可移动花箱平时固定在车位上，钥匙由拥有停车自管证的居民和自管员各保管一把。这样既相对固定了车位，保证本地居住居民的停车需求，又充分利用了有效停车空间，方便探亲访友的居民。移动花箱的设置既合理解决了旧物占位和地锁问题，又美化了胡同环境。停车自管行为是与东城区胡同改造相配合的，也得到了交通队、城管队的大力支持。居委会和广大社区志愿者在交通队的支持下完成了多项任务，包括划定胡同车位；最大限度地保证所有有效车位能"地尽其用"；核实有效车位的准确数量；通过交通队的支持，清查、清退胡同内所有的外来停放车辆；与城管队协调解决胡同杂物占位问题。

相比于上一个案例，这个案例中停车自管会发挥了更为积极的作用。虽然一开始存在很多居民无法信任或者不支持的问题，但是在磨合的过程中都逐渐得到了解决，也在后来达到了稳定的结果。同时因为胡同停车涉及很多公共道路，属于政府管辖的范畴，所以也得到了很多部门的大力支持，街道也成了自管会坚强的后盾。

案例5.4 东城区安定门街道五彩胡同商业环境停车管理

位于东城老城区的五彩胡同（化名），连接着商业区，自2006年二环城市公园改造以来，五彩胡同在十年之内发展迅速。目前胡同内商铺、餐馆林立，知名度不断提高，也带来了更多的游客、食客，加之胡同内仍居住着500多户居民，有私家车将近百辆，停车难问题逐年凸显。由此造成的胡同"抢占车位"现象严重，纠纷常有发生。商户、居民以各种方式占车位，除了使用地锁、停车桩，还利用破旧椅子、破旧自行车、水泥桶等占车位，不但破坏了胡同整体环境，也为居民出行安全造成隐患。

因为影响到道路环境，办事处综合执法组、城管部门也曾多次整治，但通常只有在开始的几天有效，过几天又会恢复原样。外来车辆、临时车辆乱停乱放、挤占车位等状况也频繁发生，很多居民多次向居委会反映希望政府可以牵头解决这一问题。

2013年1月12日，五彩社区居委会组织召开了社区议事协商会议，参加人员有胡同内居民代表2人、商户代表2人、私家车主代表2人、街道有关科室代表3人、城管分队代表2人。大家针对胡同内的40多个停车位、500多户居民、近100辆车的现状，围绕如何解决停车难问题，展开讨论，确立治理目标。通过讨论，社区试图调动胡同全体居民参与治理的积极性，提升居民自我服务的意识，增强自治的能力，并最终进行自我服务。胡同代表也被推举为交通秩序整治工作的监管员。

2013年1月15日至20日，社区居委会着手项目的前期准备。发放《致居民的一封信》，告知居民在一周内到居委会进行私家车主登记、备案工作。继而，召开居民代表大会，选举、推荐五彩胡同交通秩序自管会成员。选举产生了由1名社区居委会管片主任、2名居民代表、4位商户代表、4位私家车主代表组成的自管会，共11人。1月25日，街道办事处与城管、交通等部门开始联合清除地桩、地锁、破旧椅子、水泥桶、破旧自行车等杂物。自管会成员负责协调清除中的问题、监督并验收。

1月26日，五彩胡同交通秩序自我管理委员会开展讨论、确立项目流程，制定了《五彩胡同居民文明停车公约》（以下简称《公约》）、《五彩胡同停车证管理办法》（以下简称《管理办法》），均通过了社区居民代表大会。《公约》《管理办法》详细规定了胡同停车的细则：胡同停车位为公共资源，持证免费停放，不设固定车位，停车遵循先到先停。居民、商户不得私自圈占车位，或将车位挪作他用。持证居民车辆优先停放，持证商户车辆在有车位的情况下可临时停放，持证访客车辆在周边停车场停放。

所有车辆要严格遵守交通指示标识单向行驶，配合保安、停车引导员管理，停车时自觉做到停车入位（车头向东）。车证分A、B两种。A证可以24小时停车，供居民使用，只有户籍在五彩社区且长期居住的居民才能办理A证。B证提供给胡同内的商户，晚上5点以后要将停的车挪走。2015年1月，停车自管会结合两年来的运行成果，在广泛征求商户、居民意见的基础上，有针对性地对《公约》《管理办法》进行了修订。

在停车自管工作进行一段时间后，自管会对居民进行了满意度调查评价问卷，居民普遍对胡同内的停车秩序的改善表示非常满意，并提出了一些具体建议。为进一步规范停车自管会，自管会研究制定了《五彩胡同交通秩序自管会章程》，明确了自管会的职责任务、会员的权利与义务，以及财务管理和使用原则，使自管会工作更加规范和明确。自管会每年对胡同停车台账进行调查更新，确保管理到位，问题不反弹。

自管会人员每天巡视，和保安人员一起管理，在胡同内劝阻、制止不文明行为，胡同内车辆停放有序、行驶畅通。缓解了胡同近年来道路拥堵，私设地桩、地锁和车辆乱停乱放等阻碍交通现象。通过整治，胡同里的交通秩序大为改观，胡同停车规范了，不仅商户门前的车消失了，而且地锁已经变成了整齐的线，停放的车辆也都停得比较规范。社区通过多元参与、协商议事，成功地实现了胡同区的停车有序、多方合作与环境提升；通过协商议事和自管会的宣传，让居民对社区的工作有了更多肯定，为开展各项居民服务项目提供可供借鉴的先例；从项目实施过程中的居民参与到项目结束后的自管会，胡同内的居民和驻社区商户亲身体验了社区参与的力量，培养了自我管理、自我服务的意识和信心，增强了社区归属感和使命感，也为以后社区参与机制的建立打下良好基础；由多方主体参与成立的自管会、共同制定的《五彩胡同居民文明停车公约》为今后胡同内的车辆秩序维护提供了组织保证和行为守则。

停车问题表面上看只是日常生活中的小事，但很能反映出民意参与治理的过程。在这一过程中，首先，居民生活中的急事和难事得到了妥善的解决。在政府制定解决问题的方案时，因为无法考虑到所有居民的需求，所以很可能会忽略一些重要但是细节的需求。居民通过互相商议和讨论，使得这些需求浮出水面。通过开展议事会，大家群策群力，形成了许多行之有效的解决方案。其次，在讨论问题的过程中居民和政府之间、居民和居民之间增进了相互理解，化解了许多矛盾。停车纠纷的产生很多源于居民不能相互信任和理解，无法形成有效的停车秩序，乱停乱放现象、私自安装地锁的现象严重。政府和居委会的出面为改善停车秩序提供了权威，居民自管会的成立是良好停车秩序形成的重要因素，居民的参与是对停车的有效监督，并最终使得这套秩序得以顺畅地运行；此外，居民的公共意识有所增强。停车自管会成立之前,居民只注重自己停车的个人利益,而没有考虑到社区整体环境等公共利益。当居民被赋予管理自身事务的权力之后,他们的责任感不断增强,主体意识被唤醒,公共意识也有所增强。

这一案例的初衷虽然仅是解决停车问题,但对探索和改变民意在治理中的作用有着重要意义。东城区依托的"五民工作法"也为民意的表达、参与和监督提供了疏通的道路,能让居民切实地根据自己的问题形成解决方案,解决之后问题不容易反复,也可以对效果一直进行监督。对于自己生活质量的项目,居民十分重视,因此并不缺乏解决问题的动力,但是后续如何发展却与政府的引导十分相关,对最终结果影响也很大。如果不加以引导,小区内的秩序会变得非常混乱,私装地锁等问题也很难解决。在政府通过自上而下的力量为居民提供了解决问题的可能性之后,居民则自发地建立了可行的秩序。同时需要看到的是,因为这一案例涉及公共道路,而且有居民和商户多个主体,所以政府在其中参与和解决的力度也比较大,这些也为妥善解决问题提供了助力。

案例 5.5 西城区 24 号院停车公司管理的多产权类型小区停车

西城区 24 号院(化名)也是一个老旧小区,一共 1587 户居民,几乎每家都有一辆车,但是原来停车管理公司的备案只有 285 个停车位,资源和需求严重不匹配。社区曾聘请一家停车管理公司来缓解停车紧张问题,但是管理公司操作不规范,经常为了利益让社会车辆进来挤占社区居民现有的社区资源,所以居民意见非常大。

为了解决这一问题,街道与小区的四家产权单位进行了沟通,开始时决定在 2017 年 3 月合同到期之后重新选择一家正规的停车管理公司。同时召开了居民代表大会,张贴了《致居民的一封信》,号召居民选举代表参与选聘大会,对小区停车进行管理,强调任何有意愿的居民都可以参与,每 10 户或以上居民联名选出 1 名车主代表。

在征集民意方面,街道使用党建服务群众经费,聘请专业调查队对小区所有住户发放了调查问卷,在常住的 1587 户中收回有效问卷 1361 份,赞成重新择优招聘停车公司比例为 89.1%。然后对意见进行分类,按照分类接洽停车管理公司。新的停车管理公司经由居民推荐、公司自荐、产权单位参与等形式选出 4 家公司竞聘,街道和居委会要求他们根据居民意见提出

24号院的停车管理方案，由居委会制作展板并在宣传栏张贴4家公司的方案，提前10天先行公示、告知居民；这期间居民也可以提出一些反馈意见。

中间也有一些插曲，例如投标公司认为方案需要保密，到竞标当天再公布；但社区决定这是最终方案，可以提前统一公开，也更有利于征询民意。选聘大会在3月1日召开，由居民代表、单位代表、社区代表以及居民10户以上的联名代表共计55位参与，其中居民代表应到47人，实到31人，10户以上的联名代表到会3人，单位代表应到8人，全部到齐，党委和居委会也分别有一张选票。竞聘的公司现场陈述方案并答疑，最终以不记名投票形式确定停车管理公司。

选出的公司4月正式进驻小区，停车管理系统建设完善，车位优化达到442个（原285个），于5月底开始试运行。除了小区内的停车，街道也希望推进共享停车，尽可能多地盘活资源。在满足本院停车位的前提下，也通过开通错时停车的方式在白天将空闲车位给社会车辆停，体现出企业的社会责任。老旧社区因为私装地锁，错时利用率低，所以社区也考虑拆除地锁、设置桩位时间来支持错峰。停车收费标准一个月150元，一次性交付一年的优惠价是1600元。价格主要根据物价标准，经由居民代表开会通过。现在很多停在周边的居民，都愿意回到小区停车，认为方便、安全，这样社区的停车需求也被激发了，但是停车困难的问题依旧存在，主要表现在几个方面。

按照居民讨论的结果，停车的优先顺序为，固有且无争议车位优先，其次是其他业主居民，最后是租户。但是不同群体矛盾很大。停车管理公司也分片区跟居民开代表大会，按照楼栋就近安排，等等。相比之下，北区居民相对配合，南区问题很大。北区居民所属为电力集团，经济条件比较好。南区是另外三个经济效益不太好的单位，而且在国有企业改制之后，退休职工管理比较难。南北两边，从楼的外立面、绿化等方面都能看出来区别；而且北区仅有一家产权单位，比较整齐，也好管理。南区三个产权单位，管理复杂，边界上也一直很难划定。这也导致南区有一些居民私装了地锁，满足了自己的需求，而且不需要支付费用，所以没有改变的意愿。还有一些居民在自己楼前、窗口等地方私划车位，想要按原来的方式免费停车，聘请停车管理公司对他们来说没有任何好处。

基层政府希望借助民意立项的方式，尝试解决这个问题。然而，政府也担心通过花钱买单、解决眼前问题的方式可能助长了居民不愿花钱、依赖政府的想法。在居民意识不改变的前提下，容易造成恶性循环。

但考虑到居民需求，政府仍然接洽了两家企业，建立了立体停车场，初步达成合同意向，建设由政府投入，后期运营靠产权单位负责。由于小区内的空间非常紧张，立体停车位的建设很有必要。除此之外，他们也参考了其他街道的一些方法，比如共享停车位、降低年费。他们还把地锁钥匙交给管理人员，由管理人员对白天的车位利用情况统筹管理，给周边单位上班人员用。正式管理之后，可能也要面临南区和北区"一院两制"的情况。在两年多的努力下，终于有了一些进展。

停车问题背后有很多的问题，如道路和院落的"公""私"问题，产权单位在多大程度上负责？政府的边界在哪里？应该采取怎样的管理方式？以及居民的观念应该如何调整等。需要在对民意的梳理和处理上从多个角度、多个维度历史地进行分析。

深入分析和解读这个案例，可以发现政府在进行工作时，对民意的几个问题非常用心。第一，民意征集做得很实，注重问卷调查内容和效果。24号院所在的居委会用党群工作经费请专业公司设计和发放问卷，问卷内容包括基础信息、对现有停车管理的看法（是否规范）、哪些原因造成停车难、是否有同意工作日或者休息日接受外单位错时停车、是否同意重新选聘停车管理公司、对于北京市停车收费价格的态度、探亲访友停车的频次、对选聘新的停车管理公司的建议、对社区工作的建议（开放性的）等，对于反复上门但是依然不在家的居民，调查队都贴条留下电话，用电话访问替代问卷调查。将征求民意这一环节做得扎实，可为后来的调动居民参与、选择合适的方案打下了坚实的群众和舆论基础。

第二，充分发动居民参与，给热心参与的居民表达的空间和渠道。24号院参加选聘大会的除了原有的居民代表，还开放了10户以上联名代表的名额，让与这件事情利益最为相关、最热心的居民能够参与到选聘大会中来，并且将竞聘公司的停车管理方案做成展板提前10天先行公示、告知居民，让居民有可以实实在在讨论的内容，真正在了解的基础上进行选择。开放空间，公开信息，充分发动居民参与，让居民自主投入公共领域事务中来，体现了项目的公共性。

第三，充分听取利益有损的居民的意见，开放表达空间。24号院社区居民们对停车问题展开了广泛的讨论和协商，让不同的居民都表达了自己的感受，改变了社区居民对社区公共空间乃至公共生活的"局外人"观望态度，转而参与到讨论与互动中，共同献力献计于公共空间和公共生活的重建。这些意见经过热心居民汇总反馈到社区和街道，社区和街道再对这些问题给予适当的解答，并且强调这些都是可以通过协商、通过车主的自觉、自律和改变停车方式解决，并通过后期对方案的适当调整得以体现，居民的反馈得到有效回应，担忧得到化解。

停车项目中居民的参与热情被空前地激发，这有效地缓解了停车难的问题，同时也为居民民意表达提供了宝贵的经验，政府还发现存在一些民意的困境。一是如何让痛点转化为焦点、并维持居民参与的热度。停车管理是关系到每个居民切身利益的问题，也是社区的痛点。虽然居民都有意愿参与，但是居民参与的热度如何维持下去，尤其是在项目进展遇到困境的时候如何保持居民参与热情，是一大困境。很多时候一开始进展顺利，但是时间拖长了，居民慢慢就不愿意参与了。二是何如撬动和对接专业资源、促进社区层面均衡发展。对比不同社区的停车管理项目，尽管面对的问题不尽相同，但每个社区的具体做法和推进情况还是有其差异和独特之处，比如会测绘制图的社区居民车主联合手绘社区内部停车车位等。

第四，也是关键的一点，即如何从行政安排上作出调整，使得城市公共规划和公共空间对公共生活的影响中有民意的参与。作为城市核心区域，西城区发展建设较早，相对于目前快速变化的公共和私人生活领域，各项基础设施建设、城市功能规划及生活服务配套紧缺的问题也日渐凸显，尤其是在大量连片平房区。区域内交通功能定位与城市道路规划缺失，车位、公厕、邻里中心等公共配套服务和便民设施严重不足，与居住密集的居民、拥挤的游客的需求之间存在矛盾，生活出行不便，存在安全隐患，带来环境优化和服务管理压力。在这一案例中，因为涉及产权单位和一些历史的遗留问题，所以政府的参与度也比较高，且因为涉及的区域比较大，所以动用了项目的资金作为支持。虽然项目取得了很好的效果，但是政府花了较大的力气，治理的成本也相对较高。

案例 5.6　西城区宝藏胡同居民协商制定停车公约

宝藏胡同（化名）位于北京市西城区，与护国寺街东口相对，原本是个很宽的平房胡同。但因为里面有按摩医院和派出所，来往的人流量很大。

加之胡同两端都是比较繁华的大街，所以胡同里的停车问题也异常严峻。以前并没有人对此进行管理，很多人在附近看病或者旅游，都把车停在胡同里，甚至有人会停留好几个月，导致胡同内停车问题进一步紧张。有些胡同内居民回家时经常面临着没有地方停车的问题，只能私自装地锁，胡同的环境也逐渐恶化。

这种现状引起了很多当地居民的不满，社区决定征求民意，探索以民意立项的方式应对这一问题。

首先组织了沙龙，让居民分组讨论，选出胡同中最急需解决的问题。讨论结束之后，社区就利用开放空间做了一些展板，设置了12个问题，做了12个贴纸，让居民用贴贴纸的方式提意见，每个人可以提5点。包含的都是诸如院内环境问题、停车问题、广告问题等。最终的投票结果和开会的时候是一致的，即主要针对的都是停车混乱的问题。这样也就完成了对民意的收集。在这之后社区会跟居民一起分析问题，按照北京市相关的停车管理条例，胡同内的停车混乱需要用自治的方式解决。紧接着又展开了第二轮的沙龙，话题是让居民讨论停车混乱的原因，分别包括车主沙龙、非车主沙龙，持续了一个月的时间，让他们自己分析停车为什么有问题。通过这种方式，社区希望居民自己提出问题，自己表达问题。这样可以先发泄一下情绪，并逐渐进入理性讨论的环节。

其次在讨论过程中逐渐意识到自己在社区停车中的责任。即停车应该是自治，而不是政府管理，逐渐脱离依赖思想。既要自己管理社区内的车辆，也要管理好自己的社区环境，约束外来车辆。每次讨论都会涌现出一些善于表达的居民，也会推举他们为民意的代表，让他们成为居民的意见领袖。第二轮沙龙之后，选出了7位代表进入了第三轮沙龙。

第三轮讨论的重点就是停车公约的内容应该如何规定。包括胡同停车到底应该怎么管，工作应该怎样展开。这个时候会鼓励居民提出公约的草案。居委会按照居委会组织法组织居民投票，胡同里的单位要服从居民公约。社区把胡同里18岁以上的居民名单张贴出来，然后再根据实际情况增减人员数量，最后投票。社区商讨了3种可能的投票方式，分别为居民代表投票、户代表投票和18岁以上公民投票。充分考虑利弊之后，社区希望尽可能少用居民相互授权的方式表达意见，而是要保证尽可能多的居民可以抒发民意。

在以往的经验中，如果仅让居民代表投票，虽然人数少，投票的进程快，但是结果不稳定，容易造成居民不认账，这样表决就没有了实际意义。合法性如果不充分就会导致实际执行力度很差。另一种方式是让全体居民投票，即18岁以上的居民全部参与投票，但是这样可能会产生分歧太大、意见太多元、事情无法解决的问题。所以社区希望以用户代表的方式进行投票，既尽可能代表全部居民的意愿，又不过分强调个人。

　　代表投票之后，根据居民公约产生居民的停车管理委员会，由7位居民组成，并执行居民公约。会议得到了交管局的重视，很多轮都会参加，并提出建议。既满足院内车辆的正常通行，又尽可能地保障停车的空间。驻区单位也很支持，派出所的政委亲自参会。按摩医院实际上也是卫健委直属的一个级别较高的医院，医院的基建处处长每次都参与居民的停车会议，有的时候甚至副院长也会参会，都对胡同停车的事情积极关注。

　　在几轮的会议之后，居民在讨论中愈发理智，在讨论过程中也从仅关注自己的利益转变为对公共利益的关注，例如认为周围相邻的胡同非常窄，只有两米多宽，那里的居民没有地方停车，所以适当使用这一条胡同停车也是合理的。同时还会讨论资源不能浪费，例如可以把车位提供给驻区单位的人，讨论医院的医生如需要停车，可以停在这边。

　　最后，在经费上也讨论出应该出一部分钱去雇保安，然后让他们帮忙看车。讨论从之前情绪的抒发转变为理性的决定。当居民进入理性的讨论，居委会的角色也发生了变化。居委会的干部表示，就像原来地上有土，居委会可能去扫了，但是居民在理性的分析之后，有土自己开始主动打扫了。而居委会也不再承担执行者的角色，而是变成了组织者。①

　　除组织之外，居委会还有陪伴的作用。他们不再直接决定事情，而是陪伴居民去做自己的决定，例如让更了解社区空间的居民自主决定在哪里划车位，决定停车的地点。社区如果简单地按照马路边停车的方式划车位，可能无法最大地利用空间。除了停在哪里，居民也要决定谁的车能停。居民成立停车管理委员会之后，自己去核定谁家的车真的是院里的车，有真实的需求；谁家的车是假的，只是想占个车位。之前社区也提过四证合一或者五证合一的观点，但是现在采取了摇号的方式。如果是老一辈中签了，

---

① 访谈：MQ，居委会主任，男，47，20180325。

那么孩子住在这里的话,他们的车也可以停,这样比较灵活。而这种信息只有居民最清楚,外界并不知道。

停车的费用由停车管理委员会运作,但是需要公开经费的使用过程。每花一笔钱都要贴出发票,让居民知道钱用在了哪里。一开始社区也会担心这个很困难,因为资源有限,而且费时费力,但是真正运行起来发现居民的参与意识很强,很多时候出现了问题就自己解决。政府和居委会只是作为组织者参与,并没有提出任何实质上的决定。原来的活动如果需要动员居民参与都需要买纪念品或者送小礼物,但是现在这些活动并没有花费一分钱,甚至都没有准备过矿泉水。但是每次居民的参与都非常积极踊跃。社区也表示应该相信居民。后面也会充分尊重他们的意见,让居民做主导,很多事情反而能更加顺利地进行。居民自己制定的公约由社区自身来约束,是一种多元治理的方式。这种治理方式不是外界的约束,也不是一元化的,而是任何人都可以参与的,而且是每户参与投票,不论社会地位如何,从事什么工作,投票都是平等的,而且会根据结果执行。

居民公约形成之后,9月份由准物业公司负责落实。政府购买的物业公司支持早上6点到晚上10点维持秩序,但是停车、拿证和夜里的停车问题需要居民出一部分钱购买这部分服务,原来有10个保安,现在至少要增加到12个。停车管理委员会怕物业公司不明白社区内的具体情况,所以没有把公约单纯地交给物业公司执行。例如他们会机械地仅让有工作证的车辆通行,但是不让探亲的车辆通行等。居民表示,有时孩子周末回来探亲,不能不让进。所以居民自己形成志愿者队伍,在胡同口发探亲证,用另外的颜色作为标识。但是每次只能停3~4个小时。一方面是保安,另一方面是志愿者,社区内停车实现双重管理。

社区表示这样的方式虽然现在运行得很好,但是并不想过分地宣传。因为目前居民可以自己组织和管理,政府并没有过多干涉。但如果宣传得多了,可能会有很多领导想要考察,会形成介入。他们更希望按照自己的意愿做事,所以当社区遇到问题:第一,他们希望引入一些社会组织帮忙协助包括开会的技术、如何顺利地开会这类的事务,形成最终的意见。这里政府也都在进行技术培训。也有一些专场的社工在进行全员的培训,还有一些工作人员去南京和宁波考察。第二,希望继续培养社会力量,恢复社会的功能。现在很多社区社会功能缺失,也被称为"社区失灵"。很多社区的居委会不敢入户与居民接触，因为觉得居民不理性、不理智。一旦入户就会发现全是意见和问题，所以不敢接触。而通过培养社区居民和工作人员，让他们敢于接触和组织居民，自己也从政府自上而下的角色中跳出来，变成组织者，实现社区角色的转型。

小　结

综合上述几个停车案例可以看出，东、西城区虽然区情有一些差异，但是整体的治理思路是相通的，都是在政府的框架下展开的对民意的疏通和引导。在停车治理的过程中，有着不同需求的居民在城市社区内外的博弈，涉及城市空间利用率以及环境整治等多种问题。政府一方面需要主导公共空间的规划、基础设施、生活配套和交通方面的管理，另一方面在社区内部的空间帮助居民努力表达，参与治理，建立秩序。虽然五个案例面对的问题非常相似，但是解决的方法各有特色，不同主体在其中发挥的作用也有一定的差别。

表 5-1　停车案例的特点和对比情况

案例	社区特点	停车位置	政府作用	参与主体	案例特点
东城区声香社区	回迁社区	小区内部	组织和召开会议、申请经费	政府、居委会、物业公司、停车自管会、居民	各方力量均衡、政府牵头，自管会配合政府
东城区双柳胡同	老胡同	胡同道路	资金、政策、人员支持	政府、居委会、自管会、居民	自管会作用突出，组成人员多样
东城区五彩胡同	商业胡同	胡同道路	组织协商、牵头项目准备工作、维持秩序	政府、居委会、自管会、居民	自管会研究、制定公约
西城区24号院	多产权老旧小区	小区内部	征集民意、帮助挑选停车公司	政府、居委会、产权单位、停车公司、居民	多产权，政府力量大
西城区宝藏胡同	平房胡同	胡同道路	征集民意、组织沙龙	政府、自管会、居民志愿者	居民在讨论中不断理性化，并形成方法

这些案例均因停车问题严重引起政府的重视，并在政府的引导下进行了充分的讨论、立项，之后或是由自管会，或是由停车公司，或是由居民志愿者作为推进项目运行的代表性主体主导项目的运行。虽然运行的路径根据社区的特点有一些差别，但是总体解决问题的要点是一致的。一方面

民意都得到了充分的抒发，各个利益主体在讨论过程中形成了理性的共识，另一方面政府在这一过程中的位置偏向后台，但始终起着引领和指导的重要作用。

相比于上一章谈到的城市建设中的案例，这一章涉及的生活领域相对缓和，政府所面临的时间压力也相对较弱。这类项目在政府的工作范围内的紧迫性是下降的，同时因为涉及的不仅是公共领域，很多问题牵扯到了小区内部相对小范围的问题，只有让居民自发地解决才能更好地维持效果，也避免一些政府与居民之间不必要的矛盾。对于居民来说，这些问题虽然不会威胁到生存，在需求程度上也没有特别紧迫，但会影响生活质量。也正因此，居民之间的意见差异会很大，项目的难点也在于对民意的统合与整理。为了避免矛盾升级，同时保障居民的生存权益，政府为居民提供了一个商议问题的平台，并且维持了秩序，进行了陪伴和支持，在这一类项目的治理中，起到了重要的效果。

第三节 社区菜市场翻新：民意与日常生活改善

在城市环境改善的过程中，平衡城市环境的整洁与居民生活的便利是政府基层治理中的另一重要议题。菜市场改造就是整个城市改造的重要组成部分。虽然看起来只是一些小事，但是在很大程度上影响着居民的生活。菜市场的脏乱会影响城市环境，却是居民生活中不可或缺的一部分。因此不能直接拆除，只能整治和改造。原则是在不改变居民生活品质的前提下，尽可能改善环境。在这类案例中，民意可以有一定的参与空间，但能发挥作用的边界也很明确。我们将通过两个案例做更细致的分析。

案例 5.7　西城区新韵胡同日常生活与环境改变的冲突

从数量上来看，2017 年左右西城区人口密度为每平方公里 2.4 万人。这一密度对城市的日常通勤交通、垃圾处理和基础设施带来了显著压力。为了提升居民的生活质量并实现可持续发展，政府已经制定了明确的目标和规划，计划到 2030 年将人口密度降至每平方公里 2.2 万人，到 2050 年进一步降至每平方公里 1.6 万人。这一规划的核心策略是"增白增绿"，即增加城市绿地和开放空间，同时有序疏解非首都功能，减轻人口压力。部分功能将转移到雄安新区以促进区域均衡发展，而对于不能移动的功能则通过提升服务品质和城市管理水平来增强其可持续性。

在城市发展的初期阶段，城市居民依赖小商店和供应站来满足日常所需。因此，为了提高居民的生活质量并刺激经济增长，发展个体户和企业是关键。但这些业态也因为缺少规划，肆意发展，给城市环境带来了很大压力，政府一直希望对其进行提升和改造。随着城市化的深化，大型连锁超市和自动贩售设备开始取代传统的购物方式，居民的日常生活也随之发生了变化。现代支付方式的普及，尤其是通过手机支付，极大地提升了购物的便利性，为居民的生活带来便捷的同时，政府也看到了提升的方向。

然而，这一转变并非没有挑战。在过渡时期，许多小商店被拆除，而大型超市尚未建立，这给居民的日常生活带来了不便。此外，现代化的生活方式虽然对年轻人极具吸引力，但对老年人群体却显得不够友好。老年人对现代科技的不熟悉，使得他们在适应新的生活方式时面临困难，他们更倾向于维持传统的生活习惯和购物方式。

如果只是单纯地想解决城市中的环境问题，那么拆除胡同里的菜摊并不难。在城市改造的时间压力背景下，基层政府通常会使用行政命令，快速地拆除菜市场，对胡同进行封堵，并对修车修鞋摊、报亭等所有占道经营的场所进行清理。这样也会迫使一些流动人口离开，快速地改变环境。但这样的话，居民的需求会一下子出现缺口。虽然不涉及居民生存，但是会给生活带来很多不便，也会在长远的意义上影响居民的信任。但如果充分地征询民意，可能会有多样性的意见，无法达成共识，使得项目难以推进。

为了平衡上级政府在改善环境和满足老百姓需求两个目标在实际操作中的矛盾，新韵胡同居委会在原有市场拆除之后建立了邻里服务运营中心。项目开始之前首先开了楼门院长会，让居民反映自己在建立菜站方面的相关需求，运行一段时间后跟辖区内的居民开了座谈会，让他们在体验之后反映服务质量、服务价格、开业时间以及商户进货等问题。居民普遍反映，运营中心里的个体户提供的食物质量无法保障，而且卫生条件也比较堪忧。他们普遍对区域内的连锁店比较满意，但是连锁店开在社区零售的交易量太小，无法满足资金链的需求。一些试运营的企业在两三个月之后都因为资金链断裂无法继续维持。

后来河北的一家企业成功承包了服务中心，并采取了灵活的外包策略，与多家供应商合作，比如生肉类和熟食销售商，以增强服务能力。这种模式不仅分散了经营风险，还拓展了服务范围。为了提升客流量，公司意识到不能仅依赖本社区的资源，而应拓展外送服务，吸引更广泛的客户群体。于是采用了会员制模式，与一些企业达成合作协议，提供定期的食材配送服务。这种服务有不同档次，有的企业承诺以年费形式，每周或每月为会员配送新鲜蔬菜。不同服务的收费差异较大，价格基本上每天几元到 20 元不等。还有的企业推出了面向高端社区的会员制服务，例如金泰集团，年费高达 2 万～3 万元。作为高端会员，顾客能够享受到更优质的菜品和更周到的服务。

这种模式虽然适应了年轻人追求便捷生活的需求，但对于习惯于传统早市和日常散步的老年顾客来说，却意味着生活方式的较大转变。他们不仅需要适应新的购物方式，还要面对因服务升级带来的价格上涨，是在变化中最需要做出调适的群体。但同时，更高质量的菜品和服务也提升了他们原有的生活水平。通过多元化和差异化的服务策略，河北公司在社区留了下来，不仅提高了自身的市场竞争力，也基本满足了不同客户群体的需求，使得项目可以运行下去。

可见在满足民意需求和上级政府的压力之外，基层政府也面临着其他一些无法预料的问题，这也是一个不断改进的动态平衡的过程。环境改造的项目既与城市的发展有关，也与居民的生活息息相关。本质上是不同人群在项目中重新调适，获得权利和博弈的过程。商铺也需要改变思路，需要改变以往的经营方式，既要在价格和销量之间做平衡，也要在环境问题上做平衡。此类项目对居民来说虽然重要，但并不伤及根本。他们之间虽然有分歧，但是政府可以借助商业力量来进行调适，最终达到一个大家都能接受的结果，实现良性治理。

案例 5.8 西城区繁华街繁华社区通达菜市场改造中的利益调和与观念转变

菜市场改造是政府用来提升城市环境和疏解人口的重要方式。开始的时候，政府的策略以拆除为主。虽然在拆除的过程中，依赖市场环境的流动商贩也随之减少。然而，居民由于对菜市场的基本需求持续存在，居民的日常需求仍需得到满足。同时，原先在市场内经营的小商贩和个体户可能只是转移到城市的其他区域，并未真正解决疏解和环境整治的根本问题。

政府逐渐认识到，仅仅依靠拆除市场并不足以实现长期的城市规划目标。因此，提出规范化经营，逐步淘汰不符合市场发展和环境要求的业态，最终促进产业的升级和环境的改善，同时满足居民的需求并保持市场的活力。

为此，政府倡导在社区内建立类似"好邻居"这样的公司化、品牌化的连锁经营模式，形成百姓服务中心。这样的中心不仅能提供稳定和高质量的服务，还能通过统一管理和服务标准，提升整个社区的商业环境和居民的生活质量。政府希望利用这种模式促进社区商业的业态升级，形成一种更加成熟、可持续的商业模式，既满足了居民的日常需求，也能推动城市环境的整体改善和提升。

繁华社区（化名）拥有约 800 平方米的地下空间，曾经长期出租给流动人口。在疏解人口的过程中，这部分空间被腾退。为了对其加以更高效的利用，居委会组织居民议事会，广泛征求居民意见，深入了解他们的需求和期望。居民们普遍表达了对菜市场的强烈需求。

基于这些反馈，社区精心挑选并引进了一家超市、一家提供高品质家居装修服务的知名企业，以及一家提供专业家政服务的公司，经营范围包括保姆和月嫂服务，合称为通达菜市场。这三家企业的引入，旨在通过体验式购物和服务，满足居民多样化的生活需求。

建成以后，该菜市场也一直在根据居民反馈进行调整和优化。开始的两次改造主要集中在增加蔬菜品类、扩大经营面积以及强化日常管理，以更好地满足居民的需求上。直到 2018 年 6 月，菜市场迎来了第三次重要的改造升级。直接诱因是社区周边一个菜市场的关闭，导致居民对菜市场的需求出现了缺口。通达菜市场需要提供更多的服务，居委会也因此申请了立项，决定进行一次全面的改造。

在改造之前，居委会进行了细致的规划，随后通过公开招标的方式，吸引有资质的施工和设计团队参与。同时，考虑到周围建筑连绵的特点，改造计划中特别加强了防火安全措施，以确保居民的生命财产安全。

菜市场的改造升级在短期内不可避免地会对居民的日常购物造成一定影响。为了确保居民在过渡期间的生活需求得到满足，政府和相关部门也采取了一系列措施。

首先，居民可以利用附近的物美超市作为临时的替代购物点，以购买日常生活所需的菜品。超市的稳定供应能够在一定程度上缓解菜市场关闭带来的不便。此外，因为超市的价格相对较贵，政府还特别安排了流动蔬菜车，定期于每周二和周五为居民提供新鲜蔬菜的售卖服务。这一措施不仅为居民提供了便利，也增加了他们对健康食品的选择。

但是当地食品药品监督管理部门对食品有较高的检查标准，表示不能在露天环境下售卖肉禽蛋等食品，因此过渡期间流动蔬菜车将只暂时销售蔬菜和水果。面对这一挑战，政府和居委会也积极探索了很多其他方案。包括寻找临时的室内销售点、与合格的供应商或电子商务平台合作提供送货服务。

其次，与社会组织合作，共同打造了生活志愿者合作社，组建了一支由志愿者组成的服务队伍，他们主动征询社区内老年人的菜品需求，并与供应商进行精准预订。这样只需要几平方米的面积接货和分类就可以提供服务。考虑到运输成本，菜品在采购价格上增加了30%的费用，志愿服务队会把这些菜送到每家每户并收费，收费价格再加10%，作为运输的损耗。而盈余中将有一部分作为社区基金，用于支持社区活动。这一方式是志愿服务，所以也不需要雇任何人去专门经营，也不存在新增外来人口需要疏散的问题，在市场建立起来之前极大地缓解了居民需求。政府希望志愿服务的方式一方面可以疏解人口压力，另一方面能够联络和老百姓之间的情感，也通过精准订货和分货的方式减少了浪费。

政府在推动菜市场改造升级项目时，目的是满足绝大多数人的需求。然而，这样的项目在实施过程中不可避免地会对部分居民的日常生活造成一定影响。在实施的过程中，就有居民提出了对临时建筑的担忧，认为商户的进货和送货活动常常在清晨进行，产生的噪声影响了居民的休息。此外，菜叶和垃圾的散落也对周边环境造成了影响。同时，因为人流的增加，安全无法得到保障。然而，居民对这个菜市场的需求是刚性的，政府不能简单粗暴地停止或者搬走，只能循序渐进地对其进行升级和改造。在之前的两次升级改造中，政府本来计划安装通风口以改善市场环境，但由于周围居民的反对，通风口被居民堵死。街道办事处、楼门长和居委会付出了大量的努力，通过沟通和协调，勉强进行了施工。

在第三次改造中，尽管项目团队与居委会进行了沟通，但居民的反应依然强烈。一些居民认为，政府在进行疏解整治、拆除市场的同时，又在附近建设新的设施，这种做法似乎有些自相矛盾。政府在推进项目时，虽然有着自己的规划逻辑和提升社区环境的初衷，但在与民意沟通的过程中，仍面临着诸多挑战和解释上的困境。

从街道整体市场发展的角度来看，一方面，为了实现疏解整治和促进提升的目标，需要将一些市场拆除，同时对个体商户进行规范化管理，这将对整个街道的生活服务业带来整体性的调整，也必然会影响居民的生活。另一方面，考虑到居民对日常生活必需品，尤其是买菜等需求的强烈依赖，通达菜市场必须予以保留并进行必要的调整。这一决策体现了对居民基本生活需求的重视和保障。然而，居民需求的多元也让这一过程充满艰辛。社会办的主任表示，周围其他菜市场拆除之后，至少回复了10多个群众的12345热线问询，之后的半年里，还不断有群众写信反映问题。有的认为市场改造带来了污染，不应该施工。还有一些年纪大的人写信，说腿脚不好，需要尽快修好市场方便买菜。①

政府拆除市场本身是想建立完整的业态，形成秩序，包括干洗店、小吃店、粮食店、蔬菜店等。但是很难让所有居民满意。在不断接触民意的过程中，基层政府逐渐意识到，居民认为菜市场的综合性改造提高了菜价，并不是他们想要的方式。另外，周围居民体现出来的邻避效应。虽然大家想要菜市场，但是又都不想建立在自己生活的附近。所以拆除市场和利用好通达菜市场进行一些补充和重建，是基层政府在这个项目中的难题。

政府只能持续与居民解释沟通，阐明市场拆除后的改造计划。通达菜市场将升级转型为现代化的连锁店，这一变革将从供应链管理、产品多样性以及食品质量控制等方面进行全面提升。并希望他们理解，以前的销售者主要是个体户，虽然菜更便宜，但存在不可控制的质量问题。例如街道以前就曾接到过部门的通知，表示部分牛肉存在质量问题，必须关停并进行全面检查。不仅耗时耗力，而且严重影响了居民生活。但是通达百姓服务中心，目标是多元化融合，提供蔬菜、牛肉、熟食、服装定制、家电维修、理发等多种服务，满足了居民的一站式生活需求。许多商户在街道上经营已超过十五年，有良好的信誉度，质量也更有保障。

这一案例非常生动地解释了基层政府在治理过程中在上级政策和居民需求之间调和的努力。城市发展过程中必然会带来一些生活方式上的改变，基层政府虽然无法阻止这些改变，但是可以尽量地用一些居民能够接受的

---

① 访谈：TZP，社会办主任，男，45岁，20180615。

方式让他们缓慢过渡，逐渐适应这一过程。虽然做法是基于理性的，也是刚性的，但是也充分考虑了民意，共情了他们的难处，也最终得到了他们的认可和配合。

第四节　社区内环境提升：民意与城市美学

城市化初期往往伴随大规模的拆迁活动，在社区内外引发了一系列的环境挑战。这一过程中导致的空气质量下降、工地的建筑废料处理以及公共卫生设施的维护，是这一阶段面临的最主要问题。

拆迁之后，公共环境的整治和提升成为重点。因为涉及城市的整体定位和规划，社区外通常由政府牵头，提升的内容包括环境绿化、水资源保护、噪声控制、抢救危险树木、防御病虫害等。而政府对于社区内部管理的边界则相对模糊。一些无主小区、无物业小区、老旧小区公共区域，属于政府职责范围之内，但是有物业的小区，则一般由物业管理。然而很多时候物业可能没有负起责任，例如有些人家里装修，虽然付钱给物业把废弃物拉走了，但是有的时候物业只是把垃圾倒在了旁边的街道上。这些渣土最终还是要由政府统一整顿和处理。

有些环境问题表面上看属于社区的范围，但实际上环境是一个整体，社区内部问题也会扩散，牵扯到社区周围的公共环境，影响到街区的整体风貌。社区环境的治理、维护、改造、提升不仅是基层社会治理中的重要一环，也是确保社区永续发展的前提之一。而且环境议题通常涉及多方利益，良好的社区环境不仅有助于提升社区居民的幸福感和满意度，还能提升社区品质、增强社区能力、凝聚社区文化、重塑社区精神。而不好的社区环境则容易造成生活的混乱，引起居民之间的纠纷。与电梯项目和停车项目一样，在政府的议程设置里，小区内的环境项目的紧迫性低于公共区域的项目，而且可能涉及一个较长的周期，所以在实践过程中，也会让民意有更多的参与。

案例 5.9　西城区四平园小区下水和垃圾问题的长期处理

四平园（化名）是 20 世纪 90 年代建成的集资房小区，其中三分之一的房子是原来物业员工租住的公房，金龙物业是产权人，剩下的三分之二则卖给了不同的回迁单位。因为构成复杂，不论是进行维修还是物业服务，都有很大的困难。很多小区居民觉得物业不作为，而且贪污公共资金，想成立业委会把物业公司开除，但是非常困难。这也导致小区的很多环境问题难以解决。例如小区房屋设计有些不合理的地方，导致一直存在下水问题。六楼的房屋污水没法排出，会一直流到一楼，再流出屋外。一楼没有解决的办法也产生了很多怨气，就干脆堵住了出水口，说"水不可以从我家流出去"。为了排水，每家都只能从厨房往外接根管子排到外面。到了冬天，这些污水就会形成冰瀑，有时会造成危险。为了安全，政府只能把连接的软管和硬管连接到地下的污水池里，一共34~38个水池都填满了。因为没有合适的物业来化解困境，所以一直都是政府负责垃圾清理和抢险，每年需要花120万~130万元。

同时社区还面临老旧小区阳台脱落的问题。有的阳台是铝制板的，是用水泥裹着砂浆，再用铁条焊上去的。由于年久失修，焊点全部被锈腐蚀了，如果有人不知道，一用力很容易掉下去。这种情况只能政府来抢险维修。后来抢险维修越来越多，屋顶上也有大漏缝，像瀑布一样渗水。庆幸的是，楼最底下是半地下的房子，有单独的下水，否则全部都会被淹掉。

社区内的垃圾分类也存在很多困难，首先是居民对相关知识了解不够，其次是他们并没有足够的意愿去参与这项活动，而这些都需要花人力物力和时间去培养。例如社区曾经以知识竞赛的方式让居民认识垃圾，很多人也在这一过程中学习到了相关知识。另外以前胡同里收垃圾用的是垃圾车，但是有居民觉得声音太大，扰民严重，政府就安装了一个大的垃圾桶，大家有垃圾都往里面倒。后来又有居民反映垃圾桶太过脏臭，都会躲着它走路。现在政府采取定点收垃圾的方式，在满足居民需求的基础上，也努力培养居民垃圾分类的习惯。

社区在一次次处理这些问题的时候意识到，只通过遇到问题就处理问题的方式进行治理效果并不好，不仅问题恶化了之后才能解决，而且需要耗费政府的大量时间和经费。为此，社区开始组织居民协商，对社区事务进行讨论，用更为温和和常态化的方式来解决社区环境问题。这一案例在研究者研究时仍未整修完毕，可以看出环境问题虽然表面上并不完全是政府的职责，而且治理的紧迫性并不高，但若放任不管会造成很多的问题。自上而下的方式通常一蹴而就，但是并不能达到很好的治理效果。环境治理项目要细水长流,而且需要培养居民的自主意识,让他们积极地参与到治理中才能从根本上解决问题。

案例 5.10　西城区新开胡同甲 31 号院改制过程中居民自发收取卫生费

新开胡同甲 31 号院（化名）内有 4 栋塔楼,共 264 户居民。塔楼的产权单位是西城区教师住宅管理中心,塔楼里的住户也以教师为主。2015 年,实行了工资制度改革,原来建管中心代管 4 栋楼的物业,现在物业费直接发放到了职工手中,而建管中心不再对这 4 栋楼进行管理。2016 年上半年则继续沿用 2015 年的预算,作为一个过渡期。

2016 年 3 月,建管中心表示要撤出此院,因此临时聘请了物业。但居民并不认可这一做法,认为物业公司不应该指派,而应由居民自己请。3 月份之后,居民开了很多筹备会议,制定了议事规则。但是从 3 月到 6 月期间,没有人愿意向临时聘请的物业公司缴纳物业费,物业公司选择了离开。而大院的日常卫生,以及保安工作只能被迫停止。在这种情况下,居民来到了居委会求助。在专业公司进驻之前,居民表示愿意每个月交 50 元的清洁费,并请街道给予一定支持,协助成立业主委员会和业主大会,维护社区的卫生。

6 月中下旬开始,居民成立了协商小组,并开始收取卫生费。由于是居民自发的行为,在整个过程当中,牵头的居民非常积极,其他居民也很配合。每个楼里都有一个楼层长,负责收费。大院里的业主普遍年龄较大,出门不方便。虽然有的子女住在这里,但是房子产权在老人名下。考虑到这些因素,社区搭建平台,把楼门长集合起来,让居民一起共商院子的未来。因为居民曾经非常依赖产权单位,当产权单位退出之后,居民心里的落差感很强烈。政府也希望通过这一自治的过程,让居民逐步摆脱依赖思想。在召开了两三次居民自治会之后,大家对于卫生费的问题基本上达成了一致,同时也希望政府还能有一些介入。

经历了这一阶段,治理瓶颈基本打破,街道 10 月份为大院购买了社会组织,即社会参与行动中心的服务,专门请该中心的专家来指导居民自我管理,改善环境。第一次专家讲课的时候场面并不是很热烈。虽然面向的是全体的居民,但是真正去参加的寥寥无几。即便如此,专家还是十分认真,给到场的居民认真讲解,并仔细地解答在没有物业公司的情况下,自我管理和自我治理应该如何进行。此次之后，参会的居民也会对其他居民进行宣传。在举行了几次专家讲座之后，居民逐渐意识到自己的主体地位，表示事情应该由自己管理。在后来的讲座中，参与的居民越来越多。后来专家给居民普及了成立业委会的必要性，居民也逐渐接受了成立业委会对于进驻物业公司的必要性，于是专门成立了业委会筹备组，专门筹备了新开胡同甲31号的业主大会。筹备组的成员包括建筑单位的工作人员、居委会工作人员，还有5位业主代表。在4栋楼里，有12位积极的居民，几乎每栋楼有3名，都参与到了收卫生费的过程中。

由于收费的细节非常多，居民的参与非常重要。教师楼的建成年代是1989年，分到房的老师基本在30~40岁。20多年过去之后，这些老师基本在60岁左右，退休正好成立了这样一个群体的志愿者，被称为"银发军团"。不论是收卫生费还是平时管理，"银发军团"都起到了重要的作用。很多人自愿到大门口执勤，每人上午、下午各执勤2小时。这种方式使很多居民都深受触动，2016年年底，志愿者已经增加到了50名。

从2016年的6月到2017年的6月，一年中一共收了4次的卫生费，一次收取3个月的费用。第一次收取了264户，只有8户没有交，收取比例较高。但是第二次收取的时候有40多户没交。这个时候居民中的积极分子就感觉到了气馁，认为自己付出了很多，但是收取的比率反而在下降。这时候社区就邀请了专家给居民代表开会，并进行鼓励。开会结束后，志愿者商议当天就在活动室集合，晚上继续收费，三人一组，从晚上7点收到9点，而这个时间段居民基本上也都已经回家。

由于一些老人睡得早，第二天积极分子从早上7点到9点继续收费。在志愿者不断的努力之下，第三次收费的时候只有十几个人未缴费。但是有些居民因为第一次和第二次就没交，第三次就更加抵触。有些志愿者已经走到了门口，仍然不让进门，即便是邻居也不行。后来志愿者做了一个小黑板放在楼层里，每次收费的时候都会给缴过费的居民贴一个五角星。通过这种方式，人们进出的时候可以一目了然地看到谁没缴费。有些居民感受到了很大的压力，因此在第四次收费的时候把前面的费用也都一次性补齐了。

居委会的工作人员表示，居委会只负责提供平台，在居民遇到困难的时候提供帮助。还有的志愿者会自己做一些表格和调查问卷。他们有的不会用电脑，就用手绘，然后居委会把表格做出来。志愿者的工作方式以鼓

至情至理：城市基层治理中民意分类逻辑与实践

励为主，尽量不发生冲突。

虽然一开始没有成立业委会，但是成立了业主大会，跟物业并行。5月中旬开始，居民、街道、产权单位，以及居委会开始推荐物业公司。5月27日召开全体业主大会，让业主自己挑选和投票，过程十分简单，只需要勾选喜欢的即可。另外，物业服务的标准、收费的价格也都是经过居民和物业公司组织协商的过程决定的。然而，每一个项目都有坚定的反对者。有的业主对于结果始终不认可，社区就会在小区挂一块公示的黑板，并且划分出正方和反方，居民有意见可以在上面写。政府希望用一种完全透明的方式让大家做每件事情，不要积攒负面的情绪。

总体而言，人们对于物业公司的反对仍然存在。在形成思维定式之后通常很难改变。社区也规定，如果有20%以上的业主对物业公司提出反对意见，还可以召开业主代表大会重新投票，改变原来的选择。虽然最终因为提出反对意见的人很少没有改变选择，但是这样一种考虑每个居民权利的方式有助于疏通居民的心理障碍。最后唱票之后，居委会也做出了公示，对反对意见也做出了解释和回应。

在此个案中，政府的治理方式主要解决了三个问题。首先是帮助一部分居民转变意识，认识到作为业主的责任和意识。从一个对产权单位非常依赖的状态，转变成自己作主的心态。其次是居民自己的选择过程，完全按照居民的自主意愿，让他们自己讨论，自己做选择，不干涉结果。最后是结果的开放。对于居民是否引入物业公司、引入哪家，社区并没有过度干涉，只是请了专家作为指导。居民最终共同做决策，都是自己的决定。在这一过程中，政府只提供必要的支持。当居民感受到自己的意见被尊重后，也会更加配合政府的工作。可以看到，政府对民意的做法是提供协商的平台和维护秩序，居民也在一定程度上通过平台进行了协商，推动了小区环境问题的改善。也因为环境问题相对平等地涉及小区内的每一个人，所以也是推动居民参与的一个很好的切口。

案例5.11 东城区光明社区文明养犬的秩序建立

城市生活的快节奏确实为居民带来了诸多便利，但同时也伴随精神压力的增加。在这样的背景下，宠物经济在城市中蓬勃发展，尤其是养狗作为一种流行的选择，受到了许多城市居民的青睐。狗作为人类的忠实伙伴，不仅为人们提供了情感上的慰藉,而且通过日常的遛狗活动,增加了社区内的活力和社交机会。然而,宠物狗的普及也带来了一些挑战。一些狗可能因为种种原因出现攻击性行为,导致咬人事件;犬吠声可能打扰到邻居的休息,引发不满和纠纷;此外,部分宠物主人未能及时妥善处理犬只排泄物,对公共环境卫生造成了影响。

东城区的光明街道(化名)作为北京市社区治理和服务创新实验街道,大力推进参与式协商治理工作,街道在工作实践中不断摸索尝试,探索出由政府部门、社区、居民、辖区单位、社会组织等多元主体共同参与的社区协商模式,指导光明社区(化名)积极引入"五民工作法",协助居民成立养犬自律协会,宣传文明行为,共同维护公共环境秩序。

光明社区在工作中积极引入参与式协商治理工作流程,结合社区热点问题,定期召开居民会议,根据居民意愿,选取大家最关心的社区问题进行协商讨论,并寻找解决办法。2015年初,社区通过召开多次居民意见征求会,列出十件社区环境影响较大的事务,由居民投票产生在2015年最希望治理的社区环境问题及相关整治建议,讨论十分热烈,居民各自发表了意见。其中,社区文明养犬、老年人的生活质量、暑期青少年活动以及楼道堆物堆料等问题,成为居民最关心的问题。经过统计后,社区发现共有近八成居民认为养犬不文明是目前社区存在的最主要、最需要解决的环境问题。于是社区利用团队共创的方法,召集了社区内非养犬户代表与养犬户代表,以开放空间讨论的方式,各自发表意见。

非养犬户表示,社区内经常有狗的粪便影响道路整洁,有的时候晚上还会有狗叫打扰居民休息,还有的人被狗咬过导致邻里关系紧张。然而养犬户则表示,狗对于他们有重要的意义,为生活增添了很多欢乐,而且狗总体上很听话,也不能送人或者弃养。还有很多养犬人在遛狗过程中也结识了很多朋友。

在经过激烈的讨论后,社区梳理了居民提出的解决方案,认为可以设立社区公益项目解决这一问题。一是组织居民成立文明养犬志愿服务队伍与养犬自律协会,并由居民骨干作为带头人,号召辖区居民参与到志愿服务中来,引导居民妥善看护好自己的狗,文明养犬。二是利用社区微信、微博、宣传栏等平台,积极宣传文明养犬行为,提高居民文明养犬意识。三是在辖区内设立若干狗粪捡拾塑料袋免费索取点,方便饲养人在狗排泄后可以随时获得设备，及时清理。四是建立对文明养犬人的奖励机制，最终实现带头作用。

在确定了解决方案后，社区行动小组便着手组织实施工作。7月份逐步开展文明养犬宣传活动与劝导活动，越来越多的居民也渐渐参与到其中。同时，借助养犬自律协会这一平台，开展居民讨论，使居民能够随时针对文明养犬、改善社区环境提出自己的意见与想法。社区也根据居民的想法，开展了文明养犬示范路的评比活动，营造了文明养犬氛围。此项目也通过参加街道"创益大赛"活动，获得了项目资金的支持，为下一步发展养犬自律协会起到了推动作用。

在问题解决的过程中，社区及时将各个阶段成果向居民进行公示，获得了居民的理解与肯定。在问题解决后，社区也通过养犬自律协会例会反馈情况，不断完善工作机制。养犬自律协会的成立，不仅规范了社区内养犬家庭的文明行为，更增进了居民间的相互沟通、相互交流，也在社区范围内营造了和谐温暖的氛围。

养犬导致的矛盾是城市化社区面临的新问题。虽然只有一部分人在养犬，但是影响的是整个社区内的公共环境。如果基层政府按照以前自上而下的管理办法，直接插手管理，可能会造成居民矛盾的激化。而通过提供平台的方式，让具有不同意见的居民更好地表达自己的需求和看法，养犬的居民才能更好地意识到养犬可能带来的一系列问题，也愿意参与到解决问题的过程中，并且通过针对专门问题再组织的方式对这一问题进行有效的管理和监督，更加具有指向性和针对性，也更好地解决了问题。

从这些案例中可以看到，环境是城市化进程中社区必然会面对的问题，包括公共环境的改善，小区内整体环境的提升、绿化，以及整个院落的改造、垃圾的处理、周围生活环境整顿等多方面的因素。然而，环境问题既能反映社区中的社会关系，也影响着社区中人们的认同。环境恶劣的社区中，人们也往往有着较差的社会关系，相对难以组织。而在社区环境改造的过程中，人们也会更加团结。相比于其他分化类较大的项目，居民对于环境的追求有着共识，也较为统一，只是会考虑个人与集体的利益，以及作出个体或者集体的决策。在这一点上，政府的需求与民意也相对统一，因此政府的治理难点在于如何调动居民的积极性，让居民愿意参与其中，自我协调和沟通，往往是这类项目解决的思路。

第六章
文化与社会服务中的民意互动

在各类民意项目中，生活及文化服务类项目虽然也围绕居民的日常生活展开，但相对来说属于增益的项目，有关生活质量的提升。而且不同的项目也有相对固定的受众群体，不是面对整体居民。所以相较于上一章处理日常生活中的问题而言，政府在运行这类项目的紧迫性和压力上会更低一点，自上而下的压力也较小。但是处理好了则有利于提升政府的形象和社会的和谐。生活服务涉及社区居民的看病、买菜、教育、养老等议题，文化服务类项目则更多包括人们的文体和娱乐活动。

由于不涉及基础设施方面的问题，基层政府在参与中的角色也有一定程度的变化。不再进行主导，而是通过社会组织、商业力量，甚至居民自身来提供服务，并在过程中起到监督的作用。虽然在项目运行的过程中仍可能出现一些问题和分歧，但是因为居民与政府之间，以及居民之间的矛盾不是很突出，所以在基层政府看来其治理风险相对较低。项目中面对最大的挑战，是要调动居民的积极性，让他们主动地参与和贡献力量。

第一节 疾病照护服务：民意与健康关怀

案例 6.1 东城区四季总院慢病沙龙

近年来，我国的人口老龄化率不断攀升。东城区四季总院（化名）社区 60 岁以上老年人所占比例达到了社区人数的 16.33%，属于名副其实的老年社区。在这一群体中，有很多空巢老人、残疾老人、困难老人和失独老人。这些老人退休后居家休息,但因为退休后作息没有规律,儿女也大多不在身边陪伴,很多时候生活面临着无聊和慢性疾病的困扰,这些因素导致他们的生活质量并不是很高。需求调查显示,老年人对慢病自救的需求比例已经达到了80%,在此前提下,许多社区老年人曾向社区老年协会提出要求,询问能否成立专门针对慢病防治的活动小组,组织有需求的老年人学习慢病知识,带领他们预防慢病,缓解病痛。

为了应对上述问题,让社区老人的晚年生活更加丰富和幸福,政府努力让他们与其他居民增加接触和互动,走出小家庭的范围,参与到更广泛的社会空间中,进入一个大家庭,享受更加快乐的老年时光。老年协会则与部分老人协商,讨论组建社区慢病沙龙和俱乐部的必要性和可能性。在一次次协商的过程中,大家明确了目标和意义,并制定了规则和流程,选出了组织者和带头人,并对沙龙今后的发展方向进行了展望。

社区里有一部分居民是军区总医院退休的工作人员,有相应的医学知识背景,沙龙开始后也调动了这些居民的参与,为老年人讲授健康知识,指导老年人的健康生活方式,教老年人养生操,定期为他们测量血压、体检、提供咨询、并建立健康档案。在此基础上,俱乐部定期为老年人开展健康讲座、知识竞赛,大家一起探讨健康生活方式等。再鼓励他们把学到的健康知识运用到生活中。之后再将那些学习有成效和体会的居民集中到一起,由他们给大家分享学习的心得,以榜样的力量激励更多的人坚持采取健康生活方式。这样俱乐部"更快乐、更健康、更幸福"的理念也可以更好地传播出去。社区通过营造终身学习的氛围,打造独特的健康型、学习型社区,争取让面临着各种问题的老年人都可以达到健康养老的目的,享受快乐顺遂的老年生活。

慢病俱乐部组织活动也有自己的计划,一共规定了3个目标:①慢病小组会员达到150名,每周可以展开至少1次活动,居民日常可到健教室体验健康仪器;②健身操队达40~50名组员,每周能活动2次;③完成俱乐部会员活动集的制作,给每个60岁以上居民下发一本。

经过一段时间的努力,俱乐部均达到甚至超过了既定目标。从慢病沙龙活动次数上看,原定每周1次,实际每周最高频次是5次。除了春节一个多月的时间暂停,其他时间里活动都在进行。活动期间他们为150位居民建立了健康档案。健身队活动次数也超过原计划的48次,达到了55次,居民从活动中学到了健身操、太极扇、太极二十四式等。除了强身健体，沙龙组织者还曾组织登台演出，有了展示的舞台，队员们能将自己的风采展现给观众，感受到自己的价值，非常自豪，也为晚年的生活增加了很多幸福感。

为了在项目结束后慢病沙龙依然能够越走越远，组织者把宣传册做成了有慢病沙龙特色的《健康指南手册》，分为《慢病沙龙项目介绍篇》、《慢病沙龙健康知识篇》、《老年政策篇》和《出行篇》。《慢病沙龙项目介绍篇》涵盖了从成立到当下的活动集锦、宣传慢病沙龙的介绍、《致会员的一封信》以及加入慢病沙龙的申请表等，旨在扩大宣传慢病沙龙，让更多的居民加入慢病沙龙里，参与各项活动。

慢病沙龙针对的是社区内老年人群体，然而他们的这部分需求正急需解决，这恰也体现了我国尊老爱老的文化传统和美德。正因为这是一部分人的需求，而传统居民组织不可能花大量时间满足这一需求，所以针对这一需求形成再组织十分必要。老年协会和部分老年人成立的慢病沙龙是一个很好的案例，它充分地调动了社区内的资源，并且有针对性地为部分老人解决了亟待解决的问题。

在这一案例中，居民之间没有太多的利益分歧，且跟基层政府没有冲突，因此项目进行得十分顺利，对老年人也有切实的帮助，相对快速地达到了治理的目的，获得了较好的治理效果。

案例6.2 西城区针对老人的多样服务

西城区作为全国养老服务示范区，承载着推动养老服务创新和发展的重要使命。该区域不仅拥有众多产权单位小区，而且这些单位对老年人的福祉问题给予了高度重视。特别是对于中度到重度失能老人，西城区提供了精心设计的居家照料服务，确保他们能够得到专业的护理和关怀。自2015年5月1日起，《北京市居家养老服务条例》和《北京市养老服务设施专项规划（2015—2020年）》的正式实施，标志着西城区养老服务体系建设迈入了一个新的阶段。这些政策的推行，不仅为居家养老服务提供了法律和规划层面的坚实保障，更为养老服务的多样化、专业化发展指明了方向。

在此基础之上，西城区进一步深化了服务项目的开发，申报了针对失能老人和困境老人的帮扶项目，以满足更多样化的养老需求。福利科负责帮扶困境老人，民政局负责帮助失能老人。养老项目探索逐渐从原来的设施建设转向服务项目。以前政府和老年联合会合作为老人建立过托老所。其理念类似于"幼儿园"的管理模式，早上将老年人送去接受照料，晚上回家。通常由街道提供场地，政府提供资金，老年联合会也会投入一部分资金，老年人的子女也需要负担一部分的费用。虽然"托老所"并不以营利为目的，但是需要收费维持正常运营。

这一模式是一种大胆的创新尝试，但在实际推广过程中，面临着很多挑战和限制。首先，在传统观念上，一些老年人及其子女对于这种模式的接受程度有限，他们更倾向于家庭式的养老方式。其次，托老所的运营需要政府的大量投入，而且其服务能力有限，无法满足所有老年人的养老需求。为了解决这些问题，政府不断积极探索新的养老服务方式。新建的养老驿站作为社区养老服务的重要组成部分，旨在提升社区的医疗能力，加强大医院与社区的联系，实现医疗资源的下沉和共享。政府希望将医养结合更多地用在养老上，用医生的专业知识指导老年人养成健康生活的习惯。既能让老年人更为方便地获得医疗资源，例如不用出门就能拿药，同时也能获得一些康复照护，包括住院护理和专业护理，关照整个疾病发作期、康复期、生活照料期和临终关怀。

随着失能老人数量的增加，政府也将其纳入了民生工程民意立项的范畴。很多失能老人的照护问题，虽然在技术上可能并不复杂，但在实际生活中，却因缺乏适当的照料而引发了一系列连锁问题。例如，失能老人经常受到压疮问题的困扰，这本可以通过基本的日常护理得到有效控制和缓解，然而由于子女长期不在身边，这些看似简单的需求往往得不到及时满足，小问题逐渐积累，最终可能演变成严重的健康问题。这不仅增加了老人的痛苦，也加重了家庭和社会的负担。

政府的养老资源和设施有限，因此也希望可以用小资金撬动更多的服务。按照我国的传统，老年人更喜欢在家里养老，会觉得自己被接纳，不会被边缘化或者被忽视。然而，现实情况是，许多失能老人在日常生活中面临诸多困难，例如子女不在身边，无人照料。政府着力解决民生问题，希望可以为老年人提供服务，也希望每一笔钱都能起到比较好的效果。因此，不仅做宣传的时候需要每家每户确认到人头，优先保障困难人群，而且还通过给老年人失能补贴的方式起到对老年人使用服务的监督作用。

西城区的这些服务，以北京市的整体政策为依托。北京市作为地方政府，为老年人推出了北京通养老助残卡，力求通过现代金融工具为老年人提供更加便捷和高效的养老服务。该卡上设有虚拟账户，政府每月向账户中注入400元的额度，作为对老年人的补贴。这种补贴方式不是以现金形式直接发放，而是作为特定的虚拟额度，老年人可以使用这笔额度在指定账户上购买各类养老服务。目前，尽管所有失能程度的老年人都统一享有400元的限额，但政府已经表明，未来将根据老年人的具体情况和需求进行调整，以实现更加精准的补贴。为了帮助老年人和家庭更好地了解和使用这一服务，民政局向每个家庭发放了详细的手册，其中包含了服务商信息、服务内容以及价格范围等重要信息。老年人可以通过智能手机下载专用的应用程序，在App上直接下单购买所需的服务。这种线上操作方式不仅方便快捷，而且数据能够直接对接民政信息平台，实现政府对资金去向的有效监督。

政府通过虚拟货币的形式为老年人提供补贴，所有结算数据直接与银行对接，从而保障了资金流动的合规性和可追溯性。老年人的App虚拟额度在每月月初自动充值，并在月底清零。这种设计确保了补贴额度的专用性，老年人只能将这笔资金用于购买服务，而无法进行提现。这样设计旨在鼓励老年人真正使用这笔资金，避免他们因为舍不得花而导致无法享受到服务，造成资源的浪费。同时，老年人多次的使用，也满足了政府绩效考核的要求。

采用月结的结算方式，不仅确保了有需求的老人能够及时享受到所需的服务，同时也为养老服务市场的发展注入了活力。自2016年起，政府开始招募针对失能老人的服务，致力于在北京市场上寻找那些知名度高、具有丰富养老服务经验，并且热心公益的企业。在服务项目和服务价格的制定上，也经历了多次深入的讨论和协商。

目前，参与的服务商已发展到81家，这一数字的增长也反映了市场对此类服务的积极响应和需求。政府在推动上门服务的同时，也充分考虑到了服务的安全和质量问题。为了平衡市场供需，政府对每个服务项目的价格也设定了上限，以参考市场价格为基准。例如，修脚服务在市场上的价格区间大致在每次50~60元，有些高达100元，政府则将其最高限价定为60元。这一举措既考虑了市场价格以保障服务商的合理运营，同时也为老年人提供优惠优质的承诺。政府仅设定了最高价格，服务商可以在这一范围内自行确定具体价格。在限价政策实施后，许多服务商表示愿意在不亏本的前提下，提供更优惠的价格，如将修脚服务定为50元。因为服务商不止一家，所以老年人本人、家属、委托人，都有选择权，可以选择自己满意的服务商，并且进行评价。

为确保服务质量，政府特别建立了一个针对失能老人的意见反馈平台。老年人或其家属只需拨打96003服务电话，即可直接反馈意见和需求，这一举措极大地提高了服务的响应速度和满意度。失能服务的上门特性，由全区统一推动实施，确保了服务的普及和覆盖。最初，服务系统的使用率相对较低，仅为30%。但随着政府不断加强宣传和推广，使用率每月稳步递增。经过7个月的持续运行，使用率已逐渐上升到70%。政府通过多种渠道和方式，努力提高服务的知晓度，力争实现家家户户都能得到通知，让更多有需求的老年人都能享受到服务。

经过一段时间的运行，项目呈现出一些积极的趋势和有趣的现象。一些老年人在使用平台服务后感到满意，开始自愿增加投入，用现金或刷卡方式购买超出政府补贴400元范畴的额外服务。这一现象表明，尽管政府提供的补贴对于部分有较高需求的老年人可能有所不足，但它成功激发了市场活力，促进了养老服务消费。服务量在总体市场上虽然算不上大，但由于服务地点接近居民社区，并且能够长期稳定地提供服务，赢得了居民的高度认可，订单量一直保持在较高水平。与市场上那些大规模、高价位和精细化的服务相比，这种基于社区的属地服务更加贴近普通老百姓的生活，更符合他们实际的需求和期望。

一般情况下，一个地点能覆盖200～300人，一个月可以给老年人提供2～3次服务。对于服务商和平台而言，虽然每单400元的消费可能在表面上看起来利润不高，但这种模式对于占领市场和积累运营经验具有重要意义。此外，老年人的需求是多样化和多层次的，失能老人只是其中的一部分。因此，服务项目也在不断拓展，以满足更多老年人群的需求。

为深入了解居民意见并提升服务质量，服务商和政府采取了一系列措施来倾听民意。政府规定每年必须收集一定数量的居民评价，以确保服务的持续改进和优化。服务商定期通过电话回访的方式与居民进行沟通，主动了解他们的服务体验和建议。对于能够自如表达意见的老年人，服务商

第六章　文化与社会服务中的民意互动

在他们使用刷卡服务时，提供现场评价的机会，使反馈更加及时和直接。

此外，服务商还建立了一套服务监督机制。服务人员在上门服务前后，都需要进行出发确认、服务确认、到达确认以及服务结束确认等多个环节的确认工作。每个点位都设有相应的按键，确保服务流程的透明化并具备可追踪性。这种细致的监管措施有助于及时发现服务中的问题，如服务不到位或服务时间不足等，从而确保服务质量。同时，这也增加了恶性套现的难度和成本，有效遏制了不当行为。

政府对服务商的管理采取了一系列严格要求。第一，要诚信，如果有了问题，还会在全社会公布，并且列入黑名单。通过北京市社区服务协会等行业组织，政府加强了对服务商的诚信记录管理，如果服务商有不诚信的行为，发布出来也是一种警告和警示。第二，政府通过市场准入与退出机制，控制服务商数量，活跃市场。让商家知道，只有做得好才有机会进入。第三，服务商要提供精准的服务，尽量针对老年人不同的需求作出回应。第四，将专业性的服务带进老年人的家庭，比如签约家庭医生，基本生活照料，膳食营养，生活技能训练，精神关爱。第五，让养老资源向小平台集中，他们做自己能做的，自己不能做的也可以帮忙对接。针对老年人中的不同特殊群体，如失能、失智、失独等，服务商应提供专门的服务方案，确保每位老年人都能获得适合自己的关照和支持。

除了关注老年人日常生活服务，项目还特别引入了医疗服务，将社区卫生服务站和卫生服务中心的资源有效整合进社区服务体系中。通过与卫生局、人力社保局的积极沟通，成功推行与失能老人签约家庭医生的计划，这一措施极大地丰富了社区服务的内涵。以往，医生在上门服务过程中面临诸多不便，包括交通劳顿和缺乏出诊费用补偿。为了解决这一问题，街道采取了积极措施，协调为医生报销50元交通费外加30元出诊费，总计80元的补贴从项目资金中支出，有效提升了医生上门服务的积极性。这一改变使得家庭医生每月最多可以提供两次上门巡诊问诊服务，包括一系列无创服务，如健康监测、疾病控制和记录，建立健康档案以及提供健康指导，受到了老年人的普遍好评。

然而，目前该服务还未能涵盖诊疗服务，这涉及更复杂的责任和资源配置问题。政府已表示，希望在未来能够进一步扩展服务范围和深度。截至笔者访问时，已有超过250名医生组成的团队参与服务，提供了54项专门针对失能老人的服务和8个服务套餐。每项服务都配备有反馈机制和数据记录，其中手足护理、皮肤护理和洗浴服务套餐尤其受到老年人的欢迎。项目团队也在计划逐步增加更多服务项目，以满足老年人多样化的健康需求。

虽然老年人也很需要医疗的照护，但上门医疗服务仍面临诸多挑战，如医生需离开熟悉的工作环境，携带必要的医疗设备，这不仅增加了操作上的复杂性，也带来了较高的风险。鉴于此，目前社区主要提供的服务集中在问诊和基础护理上。但是在养老床位的提供上却一直稳步提升。有些养老院承接大病出院的服务，西城区的很多医院也往康复方面转型。除了提供专业机构的服务，也帮助居民的居家看护做专业的指导。

在提升养老服务质量的过程中，医生主要负责处理老年人的专业医疗问题。日常照护的服务则通过家庭小教员项目开展。北京老医药卫生工作者协会成功申请到了20万元的项目资金，并从市里额外获得了240万元，专门用于社区卫生小教员对家庭看护者的培训。这一培训项目旨在提升家庭照护者的知识水平和照护技能，有效解决了家庭照护中的诸多问题，提高了家庭照护的专业性。此外，西城区还充分发挥了养老照料中心的作用。政府希望将每个街道都设有的养老照料中心打造成区域内养老服务的核心力量。这些中心负责收集老年人的服务需求信息，并向社会服务单位发布，确保老年人的需求能够及时得到响应和满足。

政府开展这一项目的目的是针对老年人的不同年龄段和健康状况提供护理，进而延长老年人的寿命，提高老年人的护理水平。这一项目也考虑到了很多方面，包括健康理念的推广、健康行为的培育，以及健康商品的提供。这样的项目不会影响居民的日常生活，反而有很多增益的效果，而且虽然主要服务群体是老年群体，但是受益的是所有人，所以非常受欢迎。在这一过程中，政府也利用商业的力量，紧贴老百姓的诉求，逐步建立了居民对于政府的信任，也达到了很好的治理效果。

第二节　日常生活服务：民意与项目管理

案例6.3　西城区和谐街道菜场建设

在疏解整治工程完成之后，一方面居民原有的生活状态发生了改变，很多日常需求亟待被满足,另一方面政府的中心工作转向了为居民提供更好的生活服务。例如,西城区和谐街道(化名)塔院胡同12号拆除违建之后,对外接部分也进行了拆除。在这之后小区内也有了更多的公共空间可以利用。根据街道之前的调查,居民投票对养老服务和助餐的需求比较大,所以街道租下了腾退的商业用房,一部分300平方米,用于建设养老驿站,为老年人提供生活服务。另一部分80平方米是百姓生活服务中心,作为标准化菜店,满足居民的生活需求。

为了更好地满足居民的需求,街道举办了议事会征求民意,工作人员向居民代表传达了办事处准备升级改造原有菜店并免收企业房租以鼓励企业让利于民的决定,同时承诺2017年和谐街道便民菜店最终由哪家服务商来经营,完全由居民自己投票决定。

前期区商务委菜篮子联合会推荐了3家会员企业,和谐街道两个社区召开社区联合议事会,会上3家企业分别以竞标形式介绍企业情况,以及未来菜店的服务和设计方案。首先,企业代表对各自公司的基本情况以及对菜站的经营策略做了详细介绍;然后,居民代表对不同商家的菜价、菜品和质量进行提问,商家逐一解答;最后,现场工作人员把选票发到居民代表手中,居民现场投票、唱票,选出自己最满意的商家。

服务商选出来之后,居民对他们提出装修、后期服务的要求,以及监督的意见。一个月之后,中标的服务商基本装修完成,开始投入运营。半年以后,组织召开居民代表大会,征集服务的意见。这样的方式可以让服务商有一定的紧迫感,进而提升为民服务的意识。如果服务不好,中期考核的时候也有退出的机制。对于菜店的建设、服务商的引入和监督,全阶段都有居民的参与、共同监督,意见表达和约束。服务商也表示愿意听取居民的意见。

街道办事处和服务商的合同一年一签,如事前竞标、事中沟通商议、事后监督,这些也都写在了合同里。而且合同中还规定菜价要低于市场定价的5%,这一点也让居民进行监督。街道负责出租金,菜店负责经营,不再支付额外的费用。对于有租金的店面,也可以去商务委申请财政补贴,以租金折合服务,不仅手续简单,而且可以为老百姓提供实惠。

在此基础上,街道和社区还在不断探索新的服务,例如平日里给老年人送菜买菜,重阳节给孤寡老人提供慰问,给不方便的老年人上门理发,提供洗脚修脚服务。服务商负责对接，街道则负责审核。由于服务商是从三家单位中竞标出来的，他们有竞争意识，也提供了很好的服务，领导和居民对其的认可度很高。菜店5月装修完成，养老驿站8月装修完成，9月开始运营。如果居民对菜店满意，经常去买菜，店铺就能生存和盈利。如果居民不满意，店铺则可能被市场淘汰。经营一般从早8点到晚9点，平均日流水一般在3000~4000元，高的时候可以到10000元。

在菜站项目建设的过程中，政府很早就把听取民意纳入了项目。群众不再被动接受，而是参与到决策和实施过程中，对服务拥有知情权、选择权和相当程度的决策权。在和谐街道便民菜店案例中，政府并未直接参与项目，而是主要起到提供场地和搭建平台的作用，并在商家与居民之间进行协调和监督。这既减轻了政府负担、动员了市场力量，又保障了居民利益、增强了居民参与感，让居民有了主人翁的感觉，使他们拥有了由自己决策获得的菜站。

案例6.4 成都静谧社区老年送餐服务

2022年，社会的发展和人们生活水平的提升也让老百姓的观念有了很大的改变，他们对于小区服务的诉求不再仅停留于看大门和扫楼梯，而是强调应该有活动、有生活。成都市的静谧社区（化名）在践行这一理念的过程中，政府、社会组织和商业力量共同地做着努力。提出了"来了静谧社区就是静谧人"的口号，想让社区所有居民参与到社区活动中。

从政府工作的发展阶段来看，养老服务正逐步向更加精细化、个性化的方向发展。从最初的社区基础设施修补提升，到深化改革优化服务流程，再到以党群服务中心为核心，将打造的多功能活动空间分成了三个阶段。在服务设计上，主要以小区为单位。政府充分考虑每个小区的独特性，根据居民的具体需求定制服务方案，并通过购买第三方服务、孵化小区自组织等方式，有序开展各类活动。社区的大活动一年开展3~4场。

社区工作人员在此过程中发现，老年人对于服务最大的需求主要可以分为食堂、送餐和陪伴倾听三个方面。因此开始不断探索这方面的服务。后来用社区的保障金聘请到了一个发源于杭州的社会组织来到社区服务。该组织强调文化传承和家庭睦邻，主要活动以服务老年人为主，强调敬老而不是养老的理念。

2021年3月开始，社会组织先在社区做了食堂服务，餐食以素食为主，提供一日一餐。社区支持力度很大，不仅提供了免费的场地，后来还对场地进行了扩建。几个月之后发现了有很多行动不便的老年人有送餐需求，于是开始组织送餐。

后来他们逐渐发现送餐服务更受欢迎，于是主要的项目也改成了餐食由社区志愿者帮忙配送。主要分为临时和固定两种方式，临时的志愿者一般为年轻人，节假日来帮忙。固定的志愿者以社区里的老人为主，年龄基本在70岁以上，但是身体很健康。他们通常一开始是食堂的顾客，但后来觉得活动能够发挥自己的作用，也主动参与其中，变成了送餐的工作人员。2022年，三个月左右的时间里，参与送餐的人数到了10人左右，享受服务的老人少则20~30人，多则50~60人。送餐部分的资金来源主要是企业、基金会和一些社会捐赠，居民享受一次送餐服务的花费为10元左右。

老年人在吃饭的同时参与到社会服务之中，体现了对社区的认可。很多老人用餐的时候也会带来钱或者米补贴食堂，自己来做志愿者的同时，还会叫更多人一起来。在开饭前的一小时，居民们通常会有一些倾听和陪伴，志愿者备菜的时候都会陪老年人聊天。这样一种服务不仅仅是吃饭，也是一种对孝道文化的回归。在这一项目中，政府的主要作用是提供一部分的经济支持和保障项目的开展。这样的服务政府不会面临什么压力，居民意见分化也很小，而且通常会在过程中互相磨合，建立信任。虽然项目的运行仍然高度依赖政府的资金支持，但是其呈现的探索的意义不容忽视。

第三节　小区物业服务：民意与模式创新

案例 6.5　成都清新小区、繁华小区和麻雀小区的夫妻档信托物业创新

物业管理是小区服务中不可或缺的一环，它直接影响居民的生活质量。由于我国产权结构复杂，物业管理在不同小区表现出多样化的问题和挑战。

在一些老旧小区，由于缺乏专业的物业管理，居委会不得不承担起日常管理的重任，这不仅给居委会带来巨大负担，而且不可持续。部分单位小区在制度转型过程中，居民仍延续了以往单位管理的习惯，对物业费的缴纳缺乏积极性。这通常会导致物业质量提升不上去，形成恶性循环。在

一些物业经营相对好的商品房小区，物业会在经营状况良好的时候发放福利，比如米或者面等，试图与业主建立良好关系，鼓励业主按时缴费。这些方式也许可以在短时间内解决一些问题，但是很难从根本上提升物业的服务质量。

物业管理问题的普遍存在已经引起了政府的高度关注。为了解决这些问题，各地方政府都在积极探索创新的管理模式。值得关注的是，成都市武侯区的一些社区在这方面进行了有益的尝试，引入了信托物业模式。这种模式通过建立业主与物业机构之间的信任关系，提高了物业管理的透明度和效率，为解决物业管理问题提供了新的思路和方法。

2018年，信托制物业服务模式发源于成都市武侯区。2019年，颖侠（化名）夫妻二人在物业管理行业有着丰富的经验，面对传统包干物业模式中遇到的诸多问题，开始积极探索信托物业模式，以期通过其他方式解决问题，提升物业治理效果。

清新小区（化名）雇用的是包干制的物业。最早的时候小区有5名保洁员，后来物业公司为了获得更多利润，辞退了其中2名，居民普遍对物业在小区内的支出存在很多疑惑。例如物业在小区做了下水道改造、车棚改造等项目，用的是公共维修资金，花费了10万元。很多居民认为价格不真实，提出了很多质疑。还有一些居民通过拒缴物业费的方式来表示抗议，最后物业费的上缴率仅有40%~50%。这件事情之后，社区居民主动请求社区帮忙招标，选取新的物业。

颖侠夫妻的物业公司以信托物业的方式进入小区，他们表示，一开始也面临着不少业主的疑虑和质疑。大部分居民并不了解信托物业与其他物业有什么区别，也不愿意参与。为了消除业主的疑虑，颖侠夫妻耐心解释，表示信托物业不是简单地收取固定的管理费，而是根据实际支出的比例来收取佣金。这种模式鼓励物业服务企业更加积极地为社区服务，因为服务越多，支出越多，相应的佣金也会更高。例如，如果小区物业的总收入为10万元，其中5万元用于公共支出，按照10%的酬金比例，物业企业可以获得5000元。而剩余的4.5万元则留在小区的公共账户上，用于未来的社区建设和维护。[1]

---

[1] 访谈：YX，物业公司，女，54岁，20220324。

第六章　文化与社会服务中的民意互动

然而仅仅凭解释并不能打消居民的顾虑。想要取得居民的信任还要依靠具体行动。颖侠物业公司最先面临的是重修下水道的任务。整个小区因为设施陈旧，下水出口坍塌，只能重新布管。社区的预算中没有这一部分支出，虽然当时他们刚进驻小区，也还没来得及签署合同，也没有资金，但是为了取得信任，他们决定先垫资。以前的物业公司向居民表示需要花费 5 万元才能解决这一问题。新物业来了之后决定重新规划，并跟居民进行了充分讨论，寻找各种可能的新的解决方案。有一次物业工作人员一直忙到凌晨 5 点才回家。最后找到了性价比很高的施工公司，5000 元以内就解决了这一问题。通过这次事件，新物业很快地赢得了居民的信任，收费率也不断上升，达到了 98%~99%。

另一件事情是小区内很多电瓶车停在楼梯间影响了消防通道。居民不愿意将车放在地下室的车棚里，因为觉得从地下室上下楼需要走楼梯，不安全也不方便。颖侠物业公司了解之后，通过自己的资源引入了第三方公司，免费改造了地下车棚的坡度，还安装了几十个充电桩，居民非常高兴。大家在过程中开会表决要怎么改造，以及一起做预算。有鉴于以往物业从不做财务公示，居民怀疑他们贪污的情况，颖侠物业表示之后每一次花了多少钱都会公开，这就进一步赢得了居民的信任。

还有一次颖侠物业公司在社区卖牛奶创收，收费 200~300 元，很多业主在群里问这些收入是不是用在了社区的公共账户。于是物业把转账的截图发到了群里，向业主大会展示明细，向居民保证钱的去处属实。颖侠夫妻表示，信任是一点点积累出来的，通过这些事情，赢得了越来越多居民的信任。

除了信任的积累，颖侠物业的收费也比较灵活，可以每个月交一次，也可以预交，一次性交齐 6 个月，按照月度公示每月 20 日交钱。但是有些人仍然对此抱有怀疑，会跟物业表示没有看到公示。物业之后在社区的微信群里面公开了四个渠道，分别为社治委的平台、小区门口的公示、业主微信群的聊天记录，还有办公室的原始资料。既有政府的平台，又有居民的平台，还有网络的平台。

颖侠夫妻表示，很多业主一开始并不理解信托物业的意思，也会生发许多连带的关于业委会疑问。例如有的人质疑业委会的合法性，说业委会成员无利不起早，一定会跟物业有勾结。为了应对这些质疑，一方面就信托制，物业公司做了一些自问自答的宣传，这种主动沟通的方式有助于业主更全面地了解信托物业的概念和运作方式。另一方面还请了许多专家进行宣讲，在不同的小区讲了3~6次，从而加深了他们对信托物业模式的理解。此外，颖侠物业公司特别注重财务透明度，主动将物业财务状况向业主公开，明确表示业主可以随时查看资金流向，钱并没有到业委会的腰包里，如果有的话10倍返还。以这种方式消除他们的疑虑，重新建立信任关系，成为信托制的基础。

在一次财务操作中，由于疏忽，物业公司错误地提取了不应得的水电酬金。当这一错误被发现后，业委会虽然表示退回资金即可，但物业公司选择了更主动的方式来处理这个问题：发出了一封公开的道歉信。这封道歉信不仅展示了物业公司的责任感和诚信，而且也体现了其对业主权益的尊重。后来，这一行为并没有引来业主的谴责，反而赢得了业主的广泛表扬。

然而这些做法并非一蹴而就，也是在与居民相处过程中慢慢理解和磨合出来的。例如信托物业刚刚入驻的时候，一些居民要求看账目，颖侠物业认为他们并没有权限查看，引起了一些居民的不满。但是后来物业进行了反思，认为这个可能是之前做包干物业的思维局限，所以逐渐开始对居民开放。

在2020年新冠疫情期间，一些没有物业服务的小区在物资保障和环境维护方面遭遇了明显困难。一些社区书记也开始鼓励运营良好的信托物业公司接管这些无人管理的小区。颖侠物业公司便是在这样的背景下，接管了名为繁华小区（化名）的社区。该小区建于2008年，当时是商品房小区，没有设党组织，也没有物业。其环境逐渐脏乱，且社区投诉量很大。颖侠物业公司表示接手这一小区是很大的挑战，垃圾没有人管，小区内的院委会阿姨通过自治方式，用收取停车管理费的资金来处理垃圾。后来有些居民怀疑阿姨贪污，产生了信任危机。社区书记在社区环境逐渐恶化之后，聘请了信托物业。颖侠物业公司面对这一挑战，采取了一系列积极措施。首先，公司与小区内的院委会阿姨进行了有效沟通，并安排专业人员对小区进行了全面的卫生清理。其次，为了重建业主的信任，物业公司采取了透明化的策略，邀请业主参与物业费用的定价过程。物业公司提出了两个物业费档次——6毛或8毛钱（每平方米每月），并要求240户业主每一户都进行签字确认，最终确认了6毛钱的收费标准。

物业公司通过将发票和财务明细发布到业主群,鼓励业主参与监督,从而提高了管理的透明度和业主的信任度,物业收费率达到了85%,且大多数业主选择在年底一次性支付费用。社区引入信托制物业后,社区的基层治理沉入小区,居民对社区的信任度也有很大提升,从物业刚开始进入的时候说"你快走,我不交钱",变成了"我要主动参与"。比如小区要改善绿化,居民甚至在一起捐了几千块钱公共经费交给物业主持,体现了对物业服务的信任。财务公开之后,居民知道物业不会乱花钱而是认真用于环境提升,也更愿意主动参与公共事务。例如以前有的居民乱扔垃圾,后来居民会互相监督不文明行为,共同管理小区。

有一次小区有人扔了大件垃圾,清运需要花钱。本来物业想直接清运,但是有些居民觉得这样花的是小区的公共资金,不合理,于是一起在业主群寻找丢垃圾的业主,让他自己清理。虽然仍是一样的事情,但是民意却发生了变化。从一开始漠不关心,或者希望有人赶快把事情处理掉,变成了这是小区共同的事情,需要共同参与和妥善处理。

另一个例子是物业在一个大院开了账户,有十几万元的资金,都是业主交的,居民都能看得到谁没有交钱。一些热心的居民阿姨甚至在小区门口提醒未缴费的居民,让他们缴费以后再进入小区,形成了有效的自我监督机制。包干制的时候,都是物业公司起诉业主不交费,但是信托物业的方式让居民看到,钱属于大家,所以不仅是物业,业委会也可以起诉业主,因为要大家共同管理资金。

颖侠夫妻表示,做信托物业之后,收费率完全不用担心。传统的物业形式很多人不愿意交费是因为担心项目经理会私自贪钱。但是信托制是有公示的,所以反而在收钱上很省心,居民之间可以相互监督。信托制最大的优势就是解决居民之间的信任问题。

信托物业一方面非常依赖社区内的协商,要听取大部分居民的意见,另一方面也需要避免少数人对多数人的"暴政"。以一个社区的电梯安装为例,一楼表示不是很愿意,协调的时候大家会说,给一楼一些补偿。社工会在大家需要的时候组织学习和讨论,比如多数人是什么意见,如何让大家都尽可能地满足自己的需求,并且把一些重要的理念打印出来,这样有问题的时候居民就能自己说服自己。小区要装电梯会征求所有人的意见,建立在所有人意愿的基础上,不会对一楼进行道德绑架。而颖侠夫妻表示,

至情至理：城市基层治理中民意分类逻辑与实践

不能采取填鸭式的方式，需要居民自己理解和解读，还要自问自答。社区因为有坝坝会①的传统，所以对协商非常熟悉。但是为了避免场面不可控，党支部、志愿者骨干、维权的人，都会先带领他们统一思想，抓住核心人物，然后才能开坝坝会一起讨论。

在另一个麻雀小区（化名），传统物业做项目老百姓不愿意参加，只能买礼物才能打开局面，动员居民参与。然而，随着信托物业模式的引入，小区的治理和居民参与情况发生了显著的积极变化。他们把开会的地方放在社区，距离小区有一定的距离，反而引起了一些人的兴趣，有很多一开始反对新物业的人过来观察要做什么。宣传材料的清晰解释帮助居民理解了信托物业的一户一票原则，即所有居民都有平等的参与权。这种透明度和参与机会激发了居民的参与意愿，最终高票通过信托物业制度，快速统一了100多户居民的意见。

尽管小区规模较小，许多物业公司不愿接手，但居民为了获得更好的服务，自愿将物业费从无或很低的水平提升至5毛钱。这一变化表明，居民并非不愿意支付物业费，而是缺乏对物业管理的信任和信心。信托物业模式通过确保所有居民都有参与权和知情权，建立了居民对物业服务的信任和信心，从而激发了他们为改善服务质量做出贡献的意愿。

这一制度通过全面透明的管理，不仅涵盖了财务公开，还包括了人员和采购过程的公开，为小区的大宗采购提供了透明度和公正性。在后来各种关键工程中，业主们不再是被动的接受者，而是积极地参与到决策和实施的每一个环节。例如业主想要换变压器，物业找的变压器公司包含检验费一共要5000多元，居民觉得价格过高。于是他们决定用自己的资源，主动寻找更经济实惠的选项。后来通过关系找到了很便宜的价格换了变电器。最后施工的时候帮着换了两个保险管，仅用了500元。这一过程中，业主们不仅关注最终结果，还参与到具体实施环节，进一步降低了成本，体现了自治的效果与价值。

通过这一案例，我们可以看到，当居民感到被尊重和赋予权利时，他们愿意积极参与社区治理，并为提升生活质量做出努力。信托物业模式的成功实施，为其他小区提供了宝贵的经验和启示，展示了居民参与和社区

---

① 居民议事会的一种形式，参见第三章。

自治在提升物业服务质量中的重要作用。

在居民的日常生活中,物业公司最为频繁地和居民产生联系。如果能将居民的问题及时解决,将极大减轻政府的压力,提升治理的效果。信托物业的这种运营方式,不仅提高了小区管理的透明度和公正性,也激发了居民的参与热情和自主解决问题的能力。它让业主意识到,通过共同努力和智慧,可以更有效地解决小区面临的问题,实现小区的可持续发展。民意得到了更好的表达,居民也参与到了治理的实践中,让原来的一些矛盾获得了解决的途径,生活中的难点问题得到了妥善的解决。这种以居民为中心的管理方式,为构建和谐、高效的社区治理模式提供了有益的借鉴和启示。

第四节 社区商业服务:民意与经济发展

案例6.6 成都同心社区商业服务智慧化转型

随着城市化的进程,社区空心化的问题日益严重,不仅农村社区,城市社区也面临着类似的问题。而且城市居民之间的互动相对较少,更加缺乏深入的互动。为有效应对这一问题,同心社区(化名)采取了一系列措施用服务链接居民。例如社区居民居住位置靠近,周围资源丰富,将这些资源进行链接和整合是一个重要的思路。此外,社区需要提供多种服务,包括办事服务、空间服务和精细服务。这些服务都是社区居民广泛需求的领域,也是新时代需要满足的民意。而智慧化在解决这些问题上有着突出的优势。

一 成都社区的智慧化做法

成都市通过打造智慧化社区,力求整合资源、提供多样化的服务,满足居民的需求,并促使一些民意转化为实际行动。这种社区服务的创新和发展对于弥合社区空心化问题具有重要意义。

在此背景下,越来越多的公司开始投身于配合政府打造智慧社区,其中有三个主要的方向:运营管控,政务云和大数据,以及社会服务。相比较而言,政府对前两者的需求较高,发展也较早,第三种方向的发展则相

至情至理：城市基层治理中民意分类逻辑与实践

对较晚。然而，随着居民对服务需求的增加，社会服务有着很好的发展势头。在智慧社区的建设中，政府和企业共同合作，致力于满足居民的需求和提升社区的发展水平。通过科技和数据的应用，可以更好地运营和管理社区，提供高效的政务服务，并为居民提供更好的社会服务。例如，一家科技服务类公司受到当地民政局的邀请，参与到智慧社区治理的项目中。他们希望在提供社会服务的过程中更多地满足居民的需求，而不仅仅是简单地完成政府自上而下的任务。在回应居民需求的同时，企业一方面精细地计算目标、成本和产出。另一方面还需要仔细思考，如何既在有政府资金支持的时候运行项目，又在项目结束之后给居民留下可持续的效果。

社区智慧化的建立在很多方面都能形成优势。第一，可以建立完整的社区的概念，把社区的形态、文化、业态、生态和心态这"五态"进行整合，形成可视化地图呈现给居民。居民看到地图的时候就可以对社区形成一个直观的认识。这个前提是需要大量的调研。技术专家和社会工作者，与基层工作人员去大街小巷实地调研，从不同的角度提炼五种业态。了解清楚以后就可以依靠技术手段梳理资源。包括党支部的位置、商业设施的布局、交通和医疗设施的分布，以及社区中需要进一步提升的区域。地图做完之后，要挖掘在地的能人，让他们参与到社区的介绍和宣传中，增强社区的凝聚力和吸引力。之后通过链接地图，发挥直播和社群的效应。

一般每个能人后面都有社群，能人涌现之后，就可以以人脉连线，居民可以形成更多实在的感知。还可以进一步通过 VR 做辅助，居民可以在线上漫游整个社区。以前社区也做了很多的事情，但是普遍比较零散，也没有人来进行介绍，社区的形象和特点难以清晰地传达给居民，愿意参与社区营造的居民较少。通过智慧化手段链接起来之后，居民对社区认识更加全面，认同感也有所提升。

第二，精准服务，科技可以用于梳理社区受理的事务，主要是咨询频率比较高的服务，解决一些政府平台办不了，街道没开始办只能在社区办的事情。例如建立智能小事通，居民可以先自助查询、预约、核查（资料文件等），再到现场办理，只用跑一次，省时省力。智慧公司还建立了智慧社区工作群，成员包括社区两委、科技公司、居民代表，而且发挥了科技的优势，对服务的内容不停地提升，并持续发布。比如发现哪些地方有优惠，居民代表会不断贡献信息。这些信息很难在大的平台上发布，但是社区的小事通就可以全部发布居民最关心的问题,这样就让社区从单一和固定的状态变成了成长型和陪伴型的空间。

除了这些查询服务,一些居民最关心和经常问的问题也会以信息的形式发布。例如随迁子女入学问题,劳动关系协调问题。一些非常规但是临时需要做的事情,也可以通过智慧服务创造事项。例如疫情封控的时候社区工作人员不足,居民需要开证明,一个工作人员忙不过来。而且很多居民过来问问题,需要一个工作人员回答多岗位的相关信息,也很难处理。AI 在这方面具备很大的优势。一个是可以在终端进行 24 小时答疑,解决一人多岗的问题。同时可以对居民提问的频率进行大数据分析,发掘居民最在意的问题,及时进行预判和调节。另一个是可以提升效率,对于批量性的需求大规模生产,例如用其协助开了 1000 多份证明,节约了大量时间。

第三,服务和使用人群的频次的持续和稳定。一般性的商业性机构很难获得稳定的参与者。但是在社区活动的机构则可以获得稳定的人群和参与频次。人们会持续地运用社区的智慧服务办事、娱乐以及参与活动。社区里不同人的需求非常多元,也因此可以撬动经常参加社区活动的社群,虽然开始的时候人数还不够多,但是参与较为固定和持续,以中老年人为主,慢慢拓展到一些有孩子的家庭。

第四,让很多活动变得轻松易行。例如暑假期间,很多父母上班没有时间照顾孩子。社区了解后提供了孩子的托管服务,通过举办一些低价或者免费的公益活动,让老人和孩子参加,受到了广泛欢迎。这些活动可以通过线上渠道参与,自行报备,提交申请后由社区在线审核,省去了线下审核的麻烦。社会组织也会帮助居民学会使用科技方法,同时培育自组织,让居民之间自己学习。在活动过后,所有的活动数据也会一键导出,还会自动给居民提醒和推荐。一般情况下,只要社区活动能有持续性,就会有越来越多的人参与。

第五,VR 技术的应用可以进行空间的链接。智慧场景不再是孤立的,而是通过 VR 技术形成了一个有逻辑、有先后顺序的有机整体。这使得居民和管理者能够通过 VR 直观地对空间进行评估,看空间的利用是否合理,并提供优化。居民可以根据空间公约在线进行预约,根据不同的用途和需求,收取不同的费用。居民申请提交之后,社区将进行在线审核,确保空间资源的合理分配。虽然审核结果不一定总是成功的,但方便快捷,可以随时查看结果。预约成功之后，系统会自动生成排期表，取代了传统的纸质查询方式，大幅提高了效率，减少了资源浪费。最后就是社区资金管理和各方的行为轨迹都在后台上有记录可查，包括商家的资金、空间的收益和活动的收益，确保了管理的透明性和可塑性。

二 智慧社区建立的完整体系

这样的智慧方式围绕居民的社区生活建立了一个完整的体系，形成了一个"三圈三社"的系统。第一个圈层是邻里圈，邻里圈是互助性质的，目的是让居民之间相互看见。希望居民突破自己的朋友圈，解决邻里沟通、互助的问题，并让自组织在邻里圈被看见。运营公司会定期发布"社区捡漏"的消息，通过搜罗一些生活服务优惠，形成"智慧社区小助手"，方便居民满足日常生活需求。物业也在上面发布为居民做的事情，比如给居民换灯泡、修剪花草等。辖区的片警、交警如果没有发布的平台也可以在上面发布信息。邻里圈的底层逻辑是打造熟人社区，让人们互相认识、互相信任。

第二个圈层是志愿圈。社区志愿服务是推动社区发展的重要力量。每个社区都有自己的志愿者圈子，核心层的第一层由年龄较大的居民组成，他们是社区志愿服务的基石。核心层的第二层要开拓的是有家庭、有孩子的年轻人。社区可以给孩子开具社会实践证明，所以很多家长愿意参与注册。核心层的第三层则是年轻人，这个圈相对较难，需要第一层来撬动。

为了激励志愿者，社区建立了一套有效的积分体系，制定兑换公约，并实现"在地兑换"。兑换的公平性、有效性和内容都在很大程度上影响着居民的积极性。公约规定了哪些事情可以积分，哪些事情积分多、哪些事情积分少，还有哪些事情属于不诚信行为需要扣分。通过这些方式奖励好的行为，也提高违约的成本。公约的确立要和志愿者代表充分沟通，一般第一个圈层是每个社区都有的，标准配置为 30～50 人，以 30 人居多，属于主要的沟通对象。兑换的物品大部分是商家赞助的。志愿者的宣传、招募、兑换地点通常统一设在商家门口，这样可以方便志愿者进行兑换，同时也为商家带来客流。

可以用来参加兑换的活动种类也逐渐扩展，包括志愿服务类活动、公益类活动、技能分享类活动、党群共建类活动、生活消费类活动、低碳环保类活动,都可以换积分,是一种有效的激励机制。很多大的科技公司虽然资金雄厚,但是和社区的需求不匹配。社区需要的是公共服务,主要的服务人群是社区居民,如果公司只以营利为目的,则不符合社区的需求。

第三个圈层是乐活圈。乐活圈通过"乐享同心"小程序等线上平台,引导社区匠人、社区伙伴、社区商家形成"三社联盟",为居民提供优质服务,推动社区生活服务资源的线上集成。其建立遭遇了诸多挑战,社区的7个龙头商家一开始觉得这个是好事,可以多一个渠道服务居民。但是真正做起来以后,发现服务项目容易逐渐被一些大型的集团所垄断。例如美团在一些服务上更有经验和优势,容易将一些小的服务商挤走。有一些商家因为没有做过社区商业,所以对社区也存在顾虑,不确定这一平台能否真正有利润并且持久。社区为此跟周围431个商家洽谈,花了一个月的时间,最终筛选出40个商家进入平台。

乐活圈与互联网平台有4个不同的特点。第一,进驻社区商圈的,价格都要更低或者持平,在地的商家也很愿意给居民低价卖货,与居民之间建立良好的联系。第二,通过"三社联盟""五式回馈"给社区带来资金、物资、空间、服务(商家也可以提供人力)和资源(比如带来新的项目,促进共赢)。本质上是要参与到社区治理中,社区就可以给商家提供低价或者免费的场地。第三,外部商家的引入,区别于互联网平台,既要价格低,又要保障服务。第四,要始终以社区为主体,而不是以资方为主体。

这一方式的核心特点是打破了单一主体运营模式,多元主体参与支撑,运行成本就有所下降。乐活圈是一个很好的平台。传统的商居联盟,黏性不够。而大型商业集团,如美团虽然在服务的专业性上有优势,但是与居民之间的关系不够紧密,没有情感链接。社区的商家有社区作为保障,一旦出现违约的问题,社区书记也会出面干预。一旦发现这种情况,社区也会向居民公示,对商家的震慑效果很强,因为要注重影响和口碑。通过这种方式建立了信任,就能解决很多问题。

三 智慧社区建立的服务主体

需要看到的是,基于智慧技术的社区商业也存在很大难度,因为社区商业实际上是辖区商业,社区服务的主体的需求比较零碎。而有些非大众、不是很赚钱的需求,经常不在商家的服务范围,比如磨刀服务。因此,社区也通过智慧的方式对不同的服务群体进行了更为细致的分类。社区内的服务群体可以分为"社伙"、"社匠"和"社商"三个类别。"社匠"是指以专业技能谋生多年，被居民群体认知认可，在社区里面的居民，他们可以很好地满足居民那些细小，且不方便交给市场的需求。

例如有居民会定期设立理发摊，为一些社区老年人免费提供服务。还有一位居民，收了20年的废品，信誉度很高，但是收费很低，而且可以上门服务。这样就帮助居民解决了很多生活中的棘手问题。还有家电维修匠，可以帮居民上门提供便宜的家电维修，解决了很多居民生活中虽然小但是棘手的问题。居民之前并不知道他们的存在，但是通过社区搭建的智慧平台，上网以后就可以获得全部的信息。相比于社区外的大型商业平台，居民不仅能获得更为低价的服务，而且会有更多的信任感。

"社商"一般是商誉良好，有营业执照，在辖区里面的商户。"社伙"则指有某方面的特长，能够给居民提供时间和碎片化服务的居民。比如辖区内的绘画老师、京剧老师、心理咨询师、广场舞老师等，社区也通过平台对他们进行了行业筛选。

居民可以加入这三个群体中，参与服务，解决社区发展问题。这三社也参与到了社区治理当中。提供例如法律咨询、心理辅导等服务。三社联盟之后，居民非常喜欢这个平台，经常通过它化解矛盾、解决问题，形成了自治的秩序，降低了对社区和政府的依赖。

四 智慧社区的发展

智慧手段在其中起到了非常重要的作用，是传统社区综合体解决不了的。例如所有的交易在网上留痕，社区可以把这些数据统计起来，把收益量化，把服务质量展现出来，也让收入的来源更加清晰。传统的综合体空间之所以经常利用不起来，在一定程度上也是因为收益不清晰。商家自己也会说自己不赚钱，所以也不在社区公益上有所投入。而在数字化的背景下，"市场+公益"的比例有预先的规定，这样数字化的综合体也更加阳光化和规范化，所有的收入都很清楚。

智慧社区是否能成功有很多方面的因素。在服务的60多个社区里面，有非常好的，也有一般的。只有在真正愿意做一些事情的社区里，智慧社区的优势才能充分发挥出来。有些社区开发智慧项目，完全是为了完成自上而下的任务，所以体会不到智慧化的好处，有时还会产生很多负面情绪。

智慧社区运行的好坏与服务公司和社区都有很大关系。第一，是看政府评估的方法。很多项目只在意建设，不在意成效，都是投入建设完就结束了，合同就终止了。由于新型的项目无法用传统的方式衡量，很多科技公司只有功能性的验收，使用效果没法很好地评估。举例来说，志愿者平台能够发起任务，可以注册，能够积分兑换，显示商品、支付，然后就能验收了，但是效果没办法验收。

第二，每个社区不可能所有的场景都做好，但是都有自己的特点。以同德社区（化名）为例社区乐活圈和志愿圈做得好，但是邻里圈就较弱。受到疫情影响，进入的人较少。另外，社区的基础条件很重要，两委班子是重要的部分，有的班子新，经验不足，对社区的理解不深，对居民的撬动就一定是受限的。而这个平台要解决3~5年的问题，不是能够立竿见影的，是需要人来共同"养"出来的，需要一个过程。

第三，服务公司对社区的理解也会影响服务的效果。服务公司与社区需要经常联系，达到紧密的状态，而且能够随时观察场景和模块是否有问题，从数据倒看场景的运行，不能让科技公司太放松。服务的老师、社会组织、社区都要去了解，让居民增加对智慧社区的理解，了解平台的运行方式，才能使服务慢慢变得更加顺畅。

第四，很多智慧社区的建设，没有考虑到社会组织如何使用这个平台。其实智慧平台可以带来很多便利，如以前办活动很麻烦，志愿者发起的志愿任务需要用"问卷星"让居民报名，而现在可以通过平台进行，而且可以直接链接到很多的商家资源。

还有公益慈善的方式也发生了变化，以前都是直接捐钱，现在还可以通过提供服务的方式开展。这样让商家也能赚到钱，居民也能更好地使用服务。智慧社区的方式是要以感知促进认同，以服务增加信任和黏度，以公益聚集资源。通过自下而上的建设，关注和聚焦每一个居民的需求。

同心社区的书记希望未来把智慧社区进一步深入变成数据银行。他认为随着人们的使用，在生活服务的领域会积累越来越多的数据。这些数据是有价值的，城市治理的表面无法触及这种深度，所以社区应该持续做下去，这会很有意义。社区的数据首先要储存下来，其次做自己的数据库，形成居民的画像,提供更精准的服务。以前数据分散在电脑里的各个角落,有的时候找数据非常困难。数据银行相当于从智慧社区的发展和治理,走向信息管理、办事管理。

智慧社区的建立对民意有了更多的理解方式、组织方式和处理方式,但同时也带来了一系列挑战,重新对政府、企业和居民的关系进行了定义。日常的生活服务表面上看虽然距离政府的维稳目标较远,对于居民来说也不是很紧急,但是都是他们非常真切的需求。很多时候,社区服务其实是帮助居民解决具体的生活问题,而服务过程中因为主体、各方利益,有的时候存在很多问题,需要不断地完善治理方式,寻找一种更为优化的解决方案。

智慧社区的建立极大地丰富了民意的理解方式、组织方式和处理方式,为政府、企业与居民之间的互动关系带来了新的视角和挑战。这种新型社区模式要求我们重新审视和界定各方的角色与责任。首先政府的角色与居民之间的关系更加贴近,主要承担设计、组织和帮助的职责。企业更加多元和灵活,但不能仅考虑到收入,还要考虑到社会意义。而居民则可以更好地通过对网络的使用表达自己的需求,展现自己的喜好。

虽然很多微小的需求看似并不重要,但对居民来说可能正好切中生活中的痛点,而智慧社区在这些需求的发现和服务的提供上也更具优势,有利于政府更好地理解居民。但同时,智慧社区运行的好坏也对政府的执政能力有了很多的考验。要求政府不断地完善治理方式,探索更为高效、合理的解决方案。通过持续的创新和改进,智慧社区才能够更好地满足居民需求,实现更加和谐、可持续的发展。

案例6.7 成都静谧社区儿童和青年服务

前文提到的静谧社区(化名)除了对老年人的服务,还有一些对于儿童和青年的服务,主要利用的就是社区商业的模式。例如2019年左右,幼儿园资源比较紧张,很多公立幼儿园排不上队,而私立幼儿园又收费较高。但有很多家庭有托育的需求,所以社区联合尚高乐幼教集团兴办了社区幼儿园。幼儿园的场地是原来国有公司的产权,室内有2000多平方米,室外1000多平方米,一共4000多平方米,每平方米收费26元,并以每两年3个的增长点递增,5年签一次约。幼教集团5%~10%的收益注入社区内,为居民提升服务。幼儿园提供的是高端私立的服务，但是收费标准按照普惠价格，1000多元一个月。

一位姓赵的老师成立了花朵托育服务有限公司（化名），为社区提供早教服务。她以前在北京和海口两地从事过表演和教育行业，还在歌舞团当过舞蹈演员，积累了丰富的经验。嫁到成都生了孩子之后，时间基本投入在家里。直到第二个孩子四个月大的时候，她非常想出来工作。综合考虑了自己的经历，她认为在社区做托育行业是一条可行的路。第一是刚到成都的时候，她曾经在老年大学教过舞蹈，有做艺术学校和培训中心的相关经验；第二是政府对托育行业有政策扶持；第三是做社区商业相对来说压力小，也比较自由，可以兼顾工作和家庭。

她了解到，在成都注册的托育公司有1000多家，备案的有380多家。青羊区有11家。这些信息都可以通过政府绘制的地图在全市范围内查找。疫情防控期间，成都市也有托育补贴，一个孩子可以享受1000元。静谧社区现有的托育中心名叫儿童成长馆，做得非常好。

有了足够的动机和对行业的大体了解后，赵老师又认识了一位来自台湾做托育的老师，是新北市公立托育园的园长，并与他学习了两个多月，渐渐感觉有了信心，2018年7月，赵老师第二个孩子一岁多的时候，她在社区开了一家全日制的托育中心。由于政策要求社区托育必须是普惠型的，不能收费太高，她虽然按照市面上中高端教育做了设计。但是价格比较亲民，收费标准是3200~3400元一个月，此外还有一些公益的亲子教育课。以前一节课收费120~150元，为了尽量做到普惠，价格降到了20~40元。这样，公益早教不仅具备了足够的专业性，而且人人都能上得起，保证了普惠性。

一开始，托育中心有3个班，一个班有12~15个孩子，一周上一次课。但是这样的课程不够紧密，效果就会比较有限。后来每天都有早教课，孩子们慢慢建立起了秩序感，托育机构也获得了很好的口碑。一般的普通托育机构最大的问题是招生和租房，但是这个托育机构开在社区，且效果很好，政府给了很大的支持，这两个问题也都得到了缓解。目前社区面对着14000多个家庭，并不愁生源。同时因为在社区，租金上有一定减免，例如收取舞蹈培训的15%作为租金，减轻了机构很多压力。然而也正因为是在社区，所以也有自身需要面对的问题。例如老师的工资不会很高，所以没法面向全社会招聘，数量和质量都比较难保障。

赵老师表示以后希望更多地整合力量，锻炼造血的功能，扩大影响力，让更多人愿意来应聘老师。例如邀请四川省歌舞剧院的变脸演员来表演，与早教中心的小朋友互动，弘扬传统文化。这些演员非常专业，但是在社区表演的价格相对便宜。还有很多小朋友喜欢警察，所以会邀请社区交警分局的警察给小朋友上课，小朋友会觉得很骄傲。此外，社区还有自己的特色，例如一年四季都种植各种植被，饲养着孔雀，小朋友可以喂鱼、可以品茶，活动内容非常丰富。

在青少年群体的服务方面，社区的社工站则起到了重要的作用，其中有600~700名服务人员，主要是院落里的志愿者和物业作为保障。每个社区有1名站长，4名社区干部和物业工作人员，主要的治理主体是居民自身。党员干部作为表率，随时调动居民积极参与。虽然平时社工站看似作用不大，但是一旦社区需求体现出来，能起到很大的作用。

在以往的社区治理中，社区的主要服务对象为老年人。因为没有足够的资源和精力满足青年人的需求，青年人参与社区活动的意愿很低，也成为治理中的一个难题。近年来，受到新冠疫情的影响，年轻人愈发看重生活区域内的服务。作为全龄友好的社区，静谧社区对于中青年对象也有一些服务。

例如社区观察到，以前的年轻人经常有同伴在一起玩和学习，但是现在青少年的生活空间扁平化，社区的生活空间较小，小伙伴没有一起玩耍的地方。"双减"之后很多小学生下课早了，但是工薪阶层的父母很多下班较晚，无法陪伴，所以社区努力提供一定的空间，让孩子们在上完学后可以在社区内活动，家长也比较放心。

社区图书馆是一个很好的空间，以前很多图书馆都是摆设，既是因为没有足够的投入，缺乏相应的书籍和舒适的场地，同时也缺乏图书管理员。静谧社区通过打造生态环境，建设游戏馆、科技馆、图书馆、自然馆，同时配备管理员，让孩子有充分的活动空间和阅读空间。这些空间不仅能让小学生活动，还可以让一些大学生做图书馆的志愿者辅导小学生作业。

除了看书孩子们还需要课外生活的空间，社区帮助建设了游戏场所、天文场所、农耕场所等，让在城市中的学生可以培养自己的兴趣。这些项目让学生在放学之后有地方进行丰富的活动，非常有利于培养家的感觉，形成社区的精神。

虽然每个街道都有一定的空间资源，但是投入和打造需要人力和物力，所以很多地方的资源并没有被充分运用起来。这个案例为我们提供了另一种思路，社区可以通过空间置换资源，平衡公益性、公共性和商业性，为尽可能多的居民群体提供服务。而社区商业因为具有商业的特性，为项目发展带来了持续的动力，也方便找到更多元的服务群体，利用优势服务更多类型的居民，满足多样化的民意。

案例6.8　成都清新社区商业文化项目

清新社区（化名）的社区商业中也有一些非常有趣的文化项目。一位姓孟的老师在音乐上有一定的造诣，毕业后曾在其他地方做过工作室。后来被朋友介绍到了清新社区。他发现在社区教课可以节省时间和成本，并为社区做一些服务。他以前有一些固定的学生，所以有一些稳定的收入，生活有保障，压力不是很大。来到社区之后，他成立了一个小琴行，也慢慢积累了一些学员。甚至有一些途经社区的旅客，觉得他教得好，也决定留下来学习一段时间。

他的授课内容为古琴，演奏者在古代以男性为主，但是在现代已经开始以女性为主。因为古琴是小众乐器，在普及时有一定的障碍和门槛，所以学费也比较高。但是为了回馈社区居民，他时常会开设一些免费或者很便宜的体验课，授课时间比商业的要长一些，大约为一个月。一共8个课时，需要分4次上完。一次课的费用在200元。后来琴行通过和社区签订协议，支付较为便宜的场地费，且给居民提供较高性价比的服务。有了社区的扶持，孟老师希望把这些课程一直坚持下去，通过公益和市场结合的方式，在社区推广公共文化活动，节假日还会有一些集体的演出。

琴行的工作人员也会作为社区的一分子去参与集体活动，也为老百姓提供公益体验。后来琴行培养了自己的团队，教出了一批学生，大约能达到8级的演奏水平，孟老师也在社区成立了古琴工作室。学生非常积极地参与社区活动，孟老师表示项目最终的目的其实并不是盈利，而是传播和传承文化。

另一位曾老师是清新社区的居民，2006年入住小区，是四川当地人。他20岁的时候开始学习茶艺，是四川碧潭飘雪的传承人。学习长嘴壶出师了以后就开始表演茶艺,在澳门表演了五年,还参加了中国达人秀,第三届的时候拿过第二名。从澳门回来以后经常在各地巡演,曾在2004年到北京参加央视的节目。但是因为长时间内没有找到固定的地方经营。后来回到四川,在社区端午的活动中进行表演,社区书记看到后鼓励他到清新社区弘扬茶艺文化,表示可以低价租给他一间玻璃房子,旁边还有充分的练功场所。

曾老师此后招收了很多徒弟,而且始终坚持传授和练习功夫。2018年,他以社区商业的形式正式进入社区,成立了"龙门茶艺",并与社区合作开发了一系列文化创意产品。他的创新设计以茶叶为中心,如将普洱茶饼装饰在茶树根上,制作熊猫钥匙扣、倒流香等摆件,深受游客喜爱。后来他还为工作室"晒三花"进行了工商注册。晒是分享,三花是百姓的三等级花茶(三级花毛峰)。这些茶叶价格亲民。此外,他还推出了包括倒流香在内的高级产品线,所有产品都带有清新社区的标识。为了进一步丰富社区文化生活,曾老师还开设了社区茶馆。他巧妙地将茶艺与熊猫文化相结合,不仅吸引了众多客人,也让他感到特别有成就感。通过这些活动,曾老师为社区的文化创意和经济发展做出了积极贡献。

本案例中的项目以文化为核心,成功打造了一种新型的社区商业模式。通过深入挖掘和创新传统文化,项目不仅吸引了大量年轻人的关注,也激发了附近居民的兴趣,有效提升了社区的活力和吸引力。这种传播效应不仅让更多人了解和认可社区的文化价值,也为社区带来了更多的合作和发展机会。更重要的是,项目鼓励和带动了居民的积极参与。居民通过参与项目活动,不仅增强了对社区的归属感和认同感,也为社区的发展贡献了自己的力量。需要看到的是,这些新生的商业项目已经不再是简单地满足民意,更多的是生发出很多民意的创意,对于治理有了更为积极的意义。

第五节 社区文化团队:民意与精神建设

随着人们生活水平的提升,精神的需求也愈发丰富,开始追求文化和兴趣项目。最初阶段,政府也提供了很多帮助和支持。随着时间的推展,居民的自主性越来越强,不仅体现在资金上,更体现在参与的方式上。

案例 6.9　西城区大海街道政府推动的文化团队和兴趣发展

北京市西城区的大海街道（化名）整体的基础建设状况非常好，而且具备丰富的文化资源。社区干部在和街巷长走访的过程中，了解到居民对于文化活动有很强烈的需求，于是对辖区内 250 多支在街道登记备案的文化团队和治安巡逻队、志愿者、为老服务队等社区社会（自）组织进行了摸排，发现他们普遍处于自娱自乐的状态，很多参与者都希望能进一步提升水平，却没有途径。因此政府提出建立专业团队，满足居民的文化需求，提升为社区居民提供文化类服务的效果。

借助西城区民意项目的契机，大海街道也为文化项目申请了资金。为了能把项目真正地落实下去，街道召开了四个层面的协商会议。第一是街道层面，召集了地区的二十几个社区，确认了立项的意愿，之后明确了立项的方案。分别按照唱歌、舞蹈、书法、绘画、体育及诗词朗诵等六大类，进行文化团队的培训。

第二是社区层面，引领社区骨干开展协商，由居民推荐合适的、愿意提升的队伍。由于很多社区不止一两支队伍，但是申请的资源却有限，需要居民投票，最终推荐一支团队去参加培训。

第三个层面是团队内部。政府确定了培训的人员、方式和内容之后，会对接第三方的专业团队，并对居民进行培训。每个社区进行全年不少于 10 次的培训活动，并对活动进行跟踪和回访。大海街道下辖 25 个社区推选出的代表团队在整个品质和专业水准上均有明显提升。活动开展变得有时、有序，各种社区组织和文化团体管理趋于规范，社区公共空间使用也更加高效和透明。

第四个层面是召集了社区居民的协商会，让居民尽情表达推行社区队伍的期望。比如要在社区参加多少次活动，活动的细节，增进居民参与培训的组织意识，让他们尽可能获得更多的培训机会。不同于其他的硬件项目，例如建楼、做路灯等，这个项目相对来说是一个软件的项目，推行方式也比较柔和。目标是做到立项之后，居民自主决定如何满足需求，并执行下去。

街道将直接目标与间接引导相结合，利用街区资源禀赋，一方面满足居民需求，另一方面着眼于社区居民动员，（自）组织能力培育和街区精神培育。街道十分重视发挥社区原有组织的骨干力量，如社区共建单位的为老服务队、环湖文明劝导队、四小便民服务队等。少量设置公益性岗位，有效补充执法部门工作和社区服务，同时进行社区内部动员和带动，不断提升居民参与意识，陪伴社区居民共同成长，形成社区居民中的意见领袖，发挥民智，提高民议的效率和效用，更好地表达民意。同时，重视引导社会组织有序发展，在培力和赋能、增能的过程中，拓展对于社区志愿精神、文化氛围营造等方面的正向引导功能，培育出一些社区（半/准）公益类居民自组织和服务队伍。同时还要求专业培训力量在对团队展开培训的过程中，注意对居民做出积极的鼓励、对公益性内容作出充分的介绍。最终以文化团队专业提升为契机，带动社区整体环境提升，推进公共氛围营造与社区文化建设。

推行一段时间后，该项目在社区治理方面取得了一些积极成效。第一，改进了社区的文化服务水平和效果，满足了居民文化诉求，社区文化氛围有所提升。第二，加强了社会组织规范管理，社区居民和团体成员的各项活动各行其道，井然有序。第三，社区文化环境改善也调和了社区人际关系。以前社区团队开展活动主要是自娱自乐，不具备观赏性，而且容易发生噪声扰民、互相争活动地盘等大小冲突事件，造成社区居民和社区团队之间关系紧张、摩擦频发。该"软件"民意项目则通过提升社区文化水平，满足了居民技能提升的需求，发挥社会组织在社区中的积极作用，调和了居民与文化团队之间的矛盾。第四，社区文化环境整体提升也影响了居民参与社区公共事务、公益事业的积极性、主动性，在原有社区社会组织和驻区单位志愿服务队伍基础上逐渐发育为社区提供公益服务的社区居民服务队，借助社区团队培训进行潜移默化的引导，提升了社区整体精神面貌，增强了社区居委会的统筹、协调、动员和发动居民参与的能力。更好地服务社区居民，推动社区自治，为社区柔性治理打下良好基础。

需要看到的是，在文化项目中，居民的自主性相对较大，可以选择自己喜欢的项目，丰富自己的业余生活。但对于政府来说，因为要立项出钱，而且资金有限，所以必须有一些自上而下的筛选和考核，遵循政府运行的逻辑。居民的参与更多是兴趣使然，但政府的组织更多是希望提升居民的参与度，并培养自主的意识。在这类项目中，政府主要起到出资和监督的作用，居民和政府基本上不会发生冲突，而居民之间虽然可能有一些小的摩擦，但整体上比较积极，基本可以顺利开展。

案例 6.10　东城区小新社区居民自发申请成立书画班

居民群众的兴趣是调动居民参与积极性的重要因素，玉杯书画班（化名）就是一个很好的例子。2012 年 5 月初，小新社区（化名）一名居民向社区提出想要成立书画班的愿望，满足社区爱好书画居民的要求。于是社区在召开班子成员例会时，将居民的想法与社区班子成员进行沟通，针对社区办公用房条件，大家一致认为具备条件。

书画班成立之前，居委会在社区内进行了走访，一是发放调查问卷对老年人需求做出了摸排。二是入户走访了解情况。三是张贴通知，告知有书画爱好的居民可以来社区报名。社区书画班初步成型后，社区主持召开了、居民议事会议，经过表决大家同意开办社区书画班并于 2012 年 9 月正式开班。在老年大学学习过书画的白老师当起了义务教员。书画班渐渐地从最初的五六个人，发展到十余人。

随着书画班的成员逐渐增多，大家不再满足简单地画画，而是想创造整幅作品。自己画完画之后需要签名，可是字写得不好，大家开始计划在社区再成立书法班，这样可以两全其美。想法告知社区后，社区为了满足居民的需求，请到了社区内的能人张老师作为志愿者为大家辅导书法。居民开始画画和书法一起练习，大家的学习兴趣也不断提高。

书画班丰富了社区老年人的生活，一年一次的书画展已经连续进行了三年。其中还进行了一次社区内的个人书画拍卖，老人把拍卖得到的钱款全部捐给了社区。看到居民的进步，社区工作人员表示也获得了很大的成就感。

这一项目在社区内部开展，居民的需求也相对简单，主要是满足自己的精神需求。对于政府来说项目也比较好执行。然而也正是这样的项目，非常精准地对接了居民的需求，也因此获得了很好的治理效果。

案例 6.11　西城区绿洲社区对文化项目的帮助

为了丰富居民的精神生活，西城区新月街道的绿洲社区（化名）组织了合唱队、舞蹈队、太极队、模特队、老年编织班、陶瓷班、书法班等文化团队，党员和群众都有参与。社区内有一个活动室，老年人的项目几乎都能排满，甚至如果社区需要开会，都要去协调时间。社区的模特队、合唱队还有舞蹈队，都在新月文体擂台赛上获奖。2018 年获得一个一等奖，两个二等奖，2019 年也是获得一个一等奖，两个二等奖。正因如此，居民的荣誉感非常强。例如太极队在比赛中没获奖，就只有参与奖，那些六七十岁的老年人回去就很伤心。觉得别人都获奖了，他们却没获奖。这也反映出老年人的社区认同感。

平时居民参与活动并没有经费支持，是完全自治的行为。但是为了鼓励居民活动，社区用公益资金每两年为舞蹈队添一次服装，一套服装不超过 300 元。社区公益金 2000 户以下每年补助 8 万元。舞蹈队、太极队这些经费都由社区公益金支付。唯一的问题是参加活动的都是年纪较大的人，在职的年轻人基本平时都在上班，晚上和周末也需要照顾孩子，没有时间投身于社区活动。

另外社区活动的承办在场地和经费上也会受到限制，需要社区的支持。例如居民想要举办一场文化周的活动，因为有唱歌和舞蹈表演，所以需要较大的场地。社区自己的场地没有舞台不符合需求。然而附近的老年大学作为老干部活动的站点，也是机械服务中心的老干部活动站，可以免费提供场地。社区就会帮助居民沟通。除了这个场地，多年以来，还有一个公安部的老干部活动站可以利用。这些都需要社区的书记发挥作用，努力协调。

可见虽然是相对简单的文化娱乐项目，但是政府在治理过程中仍然需要很多精力和经费的支持。结合之前的案例来看，在商业和文化项目中，老年人的项目仍然以政府为主导，而年轻人的项目和全品类的项目，主导者会更加多元。这也是目前民意参与治理的一个主要的状况。

第六节　街道综合服务平台：民意与公共服务

案例 6.12　西城区晴天社区居民的志愿微公益服务项目

西城区的晴天社区（化名），有一些手艺人会修家电，有时会到社区的"邻里之家"做志愿者，做一些力所能及的小事情。社区为了鼓励志愿行为，设置了志愿服务积分，对志愿服务设置了一套规则，并制定了晴天社区志愿服务手册。每个居民的服务会按照志愿服务时长、志愿服务类别和其他居民对志愿服务的点评三个系数加在一起，折合成睦邻币，可以在社区中使用。居民每次为别人提供服务，都会得到相应系数的币用于兑换。兑换分为便民服务区、小朋友的儿童兑换区，还有居民的生活日用品区，构建志愿服务的激励体系。

本来社区想把一些项目整合起来一起做，比如说居民呼声很高的停车项目、改善环境的绿地项目以及服务项目结合。规划停车位的同时做"绿色咖啡馆"以及"展望论坛"，以期全方位和整体性地提升社区的品质。然而，不同项目在立项时面对的压力差别很大。停车项目时间较为紧张，政府压力大，所以决定延缓执行，先通过开启社区微服务和微公益的项目让居民之间形成更加紧密的关系，以便在停车项目中更好地调节关系。

活动的名称为"我的楼门我做主"，是一种社区服务治理公益认领活动。社区书记表示，虽然有很多机构在街道做公益微创投，但是感觉上更贴近于西方的理念，在北京扎根的效果不好。因此希望在实践中把它从公益项目变成公益认领项目，一边干一边摸索。

在这个项目中，任何居民都可以根据自己擅长的事情挖掘项目、认领任务。认领的主体可以是居民，可以是几人的小组，也可以是共建团队。每个项目花费的资金也比较有限，为 1000~5000 元。居民认领了项目之后要在三天之内写好策划书，递交申请表以及预算单，并按照社区的要求开发票，社区需要做把关的工作。活动前的三天，都需要检查场地，监督过程。

一开始，参加服务项目的一共有 19 名党员和居民，还有共建单位的成员。他们认领了 24 场居民当家作主的活动。社区共拿出 4 万元项目资金让居民用来策划活动。例如"和谐邻里诵祖国华章"书法大赛，是社区书法队来认领的，申请了 1725 元购买笔墨纸砚来组织这个活动。最后虽然没有像其他项目一样发放物质纪念品，但是参与活动的居民都获得了免费的字画，大家都很开心。辖区银行的书法老师还认领了"楼门文化"项目。自己亲手做了很多东西，例如用家里废旧的泡沫板来涂鸦，用自己的方式美化了楼门。还有位徐阿姨认领了"金婚"活动，组织大家来庆祝和分享成功的婚姻经验。

还有年长一点的阿姨考虑到老年人活动的问题，想要在社区内安装爱心扶手。小区楼房建立的时候二楼以上都有扶手，但是到了一楼突然就空了，很容易造成安全问题。于是社区积极分子带头，向社区反映了情况。社区研究评估过后，发现有的楼在抗震加固的时候已经对扶手做了统一的更换，但是因为小区情况不同，不同批次的小区安装情况不同，有一些小区没有安装。还有一些安装过的小区因为安装得早，有的已经坏了。

居民自己提出以后，党员和楼长带头，拿着居民爱心服务认领表，保证楼里面三分之二以上的居民签字同意了才能安装，如果不能过半则要否决。政府表示，安装一个扶手需要的经费在 100~200 元，可以用项目经费帮居民解决这一问题。在确定居民的需求和政府的资金之后，还需要居民认领项目去做，才能成功地运行。有的居民表示自己有安装的技能，想要认领项目，但是不方便去五金店买东西。有另外的阿姨表示自己知道哪里有五金店，而且愿意跑腿。最终两位阿姨和那位居民一起认领了项目，成功地安装了扶手。

这一微公益项目因为资金量比较小，因此可以让居民自主安排，相对比较灵活，也能更好地激发居民的参与性。然而也正是因为微小，没有利润，所以很少会有商业力量介入。但正是这样的项目切实地解决居民的文化和生活需求的痛点，对于社区治理也有很好的效果，为调和居民之间的矛盾奠定了基础。

案例 6.13 西城区新月街道综合服务

西城区老龄化问题本就比较严重，新月街道（化名）尤其为甚。街道内有大量机关事业单位退休人员和老年人。其中，不少高龄老人为空巢老人或失独老人，子女长期不在身边，过年过节的时候，还曾经发生过老年人抑郁自伤的事件，引起了政府格外的重视。很早开始，政府就在探索各种方式从心理和生理方面关注老年人。2010 年起，街道启动了夕阳茶座项目，通过心理和生理双重关怀，为老年人提供全面的支持。项目依托北大护理学院、北京老年医院、西城心理咨询中心等专业机构的资源，对社会工作者进行专业培训，以便更好地服务高龄空巢老人、失独老人和低保老人。每周一到两次，老年人被邀请至活动室参与快乐照料活动，通过口舌操、手指操、益智健脑游戏、绘画、音乐和沙龙等多样化的形式，促进老年人的社交互动，消除孤独感。这些活动不仅丰富了老年人的精神生活，也有助于提升他们的认知能力和肌力，从而提高整体生活质量。

新月社区的书记兼居民代表王老师，表示自己从 2014 年就进入夕阳茶座，还在党员之家工作了 12 年，也和老年人接触了十多年了，知道他们的需求，他们也愿意听他讲课。他总结说"慰老服务不能追求高大上。与老年人沟通需要用接地气的方式，不能专业性太强，术语太多。请专家看病，或者请一些高等学府里的专家，老年人可能不喜欢"。[①] 他经常组织老年人喝茶聊天，给他们讲课，并组织一些健脑的游戏。有些老年人对于很多新知识不是很清楚，例如走在路上听到有人说云计算，不知道是什么意思。又或者看到供给侧改革，不知道什么意思，就会在课上问，书记不知道就回去学习，然后给大家讲。

社区里还有一些退休居民和低龄老人，也主动做志愿者为高龄老人服务。为了提高他们的积极性，政府也为他们提供了服务一次 50 元的补贴，但他们的服务量和服务次数实际上要比上报的多很多，基本上都是义务的服务。高龄老人都非常满意，对活动寄予了很大的期待。同时他们也非常依赖这些项目，希望能有更多的服务活动。但是受限于场地和人员，还有资金，政府无法进行更多扩展。为了解决这些问题，政府正在积极探索新的服务方式和空间，以期为老年人提供更全面、更高质量的服务。通过创新和资源的合理配置，政府希望能够满足老年人不断增长的服务需求，进一步提升他们的生活质量。

在人员的培养上，政府也展开了很多探索。从 2017 年起就在社区工作中运用到了 AB 角的工作方法，以应对社工在工作中业务不熟练的问题。举例来说，如果一个社工的主要工作是卫生，那他负责卫生工作的时候就是 A 角，但是有时候可能会配合同事做老龄化的工作，也熟悉一些相关工作，那么做这部分工作的时候就是 B 角。这样一个社工生病或者工作调动，可以有人能很快顶上去，不需要再用一段时间学习和适应，避免出现人员流动导致工作无人做事的情况。站长和副站长都要求社工对所有工作都有基本了解，可以更广泛地为居民服务。

除此之外，社区还有慰老服务队，给鳏寡孤独老人提供一对一的服务。首先给工作人员进行培训，明确什么应该做，什么不该做。之后就是经常去看望，以及陪他们聊天，再给予一些简单的帮助。比如去老人家里的时

---

① 访谈：WXL，社区书记兼居民代表，男，59 岁，20180324。

候发现他/她正在洗衣服,看他/她很累,可能会让他/她休息然后自己帮忙洗。但是一些涉及法律责任的事情则不能做。例如老人病了去医院,需要做医疗决定或者签字,只能帮忙给子女打电话或者调和,但不能代劳。

曾经有一个老太太和子女合不来,病了之后也不肯把子女叫来,社区的工作人员一边安抚老人,一边找她的女儿。女儿表示很理解居委会,平时因为工作忙不常看老人,有时候需要买菜都是社区的人帮忙。老人也对社区十分依赖,想要让工作人员陪护去社区医院,但是社区也表示老年人年近90岁,如果出事负担不起,需要子女尽到更多义务。还有一个老先生晕倒在地,把他扶起来之后发现没有子女,这时候就要打电话给他的紧急联系人,让他自己家的人过来一下,这种问题也担不了责任。

社区里还有几位老年人,喜欢晒太阳,夕阳茶座也想把他们纳入项目中,享受一些服务。但是他们喜欢晒太阳,所以不愿意进屋,只愿意追着太阳走。有的时候会搬一些凳子在社区坐着,书记觉得太乱,就会定期收拾,老年人觉得不方便,有了一些意见。为了让老年人高兴一点,同时保护社区环境,社区使用了党建经费,在社区内给老年人建立了休息和聊天的凉亭,受到老年人的广泛好评,后来推广到街道内的26个社区。

社区书记认为"这个社区因为老龄化问题比较集中,所以把老年人安稳住了,社区就好很多。如果老年人整天在家跟儿女抱怨各种问题,儿女上班也想着父母怎么样,就会有负担。老年人过得好了,年轻人上班有动力"。[①] 很多社工表示,在新月社区工作的几年时间里很开心,不愿意离开。他们最小的是"90后",都很愿意在此工作。虽然工资都一样,但是工作气氛好,也很有成就感。

可见生活和文化服务非常有助于社区共同体的建设。这部分民意虽然会在一定程度上有分化,但是整体方向一致,所以协商起来也比较轻松,很容易快速达成一致,达到较好的治理效果。即便是没有达成一致,也可以选择暂时搁置,而不必非要当时完成,政府的治理压力也相对较轻。文化和服务类项目在政府的各项工作中的受重视程度并没有硬件类项目那么高,相对来说紧迫性不强。但其内容却是居民需求较高层次的方面,因此在凝聚居民之间的关系,以及社区营造方面有着重要的作用。

---

① 访谈:WXL,社区书记兼居民代表,男,59岁,20180324。

第七章
贯穿城市化的安全与秩序问题

　　安全问题涉及国家的稳定和居民的安居乐业，既是居民需求中最基本的问题，亦是政府最为关心的问题之一。比起其他阶段性或者一次性的项目，安全问题则贯穿着治理的始终，其所包含的内容非常丰富，具体到基层治理中，主要涉及居民居住的安全、日常生活的安全、人身和财产的安全等诸多方面。由于安全项目与很多治理的议题相关，在之前的章节中已经有所涉及，例如城中村的整治、城市的更新等。本章将这一议题作为主题，专门从安全项目分析治理中民意的作用。安全状况的维持既包括突发问题的解决，也包括日常秩序的建立。在治理的过程中，政府逐渐发现应对安全问题的难度远远大于预防问题，因此在治理中不断探索预防的措施，帮助居民建立秩序，从源头寻找化解矛盾的方法。

　　从国家安全治理的角度来看，突发的问题主要依靠公安系统，而应对日常问题，则主要采取的方式是法治、德治、自治和智治相结合的方式。新中国成立后，我国在国家层面主要通过建立法治社会的方式来确立秩序。然而在基层社会中，法律并不是居民最习惯和使用的方式，只有在遇到矛盾比较突出或者难以解决的时候才会倾向于用法律的途径解决。我国传统社会中，村落中普遍存在着自成一体的秩序，村民的日常生活遵循着村规民约。遇到解决不了的问题时，通常会依赖村落有威望的能人出面解决和调停。

　　传统的"乡约"中孕育着协商和自治的萌芽。现代城市社区治理也从中汲取了经验，在治理中采取了多种治理机制相结合的方式。为了获得更好的治理效果，基层政府根据地方特色推行各种方案，引导居民建立自己的公约，尽量将矛盾化解在源头。一方面通过鼓励居民参与的同时，帮助居民解决问题，另一方面通过提供平台让他们有一个商讨的空间，经历理解不同的观点、改变认知的过程，让碎片化的民意逐渐理性化，并最终参与到治理的过程中。

本章中将通过一些具体的案例分别对突发问题的应对以及日常秩序的建立进行分析、梳理，以及探讨民意在安全项目中的作用与应用。

第一节　城市流动与安全保障：民意与公共安全

在马斯洛的需求金字塔理论中，安全需求处于最底层，是个体满足其他一切需求的基础。对于政府而言，保障人民的安全是执政的基础，同时也是维系政权稳定的基础。城市的快速发展带来了人口的大量流动，也引发了许多安全隐患。各地方政府在应对的安全问题上虽然各具特色，但是都将其视为治理中最重要的部分。

案例7.1　西城区鼓巷街道公共安全维系

北京市西城区地处首都核心区，其安全问题对国家和居民都具有重要的意义。同时因为西城区有很多老旧小区，随着城市化和现代化的发展，逐渐演化出了一些安全问题。以鼓巷街道（化名）为例，该街道有很多老旧小区，基础设施陈旧，存在水灾、火灾等隐患。而且户籍人口相对较多，人口构成也不均衡，老年人和弱势群体所占比例也很高。区域内共有5.5万户籍人口，老年人口在1.6万人左右，低保家庭1100户。但因为西城区是核心区，对于弱势群体政策较好，所以本地居民不愿意搬走腾退。这导致社区存在很高的治理风险，对安全保障和民生工作都有很大的挑战。

从位置上看，鼓巷街道离天安门比较近，所以安保任务也比较艰巨。用街道主任的话说，"我们街道的综治维稳安保值守是其他街道无可比拟的。每到年节等特殊的日子，就需要街道干部下社区，社区也要派人在天安门沿线巡查"。[①] 然而相比于西长安街街道，鼓巷街道的干部和公安执法力量都相对有限。机关干部的编制是131人，实有120人，其中含有城管分队的人员，事业单位60人。虽然编制上加起来有190人，但是实际上可能

---

① 访谈：WJH，街道工委副书记，男，53岁，20180710。

不到 180 人。

由于地理位置特殊，街道一年 365 天中有 81 天都需要人站岗值勤。此区域内还有很多商业街，人口高峰时期一条街的流量总数能达到 12 万，造成很大的安保压力。每逢节假日等旅游高峰，大量外来人口涌入，也存在很高的安全风险。为了完成安保任务，街道也想了很多方法，例如与张家口流动党委以及山东临沂的流动党委建立长期联系，安保值守的时候可以直接调度。

除此之外，鼓巷街道是老城区，房屋和基础设施也比较陈旧。区域内共有 2700 多个院落和 114 条胡同，其中 95% 都是平房，公房占 80% 左右，单位产权房占 7%，私产占 10%。公共厕所和下水管道问题较为严重，夏天的防汛问题也比较突出。每年的 6 月 1 日至 9 月 15 日有三个多月的主要防汛期，为了保障安全都需要社区在汛期前进行入户宣传和巡查。有的社区由于基础设施陈旧，雨量大的时候院子内雨水横流。但因为缺乏相应的设备，无法实施有效的消防措施。污水不能及时排出，很快就会积攒起来。这些都需要街道的工作人员，或者聘请保安公司做人为的补救。然而这些小的修补只能临时性地解决问题，效果也有限。

除了防汛，防火是另一个重要的问题。平房区的木制楼很多，基础设施陈旧，电线老化，存在很多火灾隐患。2018 年 3 月 16 日下午，一个平房就因为泡沫钢板着火引发火灾，虽然火势不是很大，但是烟雾缭绕，扩散面积很大。由于社区距离天安门非常近，对于基层政府来说压力很大。市委书记和市长在 20 分钟内迅速作了批示，所有的干部都第一时间下沉到社区去解决问题。

为了更好地听取民意，提升治理效果，在以往开展的"进千门、走万户、访听解"的项目中，领导干部参与程度很高，尤其赶上开大会，班子成员都要下社区巡逻，还要在特殊时期进行防汛和防火宣传。街巷长也要进院宣传，走街串巷。平房区虽然隐患多，但是居民之间相互熟识，对基层政府的态度也比较友好，这也成为基层治理的主要方式。基层干部通过多次走访社区，与居民沟通，了解民情，解决了很多问题。

在公共安全的问题上，不出事还好，一出事就是大事，所以政府和居民也都比较重视，双方在需求上相对统一。居民对于安全保障的需求强烈，居民和政府之间，以及居民和居民之间存在的民意分歧也相对较少。而政府在保障居民安全问题上的合法性较强,尤其在首都地区,所以自上而下的治理方式也能普遍被居民接受,方案也可以得到较为有效的执行。

案例 7.2 台州市应对人口流动的平安创新建设

作为民营经济发祥地,台州市"低小散"企业数量多,人员流动复杂,外来流动人口比重高、车辆拥有量高,治安任务重。同时台州地理位置特殊,既靠山又靠海,作为浙江东部沿海的区域性中心城市和现代化港口城市,有传统的、新型的安全议题不断出现,需探寻不同解决方案。

在前两年经济和疫情等多重因素的综合压力下,社会安全衍生风险不断显现。一些重大公共安全风险、治安风险事项(交通事故、医闹、溺水、网络诈骗、食品药品和环境污染、涉众经济纠纷、海洋走私、海上安全、生态风险等)严重影响着政治、社会稳定,还有市民尤其是弱势群体的生命财产安全保障以及他们的获得感、幸福感、安全感。公共安全风险,如交通、溺水事故的原因可能包括人为、基础设施、车辆船只、天气因素等,而此类事故的受害者主要是老人和儿童,事故致贫、返贫的情况亦时有发生。

近年来,台州的安全治理已经有了非常显著的成绩,从市、区县、乡镇政法、公安、应急管理部门的视角来看,市域范围内传统的犯罪、治安、事故问题已经大幅下降,2019 年 1 月～11 月,全市刑事案件同比下降 28.23%,各类事故起数、死亡人数同比下降 41.8%、42.7%。渔业安全生产事故起数、死亡人数、经济损失数同比均下降 66.7%;道路交通事故死亡人数同比下降 22.04%。[①] 然而仍然有些新的衍生安全问题需要解决。

在此背景下,各个联动部门开展了对社会治安防控体系工作布局及安全风险防控工作方法的全面、系统的探索。针对市域内人民群众反映强烈的社会安全风险事项(交通事故、医患纠纷、溺水、服毒、网络安全等),台州市委政法委、公安部门牵头,依托市级相关主管部门,明确政府各部门平安建设职能,因地制宜组织开展了"平安交通""平安医院""平安校园""平安景区""平安市场"等一系列行业、系统平安建设活动。针对市域范围内典型的公共安全、治安、矛盾风险事项,由公安主抓,部门协同,

---

① 参见《台州市人民政府文件》。

基层乡镇街道参与，在标准程序的基础上，针对评估风险事项的特殊性，对重点环节、重点群体、重点人员、重点部位的风险感知、排查、防范和控制进行了创新，积累了丰富的实践经验。针对不同的风险事项、风险类型，初步构建了纵贯部门、社区、乡镇街道、市场、居民，多元主体协同参与的跨领域、跨区域矛盾风险感知、认知、调度和治理网络。这种新的组织机制和实践方式既是台州市域社会风险防范协同治理的目标，也是呈现其市域协同治理的核心策略。

从市域的层面看平安建设工作，既要维护国家的政治安全、大局稳定，又要解决居民最关切的公共安全、权益保障、公平正义等问题，让居民有充足的安全感和满足感。从风险防控的视角出发，依托市域社会治理现代化体系，建设更高水平的平安台州，不仅要在高层制度设计上有计划，更要落实到基层。基于此，台州市将市域社会治理现代化工作（2020年—2022年）的主要目标定位为"切实增强市域社会治理统筹力，形成市级统筹协调、县级组织实施、乡镇（街道）强基固本、村居（社区）和网格协助落实的市域社会治理链条；切实增强市域社会治理聚合力，不断完善党委领导、政府负责、社会协同、公众参与的市域社会治理体制机制"。[①]

乡镇（街道）是市域社会治理的基本单元，基层处在治理的最前端，在保障安全方面最重要的任务是提高风险感知、防范、化解、转化积聚性、扩散性、流动性的社会安全风险的能力，致力于打通市域社会治理的"神经末梢"，在市域社会治理的新格局下，夯实平安的坚实基础。强调风险系统化感知、防范，隐患排查和预防控制体系，上下联动的应急管理机制、资源调度机制，把服务下移到基层、资源下沉到基层的治理体制。这样的一种工作布局是台州市域社会治理现代化建设的一大亮点。

以警务模式的治理体制和工作布局改革为例，台州市公安局会同应急管理局、其他各个部门，强调精密智巡、前端感知、全域智能防控体系的构建，侧重跨部门的协同、协作，动员群众参与，突破了传统条块分割体制下，市域与基层在风险感知、防范和化解方面的局限性。市域工作布局的改革首先在于建设完善的社会治安防控体系，该体系包含市域全域的线上支撑平台和线下支撑要素。线上的部分，台州市公安局自行研发了"情

---

① 参见政府内部资料《台州市市域社会治理现代化计划书（2020年—2022年）》。

指行"一体化合成作战平台——"磐石"系统,该系统集情报研判、态势评估、指挥调度、请求服务、落地反馈等功能于一体,实现了全市"一点发起、全网响应、体系支撑、精准打防"。

市公安局重点推进建设了一张汇集各个部门、多种类型数据的全要素本地时空图,及三个支柱平台(智能调度平台、综合预警平台与决策支撑平台)。三平台融合本地历史警情、周边现发警情、重点人员分布、重点案件时空等数据,绘制案件热力图谱、发案趋势图谱、风险预测图谱,实时更新并动态展示,合理调整警务,精准实施勤务。线下的部分,首先包含全域智能感知场域建设:基于其发达的雪亮工程布局的基础上,台州市着力开发了适用于市域的视频图像结构化应用,包括车辆识别、人像识别、视频特征分析等智能化应用。截至2020年底,围绕市县两级党委政府11个核心区域,台州市已构建完善核心域3层感知防护圈。

在治理架构层面,台州市公安局积极探索建设市域与基层上下联动的网络化风险感知、防范,平台与工作布局。2019年5月,经台州市公安局党委专题讨论通过,投入建设合成作战中心。通过项目型组织管理和协调职能型组织,合成作战中心实现市域公安基础设施"共建共用"、资源手段"共享共赢"、研判预警"同频共振",最大化体现合成作战整体效能。在扁平的网状组织结构上,合成作战中心摒弃了以往单兵作战的理念,最大限度召集情指、技侦、网侦、视侦、刑侦、治安、经侦、特警等诸警种共同参与、多警联动,形成市域"一点发起、多点响应"的新局面。

社会风险视角下平安建设治理架构的重要环节在基层,台州市将着力点放在构建区域联动、部门协作机制,及基层网络化勤务的改革上。它首先指的是在协商、互信的基础上,依托平安建设协调机制,健全跨区域矛盾风险联动处置机制和工作预案。由全市、县主管部门牵头,健全相关部门紧密协作的跨领域矛盾风险综合治理机制。进而,台州市层面强调对乡镇(街道)赋权赋能,积极推进了行政执法权限和资源、力量向基层延伸和下沉,逐步实现基层一支队伍管执法。具体来说,通过全面推进"基层警务室""权力下放""路长制"等新机制,台州市公安部门抓住了基层基础工作的落脚点和回归点。比如,台州市黄岩区自2021年起积极推动"社区警务"改革,以"联勤共治工作站"为抓手,创新打造"就近接警最小单元",社区民警下沉工作站进行就地接处警。在警力紧张情况下,遇简单纠纷或普通求助等警情时，试行辅警协同工作站其他人员先期接处警机制，第一时间响应群众。目前，试点工作站就地处置化解警情已经占分管辖区总警情的 12.5% 以上。①

又如，2019 年 1 月份台州市玉环坎门派出所成为台州第一个高级侦查权限下放的基层派出所。最大限度下放高级侦查权限，满足了基层派出所"破小案"的需要和回归点，各专业警种在主动承担大案、要案的基础上，全力为基层提供技术专业支撑，做好配侦工作。在城乡接合地区，警力尤为稀缺，"交巡联勤、所队联治"工作模式因此应运而生。例如，玉环大麦屿派出所与交警中队在违法处理、设卡夜查、纠纷化解、安全宣传等方面融合业务，发挥所队各自的专业能力。

总体来说，台州市公安治理由单一的垂直管理转向了上下贯通、左右协同的复杂性管理。"线上"和"线下"，市域与基层联动的治安防控体系，共建共治共享的大平安统筹协调机制，使市域各个功能区块均能第一时间与合成作战中心发生连接、反映需求。各功能区块之间也可及时共享情报、互通有无，健全了市域与基层之间"监测、预警、处置、反馈"风险闭环管控机制。

第二节 社区矛盾与纠纷化解：民意与社会和谐

案例 7.3 西城区明月社区内部矛盾的调停与解决

北京市西城区的明月社区（化名）大部分都是央产楼，因为有产权单位，所以政府在运行项目的时候也有很多束缚。考虑到安全问题，产权单位规定小区楼下的地下室不能出租，也不能摆放杂物。但是有居民反映，一个产权单位的员工（以下简称 A 居民），获得了地下室的钥匙，不仅出租过房屋，还堆放了很多易燃易爆的物品。甚至还在地下室引入了燃气，在下面做饭，并供上百个人吃饭，存在很大的安全隐患。院内的其他一些居

---

① 《台州市公安局黄岩分局以"联勤共治工作站"为抓手，打造基层社会治理永宁特色》，http://www.pazjw.gov.cn/shehuizhili/zongzhixinwen/202108/t20210801_22892727.shtml，最后访问日期：2024 年 5 月 28 日。

民（以下简称 B 居民）曾多次表达过不满，但是没有得到回应。很多居民认为，因为物业由产权单位聘请，所以在对待不同居民意见的时候也存在不公允的情况。

后来问题越来越严重，居委会也介入调停，一开始遭到了很多抵抗。过程中 A 居民非常强硬，说我是居民，居民组织就应该替我说话，就该为我做事。居委会多次强调楼下有易燃易爆物品，以及明火做饭十分危险，可能会对整个楼的居民造成生命威胁。由于安全问题是公共问题，政府也具备充足的合法性，A 居民也缺乏辩驳的基础，但是政府在仅基于 B 居民反映的情况下也只能对 A 居民进行提醒。

因此，街道和社区的工作人员在一段时间内开展了排查，每天排查到夜里十点多。有一次堵到了 A 居民做饭，及时拍照并发给了产权单位的领导。后来办事处防火办检查，将不合格的地方写下来并配上照片，与产权单位领导联系，申请强行清除。产权单位看到后派了专人查看地下室，在里面发现了很多美容店和理发店的产品，还有出租房屋，养的宠物，电磁炉和煤气罐，以及很多废品。产权单位的人也觉得这样不合适，就把所有的地下室都打开，并记录下问题，提出必须整治。为了提升效率，社区采用了"吹哨报到"的方式，让街道防火办下了通知，最终对地下室进行了彻底清理。

在这个案例中，居民之间产生了不可调和的矛盾，由于无法直接解决，不得不求助基层政府和产权单位。而政府在矛盾调解的过程中，起到了重要的作用。

有一户人家有三口人，儿子是独生子女，后来患上了癌症需要钱，家长跑到居委会去哭闹，急了的时候还会在社区拍桌子骂人。质问居委会是不是贪污，把应该给居民的低保钱都拿走自己享受了。这样的事情轻则影响社区的日常工作，重则容易造成一些不良的事件，成为基层的安全治理隐患。因此社区工作人员需要采取很多方式来化解这种矛盾。用他们的话说"有的时候忙一天都想不起来喝一口水"。[①]

在这种情况下，社区工作者通常会摆一张椅子、倒一杯水，为居民提供时间和空间，让居民表达，当居民逐渐理性起来之后，再提供解决方案。

---

① 访谈：FSZ，社区书记，女，48 岁，20180304。

前一个低保案例中，工作人员解释政策的刚性，以及特殊的情况需要特殊对待，需要有一定的时间，但会积极解决问题。在第二个案例中则通过让居民全面陈述来龙去脉来一起寻找解决方案。居民表示自己儿子因病生命垂危，在医院面对孩子和丈夫都不敢说，也不敢表达情绪，每天只能忍着，没有宣泄的地方，到了居委会一下子控制不住了。后来居委会为了帮她解决问题申请了一笔急救款，但可惜的是，孩子病得太重，最终还是去世了。

社区书记表示，虽然在解决问题中总会遇到很多困难，甚至被怀疑和冤枉，但是帮居民解决问题，缓解矛盾，还是会有很多成就感。[1] 例如社区内有一户人家为了让孩子在附近上小学，在小区买了一楼的房子，还花了很多钱装修。然而后来三楼在装修的时候，装修工人动了下水管道，二楼是空房，没有人，所以二楼的水管也被动了。结果二楼水管漏了，把一楼冲了。一楼非常生气，找二楼理论，表示自己装修投资了 11 万元，本来 9 月 1 日开学了孩子就可以上学了，被水冲了之后计划就全部被打乱了。二楼觉得我家里没有人，也没有装修，是三楼装修的应该是三楼的责任。三楼说我动的是三楼的管子，没动二楼的，一定是你们管子没拧紧。三户人家见了就打架，还报了三次警。

后来居民找到了居委会，但是完全无法坐在一起协调，一见面就会打架，非常严重。而且都是年轻人，谁也不让谁。最后社区决定用背靠背的方式分别交流和解决。这也意味着社区需要做三倍的工作，跟一楼、二楼和三楼分别打电话进行调解。后来三楼最先被感动了，说你工作到现在还没走，给你送点饭。书记表示不需要送饭，但是在这件事上，他们夫妻二人都是党员，必须起带头作用。一楼要求赔偿 8 万元，可以接受，而且真正不用出那么多。二楼、三楼两家都有错，这样一家出 4 万元。

第一天晚上的劝说工作做到了晚上十一点半，社区书记才回家休息，第二天继续劝说。后来三楼去给二楼做工作，二楼还是不同意。但是一楼突然意识到钱算少了，又把价格涨到了 11 万元。书记只能每天下午 5 点下班，等同事走后，就开始给这几户居民打电话。在三方之间不断做工作。

与此同时也在不断找根据。社区有一个居民，也是工程师，书记在工作的时候也让他一直跟着，这样鉴定的时候就更好确认是谁的责任。挨家

---

[1] 访谈：FSZ，社区书记，女，48 岁，20180304。

入户拍照和讨论之后，最后三家都同意了方案。一楼先装修好，自己也要承担一定的责任，需要承担3万多元，剩下的8万元社区想办法。二楼和三楼自己私自改动房屋，而且找不到施工方，所以必须也承担责任。三楼的工作之前就做好了，主要就是跟二楼做工作，最后也同意了。

书记表示"你们要听我的，明天就把钱拿过来。现金也可以，打在卡里也可以。三家坐在一起转账也可以"。① 二楼一开始表示第二天可以，但是到了早上又打电话说岳父不愿意。社区书记给一楼打电话说："我努力了，尽力了，但是他还是不同意。其他事情可以帮忙，但是这个事情就到此为止了。你起诉吧！"一楼听了以后表示感谢，并去法院起诉。尽管如此，但社区书记实际上并没有放弃努力，后来又给法官兼书记员打了电话，说你暂时先不要取证和调解，因为一旦取证，二楼和三楼的装修都要停工。装修影响之后9月1日孩子开学使用，两家都会着急。

书记表示三楼已经做好了工作，他还要去做二楼老岳父的工作。老人看到居委会的干部来，还是给面子答应了调解。书记跟老人反复解释最终答应之后，反过来又跟一楼做工作。但是一楼也担心万一撤诉了二楼不给钱，表示必须在一起签协议，最终在社区的见证下二楼把钱取出来交给一楼。这件事情前前后后一共沟通了一个月才解决。因为开始的时候不仅要做工作，还需要给居民一些时间消化情绪。如果一直上门劝说，居民不仅不搭理，还有可能强烈反抗。只能隔一段时间，做一次工作。这件事情解决之后，他们三家人又合伙给社区党委送了锦旗。

社区书记表示，"在社区当书记和在单位当领导很不一样。在单位当领导有制度、有纪律，员工必须按照这个来。但是在社区，没有人帮助你，只能靠自己。如果事情缠在身上，就要用恰当的办法去解决。这件事情虽然解决了，但是并不能宣传。因为漏水事件总是时有发生的，大部分时候不需要花钱，协调一下，赔礼道歉，表示下次注意就行了。但如果这件事情的标准被宣传了，很多人可能都会要钱。这些事情虽然比较苦，但是做完之后会很有成就感"。②

这些虽然是生活中的小事情，但关系到居民之间的关系。如果小的矛

---

① 访谈：FSZ，社区书记，女，48岁，20180304。
② 访谈：FSZ，社区书记，女，48岁，20180304。

盾不处理好，很容易生出大的纠纷和隔阂，也不利于居民的自治。因此政府在这一问题上充当了调停者的角色，需要在不同的民意之间进行一定的了解和梳理，最终促进社区形成相对和谐的氛围。也避免了酿成更为严重的安全问题。

案例 7.4　成都市整体性的网格布局和源头化解矛盾

成都市社会力量发展得比较充分，在安全项目上也有所体现。从公安的角度看，虽然流动人口和矛盾纠纷的调解在 90% 的时候属于非公安需要处理的警情，而且 70% 左右是民事的纠纷，但如果处理不好容易造成矛盾的升级。所以全市 299 个派出所，都设置了矛盾纠纷调解室，配备了调解人员。司法的、城区的派出所需要两名专职的调解员，农村的则根据实际情况而定，人民调解员至少配备一名，但是可以兼职。有一些分局和律师事务所合作，专业的律师作为调解员可以为群众提供专业的法律咨询，尤其是民事方面。

这些服务是政府购买的，每天都会有，长期提供。公安人员表示这种方式带来了比较好的社会效果，也减轻了公安的压力，节省了大量警力。调解一个纠纷的精力往往不亚于办案，一两天很难调解下来。派出所以往的要求是调解两次就不再调解了，进入法院等程序。但是很多时候居民很依赖调解，反复找公安部门，甚至形成投诉的信访案件，有了调解室之后，这种压力大为减轻。全覆盖的调解室和司法联动，里面的工作人员都是持证上岗。因为都是专业律师，所以解决问题的效率也很高。市政府负责出资解决经费问题，包括员工的基本工资和调解成功后的一些补贴。

2022 年之前，全市范围内以矛盾纠纷个人化解工作领导小组的名义印发了矛盾纠纷多元化解工作要点文件，对各个区县的领导小组的相关工作进行指导。以 2022 年 7 月份的数据为例，成都市登记调解员是 33349 人。其中人民调解组织 4902 个，调解员 25000 余人，行政调解组织 922 个，调解员 3900 余人，司法整理组织 210 个，调解员 1045 人。另外还建立了交通、医疗、劳动、就业、婚姻家庭等各类行业团体，组织总数有 556 个。从案件上看，全市这些调解组织共排查矛盾纠纷 10865 件，调解成功 10637 件。

在矛盾纠纷类别方面，排名第一位的是邻里纠纷，仅 7 月份就有 4835 件，占比高达 44.5%。内容主要跟日常生活有关，例如夏季空调对着吹风引起矛盾，门口道路摆放垃圾等。排名第二位的是家庭内部矛盾纠纷，占比30.08%。排名第三位的是交通事故纠纷，占比9%。排名第四位的是消费纠纷，占比7.7%。仅就7月份的总体情况来看，邻里纠纷、婚姻家庭，以及交通事故产生的矛盾问题最多。

为了进一步从源头化解矛盾，政府分别在社区、单位、行业，构建了信息网络，通过网络的建立，主动排查矛盾纠纷。比如说，实行矛盾纠纷专报、直报和零报告制度，在社区进行动态研判，市委政法委在每个街道都建立了矛盾纠纷调解中心，每个社区也有矛盾纠纷的点，几级部门联动，形成1+3+N的网络体系，1是指以社区民警为龙头，3是指辅警、网格员和社区工作人员，N是指志愿积极分子、街村干部、专业人士等。这些一同构建了矛盾排查和化解的信息网络模式。

此外还打造了信息化的工作平台，居民可以选择线下约访，也可以选择线上视频调解、微信调解，有多样化的调解途径。矛盾纠纷的预警模块，在高新区设定了一些数据，是由省公安厅打造的"e治采"平台，其中一个模块就是矛盾纠纷的化解。社区层面采集的矛盾纠纷信息，都要录入这个平台。通过后台设定参数，自动进行比对、分析，哪一块高了就会自动推送到某个部门或辖区，相对来说是比较智能的分析、预判和评估。通过民警和群防群治力量，采集信息，积累一定的量，最终达到分析的目的。

在基层层面上，微网格是成都市社区治理的重要方式，体系中的总网格设在社区层面，社区书记兼任总管部长负责微网格和网格的统筹以及考核评价，由专职网格员负责具体事务。微网格员是兼职的网格力量，它的主体包括小区内部的党员、楼栋长、网格员长以及热心群众等，可以说普通的公众是兼职的网格力量。为了保障其积极性，一般所承担的任务也相对轻松。他们的职责可以分为两类，一类是日常状态，另一类是应急状态。在日常状态下，主要侧重于问题隐患的发现和社会不稳定因素的排查。在应急状态下，他们都可以迅速组织起来发挥配合响应作用。这是微网格体系三个不同层级的不同的定位和作用。共同目标是畅通人民群众参与平安创建的制度性渠道，发动群众及时发现报告问题隐患。

主要做法包括，第一，广泛组织发动群众，积极争取吃、住、行、消、乐等重点行业群体，广泛参与平安创建。例如网约车司机相对社会接触面比较广，对于社会矛盾纠纷隐患也更加敏锐，于是将他们纳入志愿者队伍，作为共建的力量。第二，畅通事件报送渠道。例如如果网约车小哥发现了问题，可以通过公众号上传事件，大系统联动后就会纳入时间流转处置程序。第三是注重鼓励创新，通过计件与计时相结合的方式为微网格员提供激励。比如成员上报了一个隐患事件，平台会给予相应的积分，这个积分到年底的时候可以兑换成奖励。又或者疫情防控或者排查燃气的时候亟须人员力量，这时会采取计时的方式给予人员奖励，从而为群防群控体系提供比较扎实的部署支持。

通过网格化的布局，政府动员了各种社会力量在第一时间发现矛盾和安全隐患，方便及时介入并从源头化解。

第三节 社区难题与创新探索：民意与政府关怀

案例 7.5 台州市流动人口家庭问题处理

家庭是矛盾发生的重要单元之一。近年来，婚姻家庭矛盾纠纷引发的刑事案件时有发生。这类案件备受社会关注，有时会挑战大众的伦理底线，造成恶劣社会影响，扰乱社会治安秩序。为了防范"民转刑"（民事案件转为刑事案件）的婚姻家庭类案件发生，推进社会治理现代化，台州市温岭市较早进行了异常家庭识别预警机制建设，并为其他区市县建立相关机制树立了榜样。

首先，整合力量，健全组织体系。一是实行多部门联动，实现运作实体化。在市级层面成立专项工作领导小组，并下设办公室进行实体化运行。在镇（街）层面也成立以党政主要领导为负责人的领导小组，并下设办公室，由综治办负责统筹协调，妇联负责日常管理，党政办、流管所、司法所等基层站所按照各自职责抓好落实。每月召开工作例会，研判异常家庭管理相关工作。二是多方排查，建立立体式异常家庭信息排查体系。建立由网格员团队、派出所、妇联组织、学校、村（居）委员会、企业、外来人口协会等力量，组建家情传递队伍。针对流动人口密集，易引发不稳定因素问题，由公安机关审核筛选有影响力的外来人员，建立流动人口协会，增强对流动人口异常家庭的信息收集能力，并在处理异常家庭突发事件或矛盾纠纷调解时发挥积极作用。三是整合多方资源，深化家庭调解的机制。

至情至理：城市基层治理中民意分类逻辑与实践

整合妇联、公安、司法等各类调解组织，成立异常家庭人员调解委员会，分别在镇（街道）、派出所、综治中心建立矛盾纠纷调解室，将调解工作分级分类、规范调解程序，增强调解工作的效力。同时，建立了家庭辅导员跟踪指导机制，成立了19支家庭辅导员队伍，对异常家庭开展一对一调解、动态跟踪和定期回访，有效遏制"民转刑"事件的发生。

其次，建立异常家庭闭环处置体系。一是开展全面排摸，建立异常家庭"大数据"库，实施"一人一档、一家一策"。要求网格员结合重点人员走访等内容，定期排查走访网格内异常家庭，分类梳理异常家庭线索，并将其上报平安浙江信息建设系统；要求企业加强员工的家庭纠纷排摸，规定企业要落实联络员，有较大规模员工宿舍的企业要常态化开展矛盾纠纷摸排和化解工作；派出所对异常家庭实行专项梳理，落实专人和场地负责调处，并及时将信息汇总至平安浙江信息建设系统。二是实行"四色管理"，分级调解处置。按照信息（事件）的紧急程度、发展态势和可能造成的危害程度将信息分为一般、较大、重大、特别重大四级，实行"蓝、黄、橙、红"四色管理。对于一般矛盾纠纷（蓝色）实行跟踪观察、教育稳控；对于较大的矛盾纠纷（黄色），实行属地调解、及时化解矛盾，确保矛盾得到有效控制；对于重大矛盾纠纷（橙色），要求派出所第一时间出警处置，落实包案领导和责任单位，确保事态不会进一步恶化；对于特别重大的矛盾纠纷（红色），要求镇（街道）相关领导和派出所民警第一时间现场处置，控制当事人，及时调处化解，建立跟踪机制。

最后，对流动人口困难家庭的帮扶。流动人口家庭遭遇意外的事故、疾病、年老体弱等导致陷入困境的案例也时有发生，如果这些困境的个人和家庭得不到有效的帮助，也会对社会的秩序和社会风气造成不利的影响。在流动人口困难家庭的发现和救助方面，社会组织、流动人口自组织、政府相关部门都发挥各自的作用。

例如2020年，麦子街道（化名）网格员在走访过程中，发现有两姐妹学习成绩非常好，但因为家里没有钱，所以一直休学在家。屿安社工服务社主动链接社会资源，与企业对接，进行一对一结对帮扶，帮助两个流动儿童复学。又如，贵州籍学生陈某，在校学习成绩非常好。然而父亲被查出肝癌，器城街道（化名）流动党总支多次发动流动党员为孩子父亲捐款治病。但是最终孩子父亲因医治无效去世，孩子母亲的身体不好，陈某上学的费用成了难题。流动党总支考虑到孩子家庭经济困难的实际,为了能让孩子继续读书,专门召开会议讨论解决问题的方案。开饮食小店的外来党员巫某及时伸出援助之手,每月给予陈某300元的生活费资助,让陈某安心地继续在器城中学读书。

另外一个政府观察到风险较高的特殊群体是上了年纪又没有成家的漂泊老年群体。一些经济欠发达地区有很多未婚男青年,他们外出打工之后,还是维持单身生活。在外打工时间较长,很少和家乡联系,同时家乡也没有特别亲近的人,如果他们生病或者发生意外死亡,得不到及时的处理,就会产生很不好的社会影响。

流动党支部在救助孤寡老人时遇到一个案例。有一位孤寡老人,他在病床上治疗了一个多月,已基本没有治愈的可能。家里也没有近亲属来帮忙。流动支部书记介绍说:"生命的最后阶段,他非常想回家,但是没有能力。我抓住他的手以后,说你放心,我是这里的党支部书记,我会想尽一切办法,让你回老家,他没有说话,但是两个眼睛眼泪就出来了。我们帮助他完成他人生最后的愿望,把他送回家乡,让他感受到温暖。"[①]

还有一个案例是一个五十来岁非正常死亡的单身汉。他去世后,邻居没有报警,而是第一时间打电话给流动党支部书记,说有一个老乡死在这里的出租屋里了。因为长期跟家乡不联系,也没有亲属过来处理,派出所也没办法。流动支部通过老乡了解了死者在老家还有一个弟弟,但是多年没有走动。支部书记进行了耐心的动员和教育,才由死者的亲属将死者运回家乡安葬。

台州对于流动人口家庭风险的治理实践,取得了一定的成绩和经验,也引发了一些需要进一步思考的问题。例如,对一些家庭的管理,涉及社会治理的边界问题。基层社会管理往往只重视对重点人员、重点地区的管控,而家庭事务属于私领域的事务。但是,家庭的矛盾纠纷如果不能早发现早处理,又极易使家庭民事纠纷升级为治安案件甚至是刑事案件,对社会的秩序安定和公序良俗维护造成恶劣影响。所以,公权力在向私人生活领域渗透过程中,其边界值得进一步讨论。随着流动人口家庭的脆弱性增强,其陷入贫困的风险也增大,他们在流入地获得政府社会救助的权利还

---

① 访谈:JYF,党支部书记,女,43岁,20210613。

没有得到保障,需要流入地政府、流出地政府和社会组织进行更为广泛的协作,解决他们遇到的"急难"问题。对于这些民意的即时回应,也是政府治理中需要不断治理的安全问题。

案例 7.6 台州仙境县溺水营救

仙境县(化名)依山傍水,自然环境秀丽。其中山塘水库是夏季旅游纳凉的胜地。永安溪是仙境县的"母亲河",2017 年被评为"中国最美家乡河",吸引了很多居民和游客去烧烤、玩水。五一、十一黄金周,景区一天外来的人流量可达到 3 万多人,在河边玩的人数能达到 4000~5000 人。然而开放水域有很多安全风险,例如季节性、气候敏感性、时间敏感性都有可能造成溺水等安全事故发生,社会影响较大。然而,如果完全禁止居民游玩也是浪费了美景。政府虽然一直对此很重视,在河边上有一些溺水救助措施,但效果并不是很好。

2015 年发生了一起事件。以前因为监控不够严格,有一些人在河道盗采砂石,造成很多地方空旷塌陷,非常危险。有 6 名学生在河道附近玩耍,发生了意外。先是 3 名男生溺水身亡,后又 3 名女生溺水身亡。这引起了极大的社会反响,政府决定投入大量精力解决这一问题。通过两年的修整,2017 年有了整体性的改观。一方面对河道进行全面改造,另一方面开展防溺水工程。经过一年的经验总结,2018 年颁布了《仙境县预防溺水工作实施方案的通知》,确定了工作重点和方法,强化"风险感知"和"风险防范"的专业化。同时寻找到了一些可行的方法,例如溺水通常发生得很快,从发觉到救人的时间窗口期很短暂,因此提前预警比事后救助效果好。所以政府在各个水域安装了很多喊话器,还有无人机巡逻,提前提醒过路的人注意安全。同时还安排了救援队伍进行日常值守。

每年 5 月份开始,河道景区进入人流高峰期,6~8 月三个月份到达顶峰。这段时间每天都需要有专人值守。职能部门如水利局还有乡镇干部以及各支队联合开展水域巡查工作。将河道防溺水巡查列为派出所日常巡逻的重要内容,成立了专职巡防队。但因为河道太长,仅靠公安巡视无法完全覆盖,因此还联合了很多自发组织的救援队,例海蓝忠诚救援队和冬泳协会,由 110 应急联动指挥中心"统一接警、统一指挥、统一调度"。前者主要由军人组成,有 28~32 人,后者主要是居民志愿者,慢慢聚集了 65 名队员。

蓝海忠诚救助队的队长17岁就开始救人，每年救助人数能达到20多人，做过公益，非常有号召力。他一开始的救助完全是自发行为，用自己的积蓄买设备，因为热爱这项事业，用掉了29万元的积蓄，成功救助了很多人，获得了浙江省勇士一等功。冬泳协会的会长以前是企业家，参加协会的志愿者都是游泳爱好者，有些人以前是教师，他们慢慢把热爱和公益结合在了一起。还有一些村民自发巡河，例如一位福建籍水道施工工人，工作之余也会在河道边排查，获得了政府的肯定，还被评定为先进典型，并且其经验被大力推广。2022年，全县共1300多人参与防溺水巡查。其中河道警长120人、网格员626名、村（居）干部群众600多人。

政府把具有风险的水域进行分类分级，分为开放式自由水域和非开放式自由水域，在危险的开放水域安装一些警示牌，提醒钓鱼和游泳的人，以往有多人在此溺水，需要注意防范。同时，如果有外地游客到达这里，移动公司还会专门发送短信，提醒游客注意安全。旅行社来的时候可能团队人太多，管不过来，只能通过截流的方式控制人流量。例如不让大车进入，或者让人们在外围的一些地方玩，避开危险区域。

政府在注重预警的同时，也配备了一些救助设施。例如感应杆，在水里摸到就可以拉住自救。还有救生圈、救生绳子、跟屁虫等救生设备。这些设备一直在使用，所以每年也有损坏。政府每年需花费20万~30万元专项资金，定期更新维修设备，添置新的设施。

除了特殊时候的特殊措施，一些日常措施的运行也有重要的意义。例如以前为了开发项目曾挖过河道，有些小孩在旁边玩耍可能会滑下去，所以对沙坑进行回填。同时，由于学生是特殊群体，教育局也会格外重视。学校开展了很多防溺水的知识讲座，包括给大家培训警戒线和浮球的使用方式，给家长和老师做更为专业化的安全培训，发放《给家长的一封信》。普及抛绳器、活饵、冲锋艇、深潜、抛带、救生艇等救援方式。让冬泳协会给学生上课，包括心肺复苏的做法。本地居民居住时间长，有一定的风险意识，所以外地打工者和游客是政府更为关注的对象。2015年以前，高峰期每年可能有10~20人死亡，2019年以后，三年内做到了零死亡率。这一套方法也在全市得到了广泛推广。

仙境地区依山傍水，除了水上救援，还有一些山林救援。一些居民原来会在山上打猎，后来下了禁令，这些行为都被禁止了。但是他们之前在山上活动，所以对山里的环境十分熟悉。2008年，有一个犯罪嫌疑人跑到山上，公安对地形不熟悉，而这些居民十分了解，所以很快协助警察抓到了人。后来他们开始辅助政府的一些工作，成立了猎鹰救援队，并且在政府的支持下不断壮大自己的队伍。2016年又有杀人犯跑到山上，仍是猎鹰队辅助警察很快将人捕获。后来这些队员逐渐增加到了26人，他们还考取了攀岩、潜水等证件。2019年刮了台风，他们也自告奋勇地参加了山居的搜救工作。自发组织，公安统一调度，取得了很好的效果。

在这些涉及公共安全与人民生命的问题上，广大人民群众的需求与政府的行动高度一致，在治理过程中基本能积极配合，还有一些积极分子也会主动参与，提供帮助。在遇到问题的时候政府和居民一起共同创新，成功解决了很多棘手的问题。

第四节　居民自组织与公约制定：民意与社区自治

政府在保障居民安全，调解居民矛盾的时候运用到很多力量，但因为这类问题预防的重要性远远大于应对，因此让居民提前建立秩序，制定公约，是一个重要的努力方向。社区居民公约是社区居民之间就社区行为规范所达成的"社会契约"，反映了社区居民的基本共识和公共精神，体现出居民自我教育、自我管理、自我监督和自我约束的自治精神，也是礼治和德治的具体体现。

《城市居民委员会组织法》中明确规定了居民公约由居民会议讨论制定，报不设区的市、市辖区的人民政府或它的派出机关备案，由居民委员会监督执行，居民应该遵守居民公约。但长期以来，在传统的"管理"思维而非"治理"理念下，居民公约往往是由居委会或基层政府"一手包办"、缺乏居民的充分参与，在内容上通常也是千篇一律、空洞无物或是说教色彩浓厚，这样的居民公约即便在程序上通过居民会议表决通过，在社区现实生活中也无法引起居民的共鸣而发挥真实有效的作用，只是沦为一种挂在墙上的形式主义。要使社区（居民）公约具有鲜活的"生命力"，并在社区治理中真正发挥作用，必须让居民充分地讨论它，使其成为社区居民的基本共识。

案例 7.7 东城区书香社区重建《社区公约》

书香社区（化名）位于东城区，社区面积 0.14 平方公里，总户数 1538户，共 3997 人，由三条胡同组成，其中书香胡同是社区的主体部分，历史上这条胡同是荟萃人文的宝巷，至今社区仍拥有着深厚的文化底蕴。随着城市的飞速发展，胡同内居民的生活也发生着翻天覆地的变化，胡同停车难、违规占道经营、邻居翻修吵闹等种种问题和一些不文明行为也困扰着社区里的居民。

2015 年 1 月 14 日上午，书香社区开展了"胡同茶馆"活动。有 20 多位居民和来自北京规划院的 2 位胡同规划师志愿者来参加活动。主持人首先带领大家做了一个互动游戏，播放了一个名为《枣树》的宣传片，让大家回忆在老北京大杂院中的邻里亲情，借此机会打开话题，居民则围绕"守护胡同四合院，守护老北京的家"展开了热烈的讨论。

居民想起了以前生活中难忘的片段，四合院里街坊邻居互帮互助，你跟我借个萝卜、我帮你烧块碳，过年的时候一起吃饺子、熬夜、玩牌、讲故事，不是一家人胜似一家人的美好回忆。接着，主持人引导大家说出近些年的遗憾，经过讨论，大家一致认为邻里情变淡是最大的遗憾，其次社区的环境治安、服务管理不如以前，风貌保护、文化传承、生活起居方面也存在问题。

同年 2 月 4 日 "胡同茶馆"又一次活动，商议如何解决问题。在主持人的引导下，大家就社区"胡同风貌保护""服务管理""环境治安"等问题展开讨论，提出了要加强治安宣传，给居民院内多贴治安标识标志、宠物饲养规定、邻里互相守望、清洁卫生人人参与、增加摄像头等非常具体的意见建议，居民代表还纷纷上台进行了讲解。通过几轮反复讨论，大家基本达成共识。为切实解决社区存在的问题，大家提出应该通过某种形式将代表们提出的建议予以落实，参与活动的居民倡议，最好用制定"公约"的方式将建议落实，并提出了"书香社区公约""居民公约""书香社区居民公约"等几个公约名称。

4 月 17 日上午，"胡同茶馆"又针对大家最为关心的"邻里情"问题展开讨论。有些居民表示"文明养犬，遛狗应自觉清理粪便"[1] 应该写进

---

[1] 访谈：MD，居民，女，45 岁，20180603。

公约；也有居民表示"孩子打架，大人先管好自家的孩子"[①]应该写进公约，还有居民说"相互谅解"[②]十分重要，应该纳入公约。经过讨论后，最终形成了包含环境卫生、胡同风貌、邻里相处、道德礼仪等方面的公约"草案"。

5月7日"胡同茶馆"再次开展活动，本次活动主持人和规划师向居民逐条展示了"书香社区公约"草案，参会人员细心审议"草案"内容，对条目设置和具体措辞提出了修改意见和建议。初步修改完毕后，大家共同推选两位文笔好的社区居民志愿者对"公约"条目的文字进行进一步的整理、美化。讨论后的胡同社区公约共五个大项二十三条，五个大项分别是邻里情、环境治安、服务管理、风貌保护及文化、生活起居；二十三条包括尊老爱幼、邻里团结、相互照应、该主持正义的时候大家要站出来、邻里间要以礼相待、接受别人帮助时要道谢、孩子打架时，大人先管好自家孩子，居民间要相互谅解等公约。

社区居委会将讨论稿以海报的形式在社区张贴出来，把《社区公约》讨论稿发到每户居民手中，并在社区博客、微博、微信上广泛征求居民和社区单位的意见，经过8次"胡同茶馆"讨论会（其中大型讨论会4次，小型讨论会4次），先后有500多人次参加了讨论并发表意见，经过长达6个多月的酝酿，反复修改，新的《社区公约》初稿出炉。随即社区召开了居民代表大会，与会代表充分讨论发表了自己的意见，最后表决一致通过。

9月23日，在书香社区协同风貌保护协会及社会组织开展的2015年北京国际设计周展示活动中，展示了最终的《书香社区公约》，并举行了书香社区居民签约仪式，就这样《书香社区公约》正式诞生，从此正式成为书香社区每个人的行为准则。

通过健全民意表达机制，协调利益关系，化解冲突矛盾，社区形成了"胡同茶馆"的开放空间讨论形式。将居民反映的热点问题，以议题形式讨论协商。"胡同茶馆"活动以自愿参加为原则，参加活动的人员有在校学生、在职人员、辖区单位、商户、外来人口、常住居民，年龄跨度从二十

[①] 访谈：WY，居民，女，38岁，20180603。
[②] 访谈：GEW，居民，男，53岁，20180603。

岁到八十岁，建立了自下而上，平等、公平集体决策机制，社区建设也由单一动力向复合动力跃升。"胡同茶馆"凝聚了社区公共精神，实现了社区文化认同，提升了社区成员主人翁责任意识，推动了社区治理模式的不断创新。

《社区公约》的制定过程，从一开始提出问题，到整个制定过程始终是本着社区成员自愿参与、平等协商、开放式空间讨论方式进行，讨论内容丰富，会议氛围较为活跃，在主持人的引导下，居民们自己制定了《社区公约》。公约的制定体现了居民热爱生活热爱社区的一面，营造了与居民生活息息相关的生活氛围。社区搭建了"胡同茶馆"平台，邀请居住和工作在书香胡同里的利益相关方前来讨论，实现了社区建设多元参与。

"胡同茶馆"讨论会模式，进一步提升了社区自治能力，增强了社区的活力和凝聚力。邻里团结相互照应、接受别人帮助要道谢、车辆停放规范有序、讲究卫生搞好垃圾分类等看得见摸得着的公约成为书香社区居民的共识和自觉行为，现在邻里关系更加融洽，相互帮助、邻里守望、爱心助残、主持正义，已成为书香人的自觉行动，社区处处充满正能量。

《社区公约》是书香人的行为规范，实行之后，社区车辆停放规范有序实现单停单行，垃圾实现分类不落地，养狗的居民遛狗时都自觉地拴好狗链，自觉清理宠物粪便。遵守公约已经成为书香人的习惯。同时社区显著的位置上写着"当您来到书香社区时，您将成为我们胡同的友好伙伴，请您自觉遵守《书香社区公约》"。[1] 社区干干净净，连过路的人都自觉遵守公约，不忍心乱扔一片纸屑。

《书香社区公约》长达六个月的"孕育出生"过程经历了一个完整的居民参与流程，即："胡同茶馆"（开放空间会议形式）多轮讨论（酝酿聚焦、建议制定、讨论修改、逐步完善）—社区公示（海报张贴、发放到户、微博/微信等途径）—广泛征集意见—居民代表会议表决通过—居民签约—正式实施。这一过程较好地体现出协商民主中公开、平等、理性的基本原则并通过了相应的法定程序。

在这一案例中，民意的整合很好地调动了居民的情感，让民意得到了完整的表达和更快速的统一。最初调动居民参与积极性的正是对老北京四合院独特生活方式的认同和对胡同"邻里情"的自发怀念，这种对传统邻

---

[1] 参见《书香社区公约》。

里互助和睦氛围的珍惜成为居民之间达成后续相关共识的"共情"基础和"最大公约数"。

在社区公约的五个大项二十三条中也具体体现出鲜明的"书香特色"，如注重邻里情和历史风貌保护等内容。公约中"孩子打架时，大人先管好自家的孩子，居民间要相互谅解"这一条就源于老居民对于过去街坊间不因"护犊子"而伤了邻里和睦的传统，而"爱护院内的树木、原有的砖瓦、墙壁和其他结构"则体现出居民对历史传统风貌的自觉保护。同时，参与主体的本土性和草根性以及参与过程的自下而上原则也保证了讨论结果不是"假大空"的官方说教宣传而是"接地气"的老百姓"大白话"。此外，针对社区的现实突出问题，公约也包含了规范停车、文明养狗、垃圾分类、租户管理等条款。

"礼治"是这一案例中运用到的重要机制，它是社区居民自治的内涵和组成，也是开展社区协商的成果。社区居民对在公共领域中应当遵循的基本行为规范达成一致，把这种社会契约内化为对个体的自我约束。社区的礼治具体表现在社区和小区各类居民公约上。社区（居民）公约是社区居民集体意识和社区公共精神的外在显化，它对居民的个体意识起到潜移默化作用，对居民的公共行为起到规范约束的作用。社区（居民）公约也是社区居民在一定的组织和引导之下就他们所共同关注的社区公共问题经过公开讨论、平等协商而自愿达成的一种"社会契约"。从这个意义上看，居民公约的形成过程相比于所达成的具体结果更为重要。公约的形成过程也就是居民广泛参与、居民自治和民主意识萌发以及社区公共精神培育的过程。同时，居民公约不仅在社区层面，也在院落和小区层面发挥着"礼治"的重要作用。

这样一种治理方式，可以将很多可能在未来产生问题的地方前置。让讨论尽可能地理性，减少情绪化的争论，也为未来遇到问题时提供充分的依据。同时因为是居民自发讨论形成的公约，也对他们自身有了更强的约束力。有了这样的公约，政府在调解的过程中也能相对减少一些压力，提升治理效果。

案例 7.8 东城区青云街道"小巷管家"方式开展的居民自治

为了让民意有一条更加畅通的渠道，东城区的青云街道（化名）推行了"小巷管家"的工作模式。"街/巷长制"和"小巷管家"两者之间是主辅相成、上下联动和政社结合的关系。"小巷管家"是对"街/巷长制"的有益补充和向下延伸。前者是行政动员和责任传导机制，依靠的是政府体系内部的管理、考核和评价手段；后者是社会动员和公众参与机制，依靠的是居民群众和社会内在的认同、责任和激励手段，把这两者有机结合起来本质上是想将政府治理与居民自治有效结合起来。

2017年，东城区启动"百街千巷"环境整治提升三年行动计划，预计在三年内完成全区178条主要大街、1005条背街小巷环境整治提升。青云街道结合地区实际，探索社会治理和城市环境建设管理创新，在街道干部担任街巷长、社区干部担任副巷长的基础上，广泛动员社区党员、居民志愿者、社区社会组织和驻区单位积极参与认领街巷，作为"小巷管家"或组成"小巷管家团"，参与街巷的治理和环境建设，营造了党委领导、政府主导、社会协同、公众参与的良好社会氛围，践行了党的群众路线，真正做到决策问计于民、工作聚力于民、效果求证于民、实绩普惠于民。

"小巷管家"模式分别从招募动员、明确职责、规范管理、工作方法和激励评价这几个环节进行了精心的制度设计，并在实践之中积累经验并不断完善。青云街道前期充分利用街道的惠民服务网、官方微博微信、《今日青云》报、社区宣传栏、海报横幅等，按照"一街多管家、一巷一管家"的原则，发布"小巷管家"招募令，为辖区10条主要大街、86条小巷招募"小巷管家"，同时鼓励以团队形式组成"小巷管家团"。"小巷管家"的招募不依靠行政命令，而是充分尊重、调动居民的积极性，符合条件的居民都可到所在社区领取、填写报名表，也可在街道官方网站、官方微博微信自行下载打印填写，再交到社区进行报名。

2017年4月25日，青云街道在幸福社区举行了"小巷管家"招募启动仪式。现场15名家住青云街道幸福社区的党员群众认领了社区5条街巷，成为首批"小巷管家"。在招募启动仪式现场，有人认领的小巷会在LED屏上点亮，这进一步增强了"小巷管家"的荣誉感和责任感。截至2017年6月中旬，青云街道已招募143名居民志愿者、7家社会组织和2家驻区单位成为小巷管家。

为了便于他们开展工作，街道为"小巷管家"们颁发了聘书、徽章，同时发放了"一包、一册、一台账、一卡"等工作用具。此外，街道还为

"小巷管家"们印制了名片，使"小巷管家"成为青云基层社会治理的"地方名片"。

为使小巷管家的工作内容更加通俗易懂和深入人心，街道将管家职责简要概括为六个字，即"巡、访、做、报、记、刷"。"巡"是每日巡，每天早中晚三次在街巷巡查；"访"是经常访，通过走访了解驻区单位、社区居民的民情民意民需，报告街巷基础信息变化；"做"是随手做，比如清理狗粪、码放自行车、劝阻破坏环境的不文明行为等，同时也引导居民参与环境治理、秩序维护和家园共建；"报"是实时报，发现问题要实时通报实时反馈；"记"是及时记，一来便于日后的工作查询，二来也是对小巷发展历程的书写；"刷"是按时刷，通过每日刷卡帮助小巷管家储备志愿服务积分并监督小巷管家工作。通过日巡、周查、月评、季通报，青云街道已经初步形成较为规范的"小巷管家"日常管理制度，使"小巷管家"成为共建美丽街道、共筑美好家园、共享美好生活积极的参与者、宣传者、监督者和维护者。

在"小巷管家"出现之前，东城区已然推出了助推环境整治提升的"街/巷长制"，并将公安、城管、食药、工商四种行政执法力量下沉至街巷，助力街巷环境治理。"街长"或"巷长"通常由街道干部担任，"副巷长"通常由社区干部担任，他们主要对所负责的街巷环境建设管理行使知情权、报告权、监督权、建议权和简单事项的处置权。然而，一些街道、社区干部本身并不居住在自己所负责的辖区范围内，难以随时随地了解实际情况和民情民需。

"小巷管家"则由居住在本辖区范围内的社区居民、社会组织和驻区单位构成，"居民找到我们是最方便的"，"我把小巷管家的名片发给他们（居民），真的有人给我打电话（咨询情况、反映诉求）"，[①] "小巷管家"通过"家门口、身边事、随手做"及时解决力所能及的问题，再把其他问题及时向上反馈、由相关责任主体加以解决。"小巷管家"的招募使基层社会治理与服务的链条得到了有效延伸，各层级之间形成了有效联动，更好地解决了基层社会治理和服务中"最后一公里"的问题。

为了保障"小巷管家"作用的发挥，青云街道注重了四点。一是与区

---

① 访谈：LFE，小巷管家，女，58岁，20190318。

域化党建工作相结合；二是进行参与式协商治理，促进民意的表达；三是与志愿者反哺机制相结合；四是与循环评价机制相结合。具体来讲：

第一，青云街道很好地将政府的任务和居民的行动融合在了一起。虽然"小巷管家"看似只是环境整治领域的事情，但青云街道工委和办事处上上下下形成一盘棋，街道党政相关部门和科室都参与其中，组织部、宣传部、城建科和社区办等各自分工协作，这形成了顺利推动"小巷管家"工作的有效合力。

第二，在党建的引导下充分发挥民意。青云街道将"小巷管家"招募工作和区域化党建工作有机结合，在街道工委的有力领导下，积极号召社区党员带头参与街巷自我管理。在现有的143位居民志愿者小巷管家中，党员人数为79人。同时，街道依托区民政局的"多元参与协商共治"工作模式，浓缩出"表、议、决、选、做、评"6字工作法，不搞官本位、不搞一刀切，引导小巷管家带领居民发现问题、协商议事、参与实施，实现了街巷协商共治。

第三，依托结合现有制度设计，促进各类机制平台功能的互补提升。本着整合资源、整体推进，不推诿敷衍、不增加基层工作负担原则推出的"小巷管家"制，不仅使"街/巷长制"更接地气，还借助"社区议事厅"、社区"月悦谈"、党群"月相逢"等已有的协商议事平台，讨论小巷管家发现的问题；通过倡导"两代表一委员"担任小巷管家，延伸了"两代表一委员"群众工作的触角；下一步，东城区还计划在已有的网格化管理系统中加入小巷管家管理模块，使网格化管理更深入细致、及时高效。

第四，借助志愿服务信息管理系统，建立评价激励机制促进"公益反哺"。借助街道志愿服务信息管理系统，对"小巷管家"的服务时间进行记录和积分，积分可用于兑换政府购买的家政、修理等便民服务项目。表现优秀的"小巷管家"，年底还能参加"金牌管家"评选。借此，不仅让小巷管家们感受到自身工作的价值和来自社会的尊重，还促使他们用更高的热情服务社会，进而汇聚更多公益力量。

以"志愿蓝"打造深入人心的识别符号，增强居民的家园认同。青云街道不仅为"小巷管家"们颁发了徽章，还为小巷管家们配备了代表志愿服务和志愿精神的蓝色帽子、颁发了蓝色聘书、印制了蓝色名片。由于经常戴着蓝色帽子巡逻，"志愿蓝"已成为"小巷管家"的符号标签，有位管家自豪地说:"很多人都因此记住了我们。"① 由此,不仅提升了小巷管家自身的责任意识,也加强了社区居民对小巷管家的信任、认同和支持。

注重社区领袖培育,通过学习培训提升"小巷管家"的水平和能力。街道曾多次组织召开"小巷管家"学习培训会,并统一印制、发放"小巷管家"工作指导手册,宣讲小巷管家的工作职责、工作方式、工作流程,并建立各项沟通联络机制和意见反馈机制,下一步考虑有针对性地培训小巷管家掌握会议技巧、组织技巧、动员技巧、沟通技巧等,并邀请相关领域的专业人士帮助小巷管家解决实际工作中遇到的各类法律、政策和专业难题。

"小巷管家"的做法在以下几个方面收到了初步成效:一是形成了群众参与街巷环境治理的初步格局;二是推动了城市环境治理走向精细化、立体化和常态化;三是强化了街巷整治提升的领导力和执行力;四是提升了广大群众对街巷整治工作的关联感、认同感、支持度和参与意识。

"小巷管家"的创新产生,为居民争做"百街千巷"环境整治提升三年行动的参与者、宣传者、维护者和监督者提供了平台,带动了更多的社区居民主动参与家园建设,同时也树立了居民"我的家园我做主,我的地盘我操心"的家园意识,营造居民自治、社会共治的局面。

"小巷管家"工作模式的推行,有利于促进城市治理和社区服务基本单元的精细化、服务内容的精细化和责任主体的精细化。相较于城市社区和网格,小巷的地域空间范围更小(通常青云街道小巷的长度只有 100 多米)、巷内居民联系更紧密、居民诉求更细致。很多"小巷管家"通过实地测量,手动绘制出"小巷地图"——巷内多少人户、多少楼宇、多少商铺、多少违建、多少低保户、多少残疾人、多少孤寡老人,乃至多少垃圾桶一目了然。这样一来,不仅完善了最末梢环节的城市治理,优化了"最后一公里"的社区服务,也成为平房区物业管理的有益补充。

小巷管家由于 24 小时居住于巷内,与巷内居民更熟识、对巷内情况更了解,通过"巡、访、做",往往能第一时间发现并通过"小巷微信群"向副街/巷长(社区层面)、街/巷长(街道层面)快速反馈小巷日常生活中遇到的问题,并将政府部门的回应及时反馈给小巷居民,大大缩短了城市管理的链条。通过畅通信息的双向传导机制,不仅强化了政府部门的领导力、执行力,

---

① 访谈:LY,小巷管家,女,56 岁,20190318。

也增强了政府的回应性、公共服务的可及性和居民切实的获得感。此外，与单次和专项整治相比，小巷管家的工作具备更显著的常态化和长效化意涵。

"小巷管家"模式的推行，不仅使城市管理和基层治理在时空上更加立体化和丰满，实现了时间上的延伸、空间上的下沉（充实了街巷这一基层社会治理的微观层级，填补了政府部门工作时间以外的空缺），还使基层社会治理的服务内容和服务手段更加立体。传统楼门长的服务对象通常是本楼居民、服务内容通常是针对本楼事务，小巷管家则是走出楼院，进入街巷这一公共空间，服务于本街巷内所有的人、地、事务、组织，使其行为更具公共性意涵。此外，"小巷管家"在服务过程中综合运用法治、礼治和德治，不仅有助于推动基层社会的有序运转，还以其自身的志愿精神和志愿行为，感化、带动更多的人投身街巷共同体建设。

小巷管家是居民意见的收集箱、街巷纠纷的调解器、政社互动的润滑剂、社区参与的助推剂。用小巷管家自己的话说："小巷管家既是街道的强大后援，也是居民的坚强后盾。"[1]"街里街坊的都是熟人，我们作为邻居去找他谈事情，他的心理上更容易接受，不容易出现抵触情绪，这也是我们这些'小巷管家'的'核心竞争力'。"[2] 小巷管家反映的街巷问题，"街道短期解决不了的，也可以通过小巷管家和居民进行沟通，促进相互理解"[3]。同时，小巷管家的示范带动力量，还有助于树立良好的社会风气、激发居民的责任意识和参与热情，引导社区居民由被动的抱怨者、索取者、消费者向积极的参与者、奉献者和生产者转化，为基层社会治理注入更多活力。通过这种方式，政府在治理中可以更加贴近民意，同时将民意问题的解决前置化，尽早发现问题解决问题。

第五节 社区协商与秩序建立：民意与社区发展

案例 7.9 成都快乐社区居民自治促进社区发展

成都快乐社区（化名）有建立老年人活动室的需求，虽然是政府出资，

---

[1] 访谈：LY，小巷管家，女，56 岁，20190318。
[2] 访谈：ZD，小巷管家，女，55 岁，20190318。
[3] 同上。

但是正式开始前居民需要参与选址并签字认可。在选取地点时，一部分居民的意见是将院里原来的车棚改造成老年活动室。然而车棚的位置紧邻一户老年人家的窗台，该户老人觉得吵闹，而且不安全，所以坚决不同意，导致活动室未能建成。后来政府带领居民多次开会，并提出商讨活动的时间，制定居民公约。例如老年活动室打麻将会影响老年人休息，所以规定中午不能活动，晚上9点之后不能活动。商讨了诸多具体的细节之后，也征得了老人的同意，最终大家都在协议上签了字。在这之后施工队才进驻，并且成功地完成了活动室的建造。

由于经费有限，除了主要的设备，里面的桌椅板凳，文具盒书本都是当地居民自主捐赠的。在整个过程中，政府起到了组织和维持秩序的作用。而且居民自己有充分的组织，对社区有充分的信任，并且遇到问题会第一时间联系社区，形成了一套秩序。

然而居民自下而上的自治秩序有时会和政府自上而下的治理秩序冲突。在创建文明城市的过程中，为了能让居民更好地表达需求，政府开通了热线电话。但这样导致居民遇到问题不再利用自己的力量，或者去找社区解决，而是拨打电话。这样的方式虽然能快速地解决一部分问题，但是在培养居民形成自治秩序的过程中可能会造成一定负面的影响。例如以前如果社区有一堆垃圾无人管理，就会有居民反映到社区，大家协商清理。但是有了热线电话之后，有的居民为了方便直接打电话到市里，然后市里督察工作人员打电话让街道清扫，或者社区清扫，这样就减少了居民的参与，在某种程度上是对居民自治意愿的损害。

还有就是在城市建造的过程中，政府希望改善城市环境，提升居民生活的质量，但是采取的方法并不是让居民讨论想要建造什么空间、添加什么设施，而是直接建造了社区绿道。虽然确实美化了社区，但是不是居民自己想要的方式。很多居民表示想要种花种草，装点社区，但现在变成了网红打卡点，居民也产生了一些抵触的情绪。可以看出，民意的表达方式与途径在一定程度上决定了表达的内容与意愿。如果仅让居民反映问题，他们通常会转换为（自己）反映—（政府）解决的思维路径，不再主动地寻求解决问题的方式。而自组织和协商的方式不仅会引导民意反映问题，更会引导民意解决问题，最终在获得长期稳定的意义上有更好的治理效果。

案例 7.10　成都湖光小区居民的主动参与带来的改变

在很多小区中，物业和居民都存在矛盾。物业工作人员表示，经常要花 80% 的精力去应对 5%～10% 的人，这样就很难提供优质的服务。成都的湖光小区（化名）是一个新建的小区，居民自主意识很强，有较强的自治传统，而且跟物业公司的关系很好，物业不仅没有站在对立面，反而经常起到帮衬的作用。

然而这经历了一系列的过程。在最早期的阶段，开发商物业对议事会、共议会等组织形式很多时候是非常抵触的。议事会主要是居民自身议事，共议会则有更多的参与主体。当时湖光小区还是有很多问题，开发商害怕一选出来议事会之后就会把这些问题暴露出来。他们把高管派到各个组团去快速解决各种问题。开发商表示，不是不愿意去解决问题，而是不能没有边界，做得越多要求得越多，需要分清义务和帮忙。居民在多次商讨中也表示十分认同。

第二年，大的问题已经解决或者正在解决，居民没那么多意见了，就进入增加活力的阶段，整个社区和团队更加团结和积极。第三年，开发商内部专门成立了虚拟的产业集群，共议会提出的问题也在倒逼开发商内部的组织变革。开发商的思路是除提供服务，让居民也能有所参与，而湖光小区的居民对此也很积极。例如第一次开议事会的时候有提案说要花十几万元拍选举视频，虽然开发商表示愿意出钱，但是居民普遍觉得没有必要，就集体商谈做了否定，省下了一笔钱。

还有一次居民想在端午节组织龙舟活动，但是没有足够的资金，因此想要通过招商的方式去"造血"。小鹏汽车企业听到这个事情之后，表示有兴趣合作，愿意出 60 万元购买冠名权。社区基金会的执行理事会协商，认为社区的基金会不应该将冠名权让给商业机构。居民和商家商讨之后，小鹏企业同意设立专项经费，降低费用到 30 万元，把冠名改成捐赠，将企业基金会与社区基金会联合，满足了双方的需求。

除此之外，社区还可以申请到一些微基金，可以做一些微小的身边事。随着居民对社区的关注，他们不再仅聚焦于唱歌跳舞，而是更加关注公共事务。例如社区水质的监测，学校门口的交通问题，未来社区的分割问题，等等。这些事情政府可能不一定有精力处理，但是社区居民通过自治的方式可以更好地解决一部分公共问题。

这也增进了社区居民对协商的热爱，例如一个开发商想在社区办一场足球活动，捐赠10万元，但居民觉得只应该拿5万元，即便不用居民出钱，开发商想把活动搞得更加"高大上"，居民也不会一味附和，而是会从是否符合社区实际的角度考虑需求，最终通过认真讨论、提案、评议，把资金当作自己的钱一样认真使用，这反映了民意的高度参与。

从资金的视角也可以看到，虽然在城市里人们的需求变得多元化，但仍有很多公共性和集体性的需求。社区保障资金在很大程度上为居民提供了议事的动力，但是居民参与的主体性需要不断地锻炼才能形成。在这一秩序建立的过程中，政府参与的边界非常重要，有的时候如果过于主动反而会造成居民的依赖，破坏治理的效果，这也是民意参与治理带来的重要变化。

案例 7.11　成都社会组织对建立社区秩序的意义

社会组织在建立社区秩序的过程中也起到了非常重要的作用。成都的爱有戏是一个非常有名的社会组织。其业务板块可以分为四个部分，包括社区发展、家庭综合支持、公共服务承接以及志愿服务。一般来讲，社会组织收入来源主要分为三个部分，即政府的购买服务、企业筹款和社会企业型的组织自主发展。

2018年成都的社会组织迅猛发展，2022年爱有戏有接近300名员工，筹资3000万元，有8%的利润率，但同时面临的风险也很高，经常会遇到经济紧张的问题。一般情况下，社会组织主要依赖政府资金，然而政府的资金也不是无限的，购买服务一段时间以后，慢慢也会面临着吃力和持续性困难的情况。因此，社会组织也不得不主动地寻找更多元的资金来源。探索在没有政府资金推动的前提下，调动居民的力量自主治理的方法，进而得到更多资源的支持，社区治理也可以更有持续性。

因此，他们在选择公益和商业的道路上也面临着很多张力。然而社区建设秩序需要一套统一的逻辑，体制化的逻辑目前和社会化的逻辑之间有一定的冲突。如果只按照体制化的逻辑，依赖于政府购买，就会变成劳务派遣公司，失去了很多生命力。而仅仅基于商业逻辑也会让一些服务失去公益性。社会组织需要随时跟居民建立良好的关系，否则任何活动都很难落地。

因此，很多社会组织都会在社区营造和社区治理方面投入很多的精力。

社会组织在社区中不像政府一样给社区带来潜在的行政化压力，也不像物业那样，容易在服务和收费时与居民产生冲突，而是起到锦上添花的作用。

需要指出的是，成都的社会韧性比较强，一个重要的原因就是社会组织发挥了重要作用，社区发展和治理不仅需要服务，还需要建立自发的秩序。而对人的培养，是成都社会组织的一个努力的重要方向。同时，社会组织对于很多政策的延续和激发社会的活力，都起到了重要的作用。

小　结

安全是构成社区和谐与稳定不可或缺的基石，也是民意的刚性需求。尽管在安全管理的实践中，政府与居民之间可能会遇到一些摩擦和冲突，但双方的根本利益是一致的，即维护社区的安宁与秩序。随着时代的演进，政府在治理这类未提的策略和方法也在不断革新。

在过去，政府往往在安全问题显现之后才开始采取行动，这样就会比较被动。因为安全问题一旦爆发，其处理难度巨大，且对社会造成的负面影响深远。近年来，政府不断积极探索预防性的安全管理策略，力求将潜在风险扼杀在萌芽状态。通过本章的案例分析，我们可以看到政府在体制和机制上进行了一系列创新实践。例如利用先进科学技术，对潜在的风险点和关键人物进行实时监控；对可能激化的矛盾进行早期预判和干预，将矛盾化解在源头；在社区中建立稳固的秩序基础，确保社区的持续稳定发展。

这一过程中，政府、商业机构和社会力量的协同合作至关重要，需要共同构建一个多维度的安全管理网络，同时，必须审慎处理不同主体在合作过程中的界限和相互关系，确保各方能够在尊重彼此独立性的基础上，实现资源共享和优势互补。

结　语
民意分类在城市治理中的作用与未来

本书以基层政府为立足点，分别从"情"和"理"的角度出发，通过对比北京、成都以及台州市在城市化进程中不同的治理案例，分析了民意在宏观、中观和微观三个维度上的分类逻辑，探索了他们之间的关系，并梳理了民意在治理中的作用。

一　城市的发展和民意的变化

改革开放 40 多年来，我国城市发生了巨大的变化。经济高速发展，科技不断进步，城市向外扩张，不仅人口数量急剧增加，流动速度也不断加快。这导致城市发展的主题不断变化，城市社区民意的发展和变化与城市化的进程紧密相连，以此为线索，可以看到现代城市社区治理的发展路径。

时代的变化也带来了制度的变迁。单位制逐渐走出历史舞台，基层政府则代替产权单位，成为基层治理的主导者。然而，城市的快速变化也导致民意产生了诸多新的特点，不仅居民需求多样，而且价值观逐渐多元，传播途径也日益丰富。在社会变革和制度衔接的多重作用下，治理难度迅速提升。基层政府在治理的过程中不断摸索治理的方法，也形成了一些回应民意的方式。

在最初的扩张和发展阶段，城市面对的主题是拆迁和改造，例如城中村的拆迁、对于老旧房屋的修理和加固、对于公共区域的整修等。城市基层治理的主题则围绕着项目的按时完成和维稳展开。在这一过程中，虽然城市得到了相应的发展，环境得到了改善，但同时也引起了一系列的民生问题。例如城市的整齐划一与人民生活多样化的需求形成了矛盾，不同居民的需求差异很大、难以平衡，很多制度变迁中产生的历史遗留问题等。随着城市基本问题的解决和硬件设施的改善，人们对于基础生活的需求也逐渐提升，民意也围绕着日常生活展开，例如到何处买菜、处理垃圾、社区内停车等。居民日常生活的运行逐渐顺畅起来之后，社区内的主题继而变成了如何将人们的生活品质迈向更高的台阶。例如为社区老年人提供一些生活和医疗服务，为儿童提供托管以及为青年人提供文娱活动。这些都是人们日益增长的、对于更好生活的追求。而对于社区安全的保障和社区整体秩序建立的需求则始终存在。

这一微观民意从基础到更高追求的发展脉络也吻合了国家城市化发展的主题。在城市化初始阶段，中央政府强调经济的发展，地方政府也需要按照城市的定位进行规划和发展，有一定的时间压力还要维持稳定。因为这些涉及居民相对基础的需求，且民意的分歧较大，所以基层政府在执行过程中面临了很大挑战。他们通过理性的沟通很难让居民感到满意，只能通过劝说和宽慰的方式，并且辅以一定的物质补偿，外加施与一定压力的方式完成项目。虽然最终能达到城市发展的阶段性目标，但是难免在过程中积累居民的负面情绪。

在涉及居民日常生活需求的项目中，地方政府的时间压力相对降低，且居民需求的刚性程度也相对降低，基层政府的行动空间也变得相对宽松。此类项目中，民意的焦点和问题不再是政府的政策，而是不同群体之间的利益沟通与协调问题，因此基层政府最主要的处理方式是通过搭建协商的平台，让民意逐渐回归理性化。需要注意的是各地方政府的文化背景不一样，面对的民意环境也不一样，在这一过程中既有共性，也体现出了很多差异性。

居民生活质量的逐步提升也让他们开始了对个性化服务和文化生活的进一步追求。虽然不同群体对这部分追求的差异性较大，例如老年人更倾向于有针对性的陪伴和护理，中年夫妇更希望有一些关于儿童托管或者教育的服务，青年人则更倾向于文化类的服务和活动。以往这些追求需求是由家庭内部成员及亲戚，或者社会和商业服务满足，但缺少了社区这个具有地理优势的主体。现在社区对这部分民意的回应也提升了居民的幸福感。虽然人们对于更高需求追求的差异很大，但因为不同群体之间并没有太大的冲突，而且很多活动之间可以相互联系和兼容，所以政府的治理压力也相对较轻，可以更多地扮演资源提供者、调停者或者助推者，居民也可以在参与过程中融入很多理性的建议和情感的表达。

在贯穿城市化始终的安全类项目上，各级政府在开展时既有义务也有一定的合法性，因此始终处于引领的地位。虽然居民在政策的细节上有一些争议，但对安全的需求是统一的，因此总体上在治理的配合度上也相对较高。当我们将城市社区中民意的发展和变化放到城市发展的脉络中，就可以更好地理解民需处于什么程度，民意是如何形成以及如何参与治理的，而基层政府又做了怎样的回应，如何融入情与理，又取得了怎样的效果。

二 民意的分类的意义

现有关于治理的研究中，学者们虽然把民意放在一个很重要的位置上，有很多关于其对治理重要性的探讨，但是通常将其看作一个整体，既没有从一个时间段对其变化做出梳理，也没有打开其内部结构，观察不同类型、不同群体民意在基层治理中和政府互动，以及不同民意之间的互动对治理的影响。本书通过展示了不同主体对民意的分类逻辑，并以这些逻辑之间的关系为视角，探讨了民意分类的重要意义。

民意通常以民需为基础，呈现出来的特点是零碎、复杂和多变的。在治理过程中，政府需要对这些民意梳理、归类和整合，才能了解民意的内核，也只有这样才能将其纳入治理的结构，做出回应和应用。

在宏观的意义上，中央层面通常将民意分为"民之所好"和"民之所恶"，换成当下我国的表述就是是否符合最广大人民的根本利益。对于具体要实施的项目或者施行的政策而言，就是在什么节点，应该有怎样的方针政策。这种宏观的视角虽然对于政府整体工作的开展有意义，但是通常会忽视政策中的复杂细节，出现詹姆斯·C.斯科特在《国家的视角——那些试图改善人类状况的项目是如何失败的》一书里描述的项目失败的情况。在中观层面，地方政府也有着自己的位置和需求，因此也会对民意有着不同的分类。他们通常按照项目执行的紧迫性，以及政府任务的规划状况，不同程度地纳入民意，并按照民意的参与方式和程度对民意进行分类。基层政府在接触民意的最前端，他们同样需要完成任务，但是对于如何完成却没有具体的指导，需要自己进行尝试。他们既要按照上级规定的时间完成任务，又不能和居民起冲突，尽量满足民意，因此对于民意的分类多是遵照不同的项目类别，同时平衡民众自下而上的民需等级。

民意的形成通常以民需为基础，因此本书参考了马斯洛的需求理论，将民需大致理解为生存类需求，生活与尊重类需求，文化与服务类需求和安全需求几个方面，也与城市化发展过程中需求的变化相互呼应。虽然在实际运行过程中，很多需求是并行或交错的，并非完全按照马斯洛所述的那样，满足了较低的需求才会追求更高的需求，但是居民普遍会对涉及基础需求的项目更为在意，当没有满足需求时，在民意上反应可能会更加激烈一些。

三 民需的刚性与民意的分化程度

我们从宏观、中观和微观的视角出发，在研究的过程中发现并总结了不同主体对于民意的分类逻辑。之后将这些逻辑整合在一起，提炼出了民需的刚性和民意的分化程度两个维度，形成了四个象限，将现有的项目列入其中，并分别匹配了治理方式。

民需的刚性以马斯洛的需求理论为基础，越接近金字塔底端的需求刚性越强。换句话说，对于安全的需求和生存的需求刚性较强，对于生活的需求刚性居中，而对于文化的需求和对尊重的需求刚性较弱。民需刚性的强弱程度可以表现为民意反馈的激烈程度。

在各类不同的项目中，民意都会有各种各样的分化。有些是针对项目内容本身，有些是针对项目的具体细节，还有的是项目所造成的与其他居民甚至家庭内部的矛盾。然而有的民意分化容易统一，有的则很难达成一致。本书所指的分化程度并非简单的不同意见，而是指居民各自有较强的坚持，不太容易达成一致的意见。例如装电梯时一楼和六楼的分歧，或者造菜市场时对在家附近买菜方便和因为有环境污染所以要进行邻避运动的分歧，而并非文化活动应该穿什么样的服装或者选什么曲目的分歧。

当我们按照这两个维度进行分类之后，可以得到一个四象限分类图（图2-1在此重复放置以方便阅读）。这一划分的前提是，民需的刚性程度和民意的分化程度都是基于居民自身以及居民内部，而非居民与政府之间的分化。控制了政府与居民之间的冲突程度之后，可以采用以下框架对民意和治理匹配机制进行分析。

第一个象限内的项目为民需刚性强，同时民意分化也强的项目，例如涉及居民生存最基本需求类的拆迁类项目，或者需要整修房屋的抗震加固类项目。这类项目的治理难度很高，需要政府投入的资金和精力都比较大，民意参与得相对较少。治理的方案通常为需要政府投入很大的资源动员型。

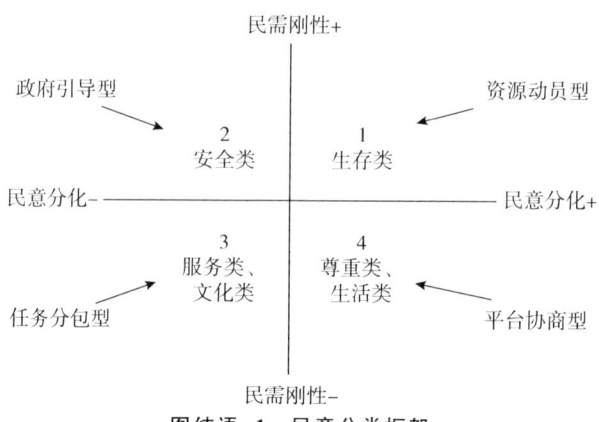

图结语-1　民意分类框架

第二个象限内的项目为刚性需求也很强，但民意分化较弱的项目。虽然可能在具体操作中也有一些不同的民意声音，但居民在总体的理念上是一致的。这时如果治理的刚性也强，且居民和政府没有其他的冲突，则治理相对容易；但如果居民和政府理念不一致，则会面临较大难度。在这类项目中，政府的治理手段即要对居民进行更为充分的指导。例如安全类的房屋修缮等项目。

第三个象限主要指居民需求刚性较低，民意分化也较低的项目，例如一些文化类和服务类的项目。然而需求刚性低也可能是声音还没有完全发出来，或者有需要的人少，通过别的方式得到了解决，并不意味着一直都会很低。现阶段文化类和服务类的项目需求还相对较少，对于居民来说是加分项，所以民意的分化程度较低，治理难度也相对较低。通常基层政府会委托社会组织或者居民自组织来完成项目。

第四个象限内的项目通常为民需的刚性需求相对弱一些，而民意分化程度高一点的项目，例如加装电梯的生活类项目，或者一些价值观上存在冲突的尊重类项目。这类项目对于政府来说可能不是非做不可，但是对于居民仍然十分重要，所以会在内部有较强的分化，也不是很好调和，治理的难度相对处于中等，政府主要通过提供平台的方式供居民协商，让居民达成一个相对稳定和理性的统一意见。

需要注意的是，这个框架为一个理想的模型，真正实践的过程中，民需的刚性和民意分化的程度都是动态的。在一个时期可能比较刚性的民需在另一个时期强度会下降。同样在一个问题上的分化也可能会因为关系或者环境的改变而改变。这也是治理的最终意义，即满足大部分人的需求和降低不可调和的分化。此外，有时候民意的状态也可能是叠加的。即一个项目中既涉及生活方面又涉及服务方面，或者既涉及文化方面，又涉及认同与尊重方面，需要综合考量。最后不同类项目的刚性程度和分化程度在模型中也只是简单举例，为了清晰分出了四象限，实际上更像是一个连续的谱系，不同的项目分布在不同的点上。

这一模型的目的是将不同的民意分类逻辑放在一个框架里进行整合，从一个整体性的视角理解不同民意在项目中的参与和治理的难度，并提供了一套治理的匹配方式。这一方式不仅具有理论意义，也对实际的治理有现实的指导意义。

四　国家与社会的关系

本书的理论观照最终回到国家与社会的脉络。20世纪90年代，国家—社会的理论分析框架被引入国内，并被学者们广泛使用。在西方的学术传统中，国家与社会通常被视为相互独立且具有对立性质的实体，倾向于从国家中心，或社会中心的角度出发，提出例如"极权主义"[①]"多元主义"[②]"法团主义"[③]"市民社会"[④]等概念，或是讨论两者之间有着怎样的关系。

冲突论视角强调了国家与社会的二元对立，强调自上而下的国家控制，或者自下而上的社会抗争，即国家权力如何通过法律、政策和行政手段来维持或改变现有的社会秩序，以及社会群体如何通过抗议、游说和其他形式的抗争来争取自身利益和权利。这一视角虽然能揭示出社会变革的动力，

---

① 〔美〕汉娜·阿伦特：《极权主义的起源》，林骧华译，生活·读书·新知三联书店，2008，第2页。
② 〔美〕罗伯特·A. 达尔：《民主及其批评者》，佟德志译，吉林人民出版社，2006，第5页。
③ 张静：《法团主义（第三版）》，东方出版社，2015，第10页。
④ 〔意〕安东尼奥·葛兰西：《狱中札记》，曹雷雨、姜丽、张跣译，中国社会科学出版社，2000，第12页。

看到了一些不同的声音,但是却将国家和社会看成了对立的部分,既没有看到二者内部的丰富性,也没有看到双方关系的其他可能性。

而在结构功能的视角里,则将国家与社会看作有机的整体,各部分有自己的功能和职责,相互妥协、渗透和共存。结构功能主义视国家为社会秩序的维护者,通过制定法律和政策来确保社会的正常运行和社会成员之间的和谐共处。社会则被视为由各种社会机构和组织构成的网络,它们通过提供服务、满足需求和促进社会化来支持国家的目标。结构功能主义倾向于强调社会共识和整合,认为社会成员普遍接受社会规范和价值观,从而实现社会的发展。这一视角仍然未能打开国家和社会的内部,看到不同层级政府,以及不同居民之间的逻辑,相互的摩擦与碰撞。

本书通过展现民意在宏观、中观和微观三个层次上的分类,既凸显了政府行动的内部逻辑,也通过打开民意的黑箱,体现了民意之间的碰撞,以及最终与政府之间的互动。国家并非坚固的一体,居民也非意见统一的整体。不同主体之间既有理性的衡量,也有情感的交换。中央政府和地方政府的政策制定是基于理性的,但是居民在面对具体项目的时候通常是情感先行。因此,基层政府在发挥情感沟通的作用,让居民愿意理解,并逐渐进入理性的讨论框架中,功不可没。虽然不同级别政府和居民在对民意分类的时候采取的逻辑不同,运行项目和开展任务时候的目标也不同,但是通过在每一个点上根据自身的需求和完成的可能性上权衡之后,最终在冲突、合作和博弈的过程中达到一种平衡。

五 未来展望

通过本书的分析可以看到,民意分类的框架打开了民意的黑箱,并拨开理性与情感的迷雾,展示了民意的内部结构,不仅帮助政府更好地厘清了居民的真实想法,了解到这些民意产生背后的根本原因,也增进了居民之间的相互了解,和居民对政府政策以及意图的理解。这一框架通过对居民需求和意见的细致梳理与分析,给予了政府制定政策的依据,让政府可以匹配更加合理的治理方式,制定出更为精准和人性化的政策。

展望未来,民意分类框架可以进一步细化和完善。本书提出的分类维度和匹配方式,将为城市治理的精细化和个性化贡献重要力量。政府可以依据细致的民意分类,更有针对性地识别和解决问题,满足不同居民的特定需求，实现城市资源的高效配置和公共服务的精准化供给。

同时，技术的飞速发展，尤其是大数据和人工智能的应用，将使民意分类工作更加智能化和自动化。这将使政府能够实时捕捉民意动态，进行深入分析，为城市治理提供及时、准确、全面的数据支持。然而，技术的先进性也要求我们在分析民意时更加审慎。我们需要避免过分关注民意的表面现象，而忽视了民意背后的深层次逻辑和动因。因此，民意分类不仅要依靠技术手段，还要结合人文关怀和社会责任感，确保民意分析的深度和广度。

此外，媒体作为民意传播的重要载体，在民意分类的未来趋势中扮演着举足轻重的角色。随着媒体技术的不断演进，民意得以通过更加多样化的渠道被表达和传播，从而为民意分类提供了更为丰富的数据来源和更广阔的分析视角。然而，信息的爆炸式增长也可能导致民意的真实性和准确性受到影响，使得民意分类工作面临甄别真伪的难题。另外，媒体的商业化和个性化推荐算法可能加剧信息茧房现象，进一步分化社会观点，增加社会共识形成的难度。

总之，民意分类在城市治理中的作用将日益凸显，其未来发展将为构建更加开放、透明、高效和人性化的城市治理体系提供有力支撑。通过不断提升对民意的理解和应用，我们有信心迎来更加和谐、有序、充满活力的城市社会。

参考文献

艾云:《上下级政府间"考核检查"与"应对"过程的组织学分析——以 A 县"计划生育"年终考核为例》,《社会》2011 年第 3 期。

曹正汉:《中国上下分治的治理体制及其稳定机制》,《社会学研究》2011 年第 1 期。

〔德〕马克斯·韦伯:《经济与社会:在制度约束和个人利益之间博弈》,杭聪编译,北京出版社,1921。

〔德〕尤尔根·哈贝马斯:《公共领域的结构转型》,曹卫东、王晓珏、刘北城、宋伟杰译,学林出版社,1999。

〔法〕米歇尔·福柯:《规训与惩罚:监狱的诞生》,刘北成、杨远婴译,生活·读书·新知三联书店,2003。

〔法〕让-雅克·卢梭:《社会契约论》,李平沤译,商务印书馆,2011。

冯仕政:《国家政权建设与新中国信访制度的形成及演变》,《社会学研究》2012 年第 4 期。

〔古希腊〕柏拉图:《理想国》,郭斌和、张竹明译,商务印书馆,1986。

〔荷〕斯宾诺莎:《神学政治论》,温锡增译,商务印书馆,1963。

黄晓春:《当代中国社会组织的制度环境与发展》,《中国社会科学》2015 年第 9 期。

李培林:《另一只看不见的手:社会结构转型》,《中国社会科学》1992 年第 5 期。

李友梅等著:《中国社会治理转型(1978~2018)》,社会科学文献出版社,2018。

〔美〕詹姆斯·N. 罗西瑙主编:《没有政府的治理》,张胜军、刘小林译,江西人民出版社，2001。

梁娟：《协同回应民意：全过程人民民主的实现路径——基于杭州市"民呼我为"的个案分析》，《中共杭州市委党校学报》2023年第5期。

刘伟：《民意表达、政府回应与公共部门知识管理：一个探索性分析框架》，《中共中央党校（国家行政学院）学报》2002年第5期。

刘伟、肖舒婷：《"民心政治"的实践与表达——兼论中国政治心理学研究的拓展》，《政治学研究》2023年第2期。

鲁西奇：《父老：中国古代乡村的"长老"及其权力》，《北京大学学报》（哲学社会科学版）2022年第3期。

〔美〕安东尼·唐斯：《官僚制内幕》，中国人民大学出版社，2006。

吴毅：《小镇喧嚣——一个乡镇政治运作的演绎与阐释》，生活·读书·新知三联书店，2007。

〔美〕詹姆斯·C.斯科特：《国家的视角——那些试图改善人类状况的项目是如何失败的》，王晓毅译，社会科学文献出版社，2019。

〔加拿大〕简·雅各布斯：《美国大城市的生与死》，金衡山译，北京译林出版社，2005。

〔美〕汉娜·阿伦特：《极权主义的起源》，林骧华译，生活·读书·新知三联书店，2008。

〔美〕罗伯特·A.达尔：《民主及其批评者》，佟德志译，吉林人民出版社，2006。

全球治理委员会：《我们的全球伙伴关系》，牛津大学出版社，1995。

桑玉成、夏蒙：《民意政治：理解全过程人民民主的关键词》，《上海行政学院学报》2023年第1期。

孙立平、王汉生、王思斌、林彬、杨善华：《改革以来中国社会结构的变迁》，《中国社会科学》1994年第2期。

王春光：《中国社会发展中的社会文化主体性——以40年农村发展和减贫为例》，《中国社会科学》2019年第11期。

王逸帅：《民意采集与立法输出：全过程人民民主在超大城市的实践》，《探索与争鸣》2022年第4期。

汪仲启、杨洋：《全过程人民民主视域下民意表达制度化的路径机制研究》，《中共天津市委党校学报》2023年第6期。

吴光芸、杨龙：《社会资本视角下的社区治理》，《城市发展研究》2006 年第 4 期。

肖林：《协商致"公"——基层协商民主与公共性的重建》，《江苏行政学院学报》2017 年第 4 期。

荀子：《劝学篇·荀子》，张觉等译评，吉林出版集团，2011。

杨典、向静林：《中国经验与中国特色经济社会学：标识性概念与关键议题》，《中国社会科学》2022 年第 12 期。

杨勉、杨天宏：《南京国民政府初期的民意调查》，《经济社会史评论》2022 年第 3 期。

杨勉：《民国时期民意调查组织者与调查对象论析》，《四川师范大学学报》（社会科学版）2022 年第 5 期。

杨尚昆、李兴强：《新时代民意的价值意蕴与实践路径优化》，《理论导刊》2022 年第 11 期。

杨天宏：《近代中国的民调主旨与问卷设计分析》，《史学月刊》2022 年第 6 期。

叶世明：《台湾民意：分布，结构特质与模式》，《现代台湾研究》2004 年第 5 期。

〔意〕安东尼奥·葛兰西：《狱中札记》，曹雷雨、姜丽、张跣译，中国社会科学出版社，2000。

〔意〕马基雅维利：《君主论》（拿破仑批注版），刘训练译，中央编译出版社，2017。

〔英〕托马斯·莫尔：《乌托邦》，戴镏龄译，商务印书馆，2023。

〔英〕亚当·斯密：《国民财富的性质和原因的研究》，郭大力、王亚南译，商务印书馆，1974。

〔英〕约翰·洛克：《政府论（下篇）》，叶启芳、菊农译，商务印书馆，1964。

〔英〕约翰·密尔：《论自由》，许宝骙译，商务印书馆，2005。

于建嵘：《当代中国农民的"以法抗争"——关于农民维权活动的一个解释框架》，《文史博览》（理论）2008 年第 12 期。

俞可平：《论国家治理现代化（修订版）》，社会科学文献出版社，2015。

张静：《法团主义（第三版）》，东方出版社，2015。

张世勇、杨华:《农民"闹大"与政府"兜底":当前农村社会冲突管理的逻辑构建》,《中国农村观察》2014年第1期。

周光辉、贺竞超:《以"智治"破解基层社情民意工作难题——从杭州案例浅析中国数字化改革的意义与未来》,《浙江社会科学》2023年第1期。

周黎安:《行政发包制》,《社会》2014年第6期。

周黎安:《转型中的地方政府:官员激励与治理(第二版)》,格致出版社、上海三联书店、上海人民出版社,2017。

周雪光:《基层政府间的"共谋现象"——一个政府行为的制度逻辑》,《社会学研究》2008年第6期。

朱健刚:《以理抗争:都市集体行动的策略以广州南园的业主维权为例》,《社会》2011年第3期。

Abraham H. Maslow, "A Theory of Human Motivation", *Psychological Review* 50.

Kevin J. O'Brien & Li Lianjiang, *Rightful Resistance in Rural China* (Cambridge University Press, 2006).

Scott, James, *Seeing Like a State: How Certain Schemes to Improve the Human Condition Have Failed*, (Yale University Press, 1999).

图书在版编目(CIP)数据

至情至理：城市基层治理中民意分类逻辑与实践 / 刘怡然著 .--北京：社会科学文献出版社，2025.1.
(当代中国社会变迁研究文库).--ISBN 978-7-5228-4530-2

Ⅰ.F299.23；D668

中国国家版本馆 CIP 数据核字第 20249SS044 号

当代中国社会变迁研究文库
至情至理：城市基层治理中民意分类逻辑与实践

著　　者 / 刘怡然

出 版 人 / 冀祥德
责任编辑 / 孙　瑜
责任印制 / 王京美

出　　版 / 社会科学文献出版社·群学分社（010）59367002
　　　　　　地址：北京市北三环中路甲 29 号院华龙大厦　邮编：100029
　　　　　　网址：www.ssap.com.cn
发　　行 / 社会科学文献出版社（010）59367028
印　　装 / 三河市龙林印务有限公司

规　　格 / 开　本：787mm×1092mm　1/16
　　　　　　印　张：14.75　字　数：239 千字
版　　次 / 2025 年 1 月第 1 版　2025 年 1 月第 1 次印刷
书　　号 / ISBN 978-7-5228-4530-2
定　　价 / 98.00 元

读者服务电话：4008918866

版权所有 翻印必究